中國學術思想 研究輯刊

二十編

林慶彰 主編

第 9 冊

歐陽修《詩本義》研究新探
——重估漢宋《詩經》學的轉變與意義（上）

陳戰峰 著

花木蘭文化出版社

國家圖書館出版品預行編目資料

歐陽修《詩本義》研究新探——重估漢宋《詩經》學的轉變與
意義（上）／陳戰峰 著 -- 初版 -- 新北市：花木蘭文化出版社，
2015〔民 104〕

序 4+ 目 4+166 面；19×26 公分

（中國學術思想研究輯刊 二十編；第 9 冊）

ISBN 978-986-322-998-8（精裝）

1. 詩經 2. 研究考訂

030.8   103026837

ISBN-978-986-322-998-8

9 789863 229988

中國學術思想研究輯刊
二十編　第 九 冊   ISBN：978-986-322-998-8

歐陽修《詩本義》研究新探
——重估漢宋《詩經》學的轉變與意義（上）

作　　者　陳戰峰
主　　編　林慶彰
總 編 輯　杜潔祥
副總編輯　楊嘉樂
編　　輯　許郁翎
出　　版　花木蘭文化出版社
社　　長　高小娟
聯絡地址　235 新北市中和區中安街七二號十三樓
　　　　　電話：02-2923-1455／傳真：02-2923-1452
網　　址　http://www.huamulan.tw 信箱 hml810518@gmail.com
印　　刷　普羅文化出版廣告事業
封面設計　劉開工作室
初　　版　2015 年 3 月
定　　價　二十編 21 冊（精裝）台幣 38,000 元

歐陽修《詩本義》研究新探
——重估漢宋《詩經》學的轉變與意義（上）

陳戰峰　著

作者簡介

陳戰峰，男，1973 年生，陝西藍田人。西北大學中國思想文化研究所副教授，碩士研究生導師，歷史學博士，2008 至 2011 年曾在西北大學中國漢語言文學博士後流動站從事博士後研究。主要研究領域是中國儒學思想史。

已出版學術專著 2 部，編著 1 部。參與修訂出版本科生教材、研究生教材等 3 部。發表論文 20 餘篇。

獲省部級、廳局科研獎勵 3 項，分別是陝西省優秀博士論文獎（2007），2009 年陝西高校人文社會科學優秀成果二等獎、2009 年陝西省第九次哲學社會科學優秀成果評獎三等獎等。參與完成的教材多次獲陝西省優秀教材一等獎、陝西省優秀教學成果特等獎等。

獨立主持國家、省部、廳局級社科項目 7 項。

此外，2006 年起利用業餘時間兼任《華夏文化》（季刊）常務責任編輯，負責編輯、修改稿件等工作，已出版 30 餘期。合作主編出版文集 1 部，副主編文集 1 部。協助增訂整理學術著作、文集、教材共 10 餘部。

提　要

《詩本義》是《詩經》學史上承前啓後的重要著作之一，體現了漢宋學術的變遷，對蘇轍、鄭樵、朱熹、呂祖謙、王柏、姚際恒、方玉潤等以及現當代《詩經》學發展都有深遠影響。

作者從三個維度切入，以期比較全面和深入地展示《詩本義》在漢宋學術轉折中的獨特價值與複雜面貌。這三個維度分別是：

一是從漢宋《詩經》學轉變視角中確立評價《詩本義》的學術價值和思想意義。其價值不僅表現在繼承、整理、評判已有漢唐《詩經》學研究成果上，而且表現在爲新的經解開闢道路，在解經的本末觀念和載道論（道論）基礎上，形成了比較成熟的解經方法。《詩本義》的影響，特別是受到後代學者的褒貶，也可以從漢宋學術的差異和長短得到說明。文中考察《詩本義》和《毛傳》、《鄭箋》，尤其是作爲研究的薄弱環節《詩本義》與三家《詩》的關係，《詩本義》的接受和影響史研究，《詩本義》中的《詩經》觀與解《詩》方法研究就是這種研究維度折射的光芒。

二是將《詩本義》的形成放在歐陽修《詩經》學思想與研究不斷成熟與豐富的過程中考察。歐陽修研究資料（如年譜、詩文和書論等）顯示，景祐、寶元年間，歐陽修三十歲左右的時候，已經出現了《詩解》（或《詩解統》）等作品，後經過長時期摸索研討，歐陽修在中晚年經受目足病痛折磨的情況下，在熙寧三年《詩本義》定稿，並準備與好友講評商榷。關注歐陽修《詩經》學思想和研究成果，最主要、最直接的材料依據是他生前定稿的《詩本義》，但是也要顧及以豐富多彩的形式透露出來的歐陽修《詩經》學觀點及其與《詩本義》的關係。本文考察《詩本義》及歐陽修《詩經》學觀念、解《詩》方法與謫居夷陵的關係，特別是夷陵巫覡風俗與語言文化差異所帶來的啓示和影響，以及通過詩文等形式所傳達出來的《詩經》學思想，它們也是對僅僅從《詩本義》文本研究的補充，有助於比較全面理解和把握歐陽修的《詩經》學研究成果和發展歷程。

三是比較全面細密地考察了《詩本義》版本的衍變歷程、卷次關係及其思想學術意義，避免將《詩本義》作爲一種靜止的文本來對待。在歐陽發《先公事蹟》、韓琦《故觀文殿學士太子少師致仕贈太子太師歐陽公墓誌銘》、蘇轍《歐陽文忠公修神道碑》等作品中，均記載《詩本義》十四卷，後來流傳至今的《詩本義》基本是十五卷和十六卷兩種形式，但版本系統和種類也需深入考察，在研究《詩本義》主要卷次的關係與校勘基礎上，通過內證和校勘等方法，彰顯《詩本義》的流傳與傳播中的歷史性與歷時性特徵。本文《詩本義》版本考察、卷次關係及學術意義考論等內容就屬於這個部分，《詩本義》與《呂氏家塾讀詩記》的比較也是希望能夠呈現和明晰比較早的《詩本義》版本的基本形態和漢宋學術價值。同源而異質是《讀詩記》所引《詩本義》與今本《詩本義》的聯繫與區別。同時，通過呂祖謙的集注也有助於比較清晰集中地把握歐陽修《詩經》學對漢唐和宋代《詩經》學的承革與影響，是彌足珍貴的史料。

　　在《詩經》學發展史中，歐陽修的《詩本義》具有漢宋學術過渡特徵，在某種意義上，它兼有漢宋《詩經》學的學術面貌，在朱熹《詩集傳》出現之前，《詩本義》的影響尤大；即使《詩集傳》被尊崇的時候，《詩本義》的影響依然不絕如縷。特別是在清代漢宋學術、今古文經學紛爭中，《詩本義》褒貶的細微變化以及思想學術的客觀影響，都映照出《詩本義》兼具漢宋學術的基本特徵，並爲《詩經》學研究的文學轉向及多元轉向奠定了一定的基礎，因而也具有重要的現代意義。

序

趙馥潔 [註1]

　　歐陽修的《詩本義》是《詩經》學發展史上的重要著作。它不僅直接開啓和推動了宋代《詩經》學的解經新風，具有漢——宋學術的過渡特徵，而且標誌著《詩經》研究由經學研究向文學研究的轉向。《四庫全書總目提要》說：「自唐以來，說詩者莫敢議毛、鄭，雖老師宿儒，亦謹守《小序》。至宋而新義日增，舊說幾廢。推原所始，實發於修。」正由於《詩本義》開始了一代解《詩》新風，所以在朱熹《詩集傳》出現之前，《詩本義》即對學界有重大影響；即使在《詩集傳》被尊崇的時候，《詩本義》的影響依然持續不衰。特別是在清代漢宋學術、今古文經學的紛爭中，《詩本義》所具有的漢——宋學術範式轉型的基本特徵，突現得更加鮮明。

　　由於《詩本義》獨特的學術地位，近年來對它的研究也倍受關注，出現了一些新的成果。陳戰峰同志的《歐陽修〈詩本義〉研究新探——重估漢宋〈詩經〉學的轉變與意義》就是其中的佼佼者。該書是在充分考察和綜合分析該領域研究歷史和現狀的前提下，在細緻、精深研讀《詩本義》文本的基礎上，所進行的創新性學術研究。其創新性主要體現在：

　　首先，學術史和人生史相結合。將《詩本義》置於漢唐至宋明《詩經》學轉型過程中進行考察，以揭示其兼具漢宋學術的基本特徵和學術思想發展的內在規律。如專門論述《詩本義》與齊、魯、韓三家《詩》的承傳與革新關係，揭示了學術發展的規律，也彌補了以往《詩本義》研究的不足。同時，結合歐陽修個人人生歷程進行分析，關注貶謫夷陵時期的人生遭際以及中晚

[註1] 西北政法大學資深教授，陝西省社會科學界聯合會名譽主席，著名價值哲學研究專家。

年經歷與《詩經》學研究的關係。景祐、寶元年間，歐陽修三十歲左右的時候，已經出現了《詩解》（或《詩解統》）等作品，後經過長時期摸索研討，歐陽修在中晚年備嘗目足病痛折磨的情況下，熙寧三年《詩本義》定稿，並準備與好友講評商榷。這種考察展現了歐陽修《詩經》學思想的不斷成熟和演進過程。學術史和人生史相結合，有助於比較全面地把握《詩本義》的獨特價值和複雜面貌。

其次，思想史和文學史相貫通。該著對《詩本義》的研究探索，突出了其中體現的道論思想和據文求義、以今論古的解經方法及其影響，特別是闡明了《詩本義》「義理解經」對宋代以「道」爲核心的《詩經》學的開啓作用，以及它在「理學」思想形成發展史上的重要地位。這種比較成熟的解經方法，是奠基於解經的本末觀念和載道論（道論）基礎之上的，並爲新的經解開闢了道路。從而，在思想史與文學史的貫通中對《詩本義》進行了創造性的探討。

最後，理論研究與文本考證相兼備。該著既有對《詩本義》的學術思想的理論研究，又有對《詩本義》文本的衍變、卷次、版本形態等問題的詳細考證與辨析，並與其他著作予以不同程度的比較，如劉敞《七經小傳》、朱熹《詩集傳》、呂祖謙《呂氏家塾讀詩記》等，啓人良多。作者比較全面細密地考察了《詩本義》版本的衍變歷程、卷次關係及其思想學術意義，避免將《詩本義》作爲一種靜止的文本來對待。在歐陽發《先公事蹟》、韓琦《故觀文殿學士太子少師致仕贈太子太師歐陽公墓誌銘》、蘇轍《歐陽文忠公修神道碑》等作品中，均記載《詩本義》十四卷，後來流傳至今的《詩本義》基本是十五卷和十六卷兩種形式。作者在研究《詩本義》主要卷次的關係與校勘基礎上，通過內證和校勘等方法，彰顯了《詩本義》流傳與傳播的歷史性特徵。

當然，學無止境。該著在有些地方還可作進一步努力。該著突出了《詩本義》在學術史、理學史上的地位和影響，考察了歐陽修《詩經》學研究與《詩本義》版本及效果史（或接受史）的變遷，但在結合歐陽修文學思想與文學創作實踐方面，還有不斷挖掘的空間。例如從文論角度考察，《詩本義》蘊含了哪些文論思想，對於當今有何啓迪，尚可深入探索。

陳戰峰同志專門從事中國思想史的教學和研究，我與他相識多年，深感他是一位踏實勤奮、嚴謹謙和的青年學者。既能耐得寂寞，沉潛於學問，執著於學術，以期在學術探索上有所創新，又能立志高遠，自覺用中國傳統文化精髓陶冶精神，鍛造人格，昇華境界，追求治學與做人的內在統一。《歐陽

修〈詩本義〉研究新探——重估漢宋〈詩經〉學的轉變與意義》就充分反映了作者良好的學術功底、獨特的研究方法和嚴謹紮實的學風。戰峰同志在此書撰寫期間曾就一些問題與我交流，寫成後我又是這部書稿的較早讀者，故戰峰同志於大作出版之際特邀我爲該書作序，我雖深感學力不逮，但又盛情難卻，於是乎寫了上面一些話，供讀者朋友們參考。是爲序。

2012 年 12 月 27 日於西北政法大學靜致齋

目

次

導論：歐陽修《詩本義》研究述評

　　二十世紀以來，宋代《詩經》學的研究呈現不斷深化、擴展的態勢，研究隊伍也日益狀大。以二十世紀《詩經》研究文獻目錄爲例，據統計，多達至 5749 種（篇）之多〔註1〕，而集中整理或討論宋代《詩經》學的只有 97 種（篇），而其中人物部分（基本是期刊論文），單朱熹就佔了 49 種（篇），其他人物依次是鄭樵（6）、歐陽修（5）、蘇轍（2）、王安石（2）、王應麟（2）、王質（1）、周孚（1）、王柏（1）、馬端臨（1），整理影印古籍單行本 15 種（不包括《補遺》所列 3 種），研究專著 1 部（張祝平《朱熹〈詩經〉學論稿》，吉林人民出版社 2000 年版），研究史方面的期刊論文 10 篇（有 3 篇是漢宋比較），其他 1 篇。《二十世紀詩經研究文獻目錄》，儘管還不能說將這一百年的《詩經》學研究成果完全網羅無遺，但大略可窺概貌。或許可作簡略概括：關注的學術問題和人物相對較集中，如對待《詩序》和「淫詩」的態度、漢宋《詩經》學的比較等問題，人物研究也更加突出歐陽修、蘇轍、朱熹等；涉及宋代整個《詩經》學史的研究論文多屬論綱性質〔註2〕。

　　在《詩經》學問題和《詩經》學史探討上，人物與作品的專題研究，重

〔註1〕寇淑慧編《二十世紀詩經研究文獻目錄》，北京：學苑出版社，2001 年。

〔註2〕如夏傳才《論宋學〈詩經〉研究的幾個問題》（《文學遺產》1982 年第 2 期）、《〈詩經〉研究史概要》、《思無邪齋詩經論稿》，石文英《宋代學風變古中的〈詩經〉研究》（《廈門大學學報》1985 年第 4 期），馮寶志《宋代〈詩經〉學概論》（《古籍整理與研究》1986 年第 1 期），檀作文《漢宋詩經學的異同》（《北京大學研究生學誌》1999 年第 2 期、《齊魯學刊》2001 年第 1 期）；常森《論〈詩經〉漢宋之學的異同》（《文史哲》1999 年第 4 期）等。

點依然是朱熹及《詩集傳》。歐陽修的《詩經》學研究相對比較薄弱〔註3〕。但是，相較宋代其他《詩經》學學者，學術界對歐陽修和朱熹的《詩經》學研究相對比較集中，前者主要集中在其解《詩》的方法和思想探討上〔註4〕，後者側重其文學與闡釋學的研究。唐海燕《歐陽修〈詩本義〉研究綜述》對一百多年來大陸和臺灣等地《詩本義》研究的著作和論文作以簡要瀏覽〔註5〕，有助於人們把握這個時期《詩本義》研究角度和方法不斷多樣、日益熱烈的狀況，但僅限於篇目的羅列，論述還比較簡略，研究成果也有一定的遺漏。可貴的是，該文在總結之後，對《詩本義》研究現狀作了如下的概括：「綜觀海內外歐陽修的《詩本義》研究，已經從最初的少有人問津到隊伍逐漸擴大，研究視角也不再局限於經學範圍，研究方法亦呈多樣化。然而，論述的角度似乎仍囿於單一性與闡發性，缺乏一種全面而深入的學術性研究，學人可作進一步的研究，以期從多角度更深入地探討《詩本義》的價值意義。」〔註6〕這個結論應是發

〔註3〕傅建忠《宋代詩經學研究百年綜述》，《中國韻文學刊》2008年第1期，第25～31、50頁。

〔註4〕據臺灣學者車行健的介紹，第一部系統研究《詩本義》的著作是裴普賢的《歐陽修詩本義研究》（東大圖書公司，1981年），其後有趙制陽《歐陽修詩本義評介》（收入趙制陽《詩經名著評介》，臺灣學生書局，1983年）、黃忠慎《歐陽修詩經學之評價》（載於《孔孟月刊》24卷7期，1986年3月）、趙明媛《歐陽修詩本義探究》，國立中央大學中文研究所碩士論文，1990年）、馬秀娟《歐陽修詩本義與宋代詩經研究》（收入北京大學中國傳統文化研究中心編《北京大學百年國學文粹‧語言文獻卷》，北京大學出版社，1998年）等專文；同時一些研究歐陽修的專著也涉及到《詩本義》研究，如何澤恒《歐陽修之經史學》（臺灣大學文史叢刊，1980年）、蔡世明《歐陽修的生平與學術》（文史哲出版社，1986年修訂再版）、劉若愚雁行《歐陽修研究》（臺灣商務印書館，1989年）、劉德清《歐陽修論稿》（北京師範大學出版社，1991年）、黃進德《歐陽修評傳》（南京大學出版社，1998年）等（參見車行健《詩人之意與聖人之志——歐陽修〈詩本義〉的本義觀及其對〈詩經〉本義的詮釋》，載中國詩經學會編《詩經研究叢刊》（第五輯），學苑出版社，2003年，第155～156頁）。此外，黃忠慎《宋代詩經學探析：以歐陽修、蘇轍等六家為中心的考察》，臺北：花木蘭出版社，2009年9月版；黃忠慎《宋代之〈詩經〉學》（臺灣政治大學中國文學系博士論文，1984年）；簡澤峰《宋代〈詩經〉學新說研究》（臺灣彰化師範大學國文研究所博士論文，2008年5月，黃忠慎指導），據摘要，該著以宋代《詩經》學為研究對象，側重探析解釋內容的多元與解釋方法，是宋代《詩經》學的詮釋學研究作品。

〔註5〕唐海燕《歐陽修〈詩本義〉研究綜述》，《齊齊哈爾大學學報》（哲學社會科學版）2010年第6期，第106～108頁。

〔註6〕唐海燕《歐陽修〈詩本義〉研究綜述》，《齊齊哈爾大學學報》（哲學社會科學版）2010年第6期，第108頁。

人深思的，在《詩本義》研究中比較細緻和深入的考察尤其重要。

這裡，僅就筆者目耕所及，擇要對當前《詩本義》研究的重要推進和亟需加強的領域作以論述，以窺《詩本義》研究狀況。大略分為七個方面，即《詩本義》的版本，《詩本義》與三家《詩》的關係，歐陽修《詩本義》的影響（主要是《詩本義》與朱熹《詩集傳》的關係），《詩本義》研究方法的原則與特徵，歐陽修的經學（包括《詩經》學）思想研究，《詩本義》的經學史地位和意義，《詩本義》的缺陷與不足。

一、關於《詩本義》的版本

裴普賢著《歐陽修詩本義研究》是最早一部系統研究《詩本義》的學術著作，主要針對的是《詩本義》的書名卷帙版本、對宋代《詩經》學的影響、研求詩人本志的方法，並考察了《一義解》、《取捨義》、《二論》、《三問》、《詩統解》、《鄭氏詩譜補亡》等，側重《詩本義》文本結構與意義的研究。其中關於《詩本義》的版本，該著突出了《四部叢刊》本、《通志堂經解》本、《四庫全書》本三大版本〔註7〕，對此後研究《詩本義》的影響很大，但是明版系統則闕漏未考。

黃進德《歐陽修評傳》認為「《詩本義》現存版本有三種：《四部叢刊》本、《通志堂經解》本和《四庫全書》本」〔註8〕，這三種版本系統基本屬於宋版系統，而對明版系統（多種印本、刻本、抄本）沒有提及，未詳細緻原因，或許是比較重視宋版系統。

車行健《詩本義析論——以歐陽修與龔橙詩義論述為中心》首次比較集中深入地討論了歐陽修《詩本義》的宋版和明版系統及其關係問題，並在此基礎上提出關於《詩本義》新校本的設想〔註9〕，其中宋版系統包括《四部叢刊》本、《通志堂經解》本與《四庫全書》本三種；明版系統包括明成化、萬曆等刻本，並據《中國古籍善本書目‧經部》、《靜嘉堂文庫漢籍分類目錄》等推斷至少應有八種明刻本和兩種明抄本。作者認為「十四卷本與十五卷本、

〔註7〕裴普賢著《歐陽修詩本義研究》，臺北：東大圖書有限公司，1981年7月版，第5頁。

〔註8〕黃進德著《歐陽修評傳》，南京：南京大學出版社，1998年10月版，第329頁。

〔註9〕車行健著《詩本義析論——以歐陽修與龔橙詩義論述為中心》，臺北：里仁書局，2002年2月版，第131～149頁。

十六卷本最大的差異是《詩解》九篇收錄與否的問題」〔註10〕，並說「雖然沒有直接證據可以證明《通志堂經解》本所依據的本子爲《四部叢刊》本，不過就目前這兩個本子的內容來做相互對照，至少可以肯定二者屬於同一個版本系統，其特色同爲：書名爲《詩本義》、十五卷、附錄一卷、無張瓈跋」〔註11〕，與張元濟《四部叢刊》本《詩本義跋》的意見不同，該著從版刻時間考慮，主張《四部叢刊》本不應有張瓈跋。同時，主張收錄張瓈跋的十六卷本的《毛詩本義》，冠以《小序》、經文、《傳》、《箋》、《論》、《本義》，可能也出自宋代的另一個版刻系統。這些考察周密細微，發人深思。筆者認爲，這個明版系統或許經過明人的改易，但與宋版的瓜葛明顯，或可至晚溯源至南宋王應麟所見本子。

　　但是，關於《詩本義》現存的《四部叢刊》本、《通志堂經解》本、《四庫全書》本，有學者認爲「歐陽修的《詩本義》現存幾個版本實際上都是一樣的，只是分卷不同」〔註12〕，這是值得推敲的。

　　白雲姣《歐陽修〈詩本義〉研究》列舉多種《詩本義》版本，如明萬曆刊本、《四部叢刊》本、《通志堂經解》本、文淵閣《四庫全書》本、清乾隆五十年刻本、清道光元年刻本、清道光十四年重刊本、清同治十二年刻本、民國1912年都門印書局校印本九種〔註13〕，其中除明萬曆刊本、《四部叢刊》本外，餘基本出於《通志堂經解》本，差別並不甚大，而《四部叢刊》本與《通志堂經解》本區別也不十分大，顯係宋版系統。該文還認爲：「歐陽修所作書名應爲《詩本義》，《毛詩本義》的名稱可能是受《四庫全書》本影響。《詩本義》正文內容應爲十五卷，《詩圖總序》、《詩譜補亡》、《補亡後序》均爲附錄，標明十六卷的版本其實是將此附錄單列一卷。」〔註14〕

　　李君華《歐陽修〈詩本義〉研究》第四章《〈詩本義〉文本研究》通過比較認爲：「現存歐陽修所撰《詩本義》爲十五卷，補亡《鄭譜》及《詩圖總序》

〔註10〕車行健著《詩本義析論——以歐陽修與龔橙詩義論述爲中心》，臺北：里仁書局，2002年2月版，第135頁。

〔註11〕車行健著《詩本義析論——以歐陽修與龔橙詩義論述爲中心》，臺北：里仁書局，2002年2月版，第137頁。

〔註12〕曾建林《歐陽修經學思想研究》，浙江大學博士學位論文，2007年，第49頁。

〔註13〕白雲姣《歐陽修〈詩本義〉研究》，河北大學碩士學位論文，2007年，第4～6頁。

〔註14〕白雲姣《歐陽修〈詩本義〉研究》，河北大學碩士學位論文，2007年，第6頁。

爲附錄。書名稱《毛詩本義》應爲不正式的稱呼，卷數稱十六卷則是不規範的。」〔註15〕《直齋書錄解題》已稱《詩本義》「十六卷」、王應麟也已稱《詩本義》爲《毛詩本義》，則前二位所稱卷次與名稱的意義值得進一步考察。

王學文《歐陽修〈詩本義〉傳世版本之我見》主要考察了五種《詩本義》版本，包括《四部叢刊》本、明刻本（中國人民大學圖書館藏）、明抄本（山東省圖書館藏）、《通志堂經解》本、文淵閣《四庫全書》本〔註16〕。宋版系統《騶虞》詩「論曰」闕佚的文字，明抄本爲「《騶虞》論曰：《騶虞》爲《鵲巢》之應，其義不然，論於《麟趾》之篇詳矣。毛、鄭解『彼茁者葭，壹發五豝』，得其本義，惟以騶虞爲獸，雖失一篇之大旨。漢世《詩》說，分爲四家，毛公章句最後出。當《毛詩》未出之前，說者不以騶虞爲獸也。漢儒皆好符命，多言鳥獸之祥瑞，然而猶不以爲言，是初無此義也。漢文帝時，賈誼以能《詩》稱，其爲《新書》，引《騶虞》之義，以謂：『騶者，文王之囿名；虞者，囿之司獸也。』以文義上下尋之，誼說爲得。若依毛、鄭所解，則文意分離，不相聯屬，豈有上句方敘文王田獵，凡一百七十九字。」〔註17〕這段文字論述「騶虞」的看法與《詩本義》其他地方以及後人引述相合，似乎本沒有太大問題。但是從「以文義上下尋之」、「豈有上句方敘文王田獵，凡一百七十九字」文字表述來看，或可爲好事者續貂之作，《詩本義》中重視因文見義，但無「以文義上下尋之」的說法，「豈有上句方敘文王田獵，凡一百七十九字」更不符合寫作的習慣和常情，文字語氣也柔弱無力、繁雜零亂，當屬後人補綴無疑，但內容可略作參考。根據王學文《歐陽修〈詩本義〉傳世版本之我見》考察的明刻本、明抄本來看，其中饒有可疑者，明刻本「前十三卷內容與《四部叢刊》本同。其不同者，十四卷內容只包括《時世論》、《本末論》、《十月之交解》三篇，第十五卷內容依次爲《詩解統序》、《二南爲正風解》、《周召分聖賢解》、《十五國次解》、《定風雅頌解》、《王國風解》、《魯頌解》、《商頌解》、《魯問》、《序問》、《豳問》。一百一十四篇本義說解前，均附有原詩及《毛傳》、《鄭箋》。在卷次分配上，此本顯得不及《四部叢刊》

〔註15〕李君華《歐陽修〈詩本義〉研究》，浙江大學碩士學位論文，2008 年，第 19 頁。

〔註16〕王學文《歐陽修〈詩本義〉傳世版本之我見》，《蘭臺世界》2010 年 7 月下，第 72～73 頁。

〔註17〕王學文《歐陽修〈詩本義〉傳世版本之我見》，《蘭臺世界》2010 年 7 月下，第 72 頁。

本」〔註18〕，明抄本「卷十四以前同明刻本，而第十五卷內容的排列依次為《詩解統序》、《二南為正風解》、《周召分聖賢解》、《王國風解》、《豳問》、《十五國次解》、《定風雅頌解》、《魯頌解》、《魯問》、《商頌解》、《序問》，篇目排列更顯得混亂。一百一十四篇本義說解前，亦附有原詩及《毛傳》、《鄭箋》」〔註19〕。明人刻書好改易，《詩本義》明刻本、明抄本之間似乎有淵源關係，但僅在十四卷、十五卷卷次上與宋版有差異，而且排列機械紊亂，難以看到更早的版本淵源，當然，如果明版系統是在宋版系統基礎上對卷次的調整的看法能夠成立，則明版出於宋版系統，本義說解前附原詩、《詩序》、《毛傳》、《鄭箋》等，則顯然出於方便讀者的需要。明抄本保存的張瓚《跋》與《經義考》卷一百四可比較，對《騶虞》補充的一百七十九字應有重要的參考價值。

二、關於《詩本義》與三家《詩》的關係

《詩本義》與三家《詩》的關係，歷來研究比較薄弱。

李君華《歐陽修〈詩本義〉研究》第七章《〈詩本義〉與今文三家詩義、古文詩義之比較》〔註20〕比較有新意，注意到目前《詩本義》研究的不足，但是還比較簡略。作者根據清代學者王先謙《詩三家義集疏》所載三家《詩》義，與毛鄭的古文《詩》義、歐陽修《詩本義》進行比較，依次列舉《周南·漢廣》、《周南·卷耳》、《召南·騶虞》、《邶風·擊鼓》、《召南·甘棠》、《鄭風·野有蔓草》、《邶風·靜女》、《小雅·白華》、《小雅·鼓鐘》、《小雅·沔水》、《小雅·皇皇者華》〔註21〕十一首詩，其中能明確看到《詩本義》受三家《詩》影響的僅有《周南·漢廣》、《召南·騶虞》兩首詩詩解，遠反映不出歐陽修與三家《詩》的關係；同時，因為鄭《箋》已經吸收了三家《詩》的某些觀點，「《毛傳》孤行，鄭《箋》間採魯、韓」、「世譏鄭康成好改字；

〔註18〕王學文《歐陽修〈詩本義〉傳世版本之我見》，《蘭臺世界》2010 年 7 月下，第 72～73 頁。

〔註19〕王學文《歐陽修〈詩本義〉傳世版本之我見》，《蘭臺世界》2010 年 7 月下，第 73 頁。

〔註20〕李君華《歐陽修〈詩本義〉研究》，浙江大學碩士學位論文，2008 年，第 41～45 頁。

〔註21〕李君華《歐陽修〈詩本義〉研究》，浙江大學碩士學位論文，2008 年，第 41～45 頁。

不知鄭《箋》改毛，多本魯、韓之說；尋其依據，猶可徵驗」〔註22〕，清代陳奐《鄭氏箋考徵》、陳喬樅《毛詩鄭箋改字說》等做過不少發明。因此，這種比較應是比較細緻的，某些對鄭《箋》的認可背後隱藏著與三家《詩》的密切關係，該問題還需進一步探討和研究。

這個問題其實有助於我們思考歐陽修前後期經學思想變化的原因，雖然人們注意到《詩解》（或《詩解統》）是歐陽修早期的思想（如裴普賢），也有學者將《詩解》（或《詩解統》）與《詩本義》、《時世論》等作比較（如曾建林），進一步鞏固《詩解》（或《詩解統》）早期說，並比較具體地展示了歐陽修《詩經》學前後期思想差異的面貌。關於這個問題的研究無疑呈現出不斷推進深化的趨勢。但這些還依舊停留在表象的層面，關鍵問題是歐陽修《詩經》學思想前後期變化的原因是什麼，是什麼因素導致歐陽修在《詩本義》中作了一些「溫和」的修正。筆者認為，從思想學術因素考察，三家《詩》影響是極為重要的方面，當然，關於三家《詩》如何影響、什麼時候影響歐陽修，還可作進一步研究。三家《詩》不過江東，但《詩》解卻有相當一部分保留在《史記集解》、《文選注》等資料中，歐陽修對三家《詩》的某些觀點比較熟悉。目前，學者們注意到歐陽修前後期《詩經》學思想與論點的矛盾，「在『統解』中，歐陽修力主《二南》作於文王時，而在《本義》、《時世論》中卻又認為《二南》首篇《關雎》作於周衰的康王時。尤其對司馬遷的態度，大為改變，前面批評說是『史氏之失也』，後面卻又說『司馬遷去周秦未遠，其為說，必有老師宿儒之所傳，吾有取焉』。更以孔子之言來論證司馬遷之說。同樣這說明歐陽修前後思想的變化……可以斷定《二南為正風解》同樣是歐陽修棄而不用的早年之作」〔註23〕。我們認為，這種變化與差異是顯而易見的，但形成原因應包括三家《詩》的影響。僅就《二南為正風解》與《詩本義》、《時世論》解《關雎》來分析，無疑更加典型集中，因為「刺康王」的說法，這是三家《詩》的看法，歐陽修改變了對《關雎》美詩的看法，是受到三家《詩》的影響。而對司馬遷的肯定，除過歷史的合乎情理的因素外，還因為司馬遷學習《魯詩》。而在漢代，《魯詩》相較其他各家《詩》

〔註22〕 〔清〕皮錫瑞著，周予同注釋《經學歷史》，北京：中華書局，2004年7月新1版，第174、189頁；皮錫瑞在《詩經通論》中還多次討論過這一現象，詳見皮錫瑞《經學通論》中的《詩經通論》。

〔註23〕 曾建林《歐陽修經學思想研究》，浙江大學博士學位論文，2007年，第83頁。

解，更加接近本義。當然，造成歐陽修後期穩重審慎的學術態度，一方面取決於個人自覺的修訂與嚴格要求（「畏於後生」），另一方面社會歷史原因也不能被忽視，歐陽修屢受打擊，特別是困頓於兩次「風聞」言事，精神疲憊，加上子女早夭、目足病患，晚年經學風格略變也是情理中的。但思想學術因素卻是內在的，更加重要的。因此，我們認為，三家《詩》與《詩本義》的關係，可以給反思與研究歐陽修《詩經》學思想變化提供一種途徑與思路。

三、關於歐陽修《詩本義》的影響（主要是《詩本義》與朱熹《詩集傳》的關係）

歐陽修《詩本義》影響方面，學術界比較重視其與朱熹《詩集傳》（《詩經集傳》）關係的考察，比較系統的著作是裴普賢《歐陽修詩本義研究》。

裴普賢《歐陽修詩本義研究》集中比核《詩本義》114 首詩解與朱熹《詩集傳》的異同，將朱熹受《詩本義》全面影響與局部啟發的詩歌抉擇出來，使《詩本義》的價值得到比較清晰和具體的展示，成為人們研究的重要參考。作者考察認為：「朱《傳》之採歐公意者，有《兔罝》、《野有死麕》、《考槃》、《氓》、《竹竿》、《兔爰》、《女曰雞鳴》、《東方之日》、《東門之枌》、《鴟鴞》、《破斧》、《皇皇者華》、《出車》、《何人斯》、《小明》、《青蠅》、《白華》、《文王》、《鳧鷖》、《瞻卬》、《天作》、《時邁》、《酌》、《那》、《長發》等二十餘篇，其餘則大多為部分採歐公義，如《關雎》採以淑女為太姒，《葛覃》卒章『害澣害否』句，依歐公意，採鄭釋而棄毛傳，即其例。其中如毛《傳》於《秦風・黃鳥》之『交交黃鳥』，《小雅・小宛》之『交交桑扈』皆釋交交為『小貌』，鄭《箋》卻於《桑扈》篇之『交交桑扈』毛《傳》不再訓釋處，釋交交為『飛往來貌』以否定毛義。歐公於《小宛》篇特提出以鄭為是，朱《傳》遂於此三『交交』均訓為飛往來之貌。此並可見歐朱讀書，均極精細。《關雎》是周衰之作，歐公在十四卷《時世論》中，更明白指出齊、魯、韓三家，皆以為康王政衰之詩。朱子雖不採此說，但也效歐公廣採三家義等來注《詩》，故其詩名《集傳》。《關雎》篇即亦引《齊詩》匡衡語。而朱《傳》《周頌》三十一篇中以《昊天有成命》、《噫嘻》之為康王時詩，《執競》之為昭王時詩，即係採歐公《時世論》之說者。朱《傳》不採歐公意而獨創新說者，僅（邶風）《柏舟》、《采葛》、《丘中有麻》、《有女同車》、《山有扶蘇》、《褰裳》、《子衿》等數篇，除《柏舟》外，其餘均繫指為淫詩者。其實朱子的指鄭衛的若

干篇章爲淫詩，也自歐公啟之。像《靜女》篇歐公即謂『述衛風俗男女淫奔之詩』，而朱《傳》從之，僅卒章不採歐公意耳。」〔註24〕「鄭衛淫奔之詩和改變毛《傳》興體，爲朱《傳》兩大特性。前者既由歐公啟之，後者也由歐公發其端。」〔註25〕這種研究，將歐陽修《詩本義》對朱熹《詩集傳》研究的影響揭示得更加具體和鮮明，側面論證了《詩本義》在《詩經》學史上的重要價值。

《詩本義》中的《一義解》二十首詩解，雖是論述毛《傳》鄭《箋》的一二失誤，往往不被研究者重視，但裴著卻將這些詩解與《詩序》、毛《傳》、鄭《箋》、歐陽修取捨、朱《傳》取捨作了比較，釐清了它們之間的異同和影響，認爲朱熹《詩集傳》全部吸收了《一義解》中的十二首詩解，占到十之六七，比例較《詩本義》前十二卷高〔註26〕；《取捨義》共涉及詩歌十二首，裴著考察歐陽修從毛棄鄭者七首，從鄭棄毛的五首，而朱熹《詩集傳》除過《玄鳥》一首外，基本都吸收了歐陽修的意見〔註27〕。我們之所以詳述裴著的考察結果，主要目的和論證意圖在於，一是歐陽修《詩本義》雖然被某些學者目爲成就不大，或認爲在當時並不具有重要的現實影響，但是通過將《詩本義》與《詩集傳》進行比較，可以肯定這種影響和學術聯繫是客觀存在的，朱熹在《朱子語類》中對歐陽修《詩本義》的景仰與讚歎也絕不是虛浮之辭；二是《詩本義》前十三卷與《詩集傳》比較的另一種啟迪，是有助於爲我們考察《詩本義》版本流變提供旁證，這種細緻的比較，終可以使人們相信至少今本《詩本義》前十三卷對朱熹影響很深，或許這進一步確證直至朱熹時期，《詩本義》可能還是以「十四卷」的形式在流傳，而這「十四卷」的前十三卷應是比較穩定的，也是後世增益卷次的基礎。

歐陽修「在《時世論》中，竟謂《二南》之事，《序》皆不通。這又難怪鄭樵、朱熹要全廢《小序》了。所以我要說歐公尊《序》，而蘇氏刪《小序》首句以下，鄭、朱全廢《小序》，不但是受到歐公對毛鄭立異的間接影響，實

〔註24〕 裴普賢著《歐陽修詩本義研究》，臺北：東大圖書有限公司，1981年7月版，第97頁。標點略作變動。

〔註25〕 裴普賢著《歐陽修詩本義研究》，臺北：東大圖書有限公司，1981年7月版，第97頁。標點略作變動。

〔註26〕 裴普賢著《歐陽修詩本義研究》，臺北：東大圖書有限公司，1981年7月版，第104～114頁。

〔註27〕 裴普賢著《歐陽修詩本義研究》，臺北：東大圖書有限公司，1981年7月版，第114～119頁。

在是受歐公刪《序》與議《序》不通的直接影響的」〔註28〕。主要討論了歐陽修《詩本義》對鄭樵、朱熹《詩經》學的影響和啓發。

王倩《朱熹在「〈詩〉教」思想上對歐陽修的借鑒》注意到歐陽修、朱熹在《詩經》學思想上的繼承關係，認爲朱熹吸納了歐陽修對待「漢學」的科學態度，將歐陽修「求詩人之意，達聖人之志」的「《詩》教」原則體系化，借鑒歐陽修的《詩經》學研究成果，《詩集傳》在《詩本義》「闕疑」的詩篇（如《思文》、《臣工》、《卷阿》、《生民》、《鳧鷖》、《鴛鴦》、《伐木》、《有駜》、《南山》等）上繼續推進，探求詩義，是對《詩本義》解《詩》路徑的繼承和拓展〔註29〕。

歐陽修對蘇軾、蘇轍的影響也被加以探討。劉茜《文學與經學的相融——論二蘇的〈詩經〉學思想》認爲蘇軾、蘇轍「『仁義不離於人情』的觀點，將《詩》抒發情志的特質納入到儒家『仁義』觀中，使北宋《詩經》學具有了文學與經學相融的特徵。蘇轍的《詩集傳》則成爲北宋《詩經》學走上文學與經學相融發展道路的典範之作」〔註30〕，雖然在經學與文學的關係上還可進一步探討，但是肯定「仁義不離於人情」則是宋代儒學學者解經新變的良苦用心，蘇氏父子同樣具有這樣的觀點，「夫《六經》之道，惟其近於人情，是以久傳而不廢」〔註31〕，其受歐陽修的影響很深刻。「北宋時期首先注意到《詩》抒情表意特徵並以此作爲依據來探求詩本義的是文壇領袖歐陽修。他在其《詩經》學著作《詩本義》中提出了『以情論詩』的觀點」〔註32〕，「《詩本義》對《詩》的闡釋已表現出經學與文學相融的特點，但歐陽修並未將其《詩經》學思想提高到理論的高度，完成這一任務的是其後的蘇氏昆仲。二蘇《詩論》對『仁義不離於人情』觀點的闡發是對傳統儒家『仁義』觀的補充與深化，這顯示了二蘇經學家的立場；但與一般經學家不同，二蘇對《詩》

〔註28〕 裴普賢著《歐陽修詩本義研究》，臺北：東大圖書有限公司，1981 年 7 月版，第 134 頁。標點略作變動。

〔註29〕 王倩《朱熹在「〈詩〉教」思想上對歐陽修的借鑒》，《教育史研究》2008 年第 3 期，第 18～22 頁。

〔註30〕 劉茜《文學與經學的相融——論二蘇的〈詩經〉學思想》，《文學遺產》2008 年第 5 期，第 60 頁。

〔註31〕 〔宋〕蘇軾《東坡全集》卷四十一《詩論》，文淵閣《四庫全書》（第 1107 冊），第 563～564 頁。

〔註32〕 劉茜《文學與經學的相融——論二蘇的〈詩經〉學思想》，《文學遺產》2008 年第 5 期，第 65 頁。

『吟詠性情』特徵的揭示與對『興』意的創造性詮釋則體現了其文學家的立場。與此同時，《詩》所具有的文學性與經學性雙重特徵在二蘇那裡得到了進一步的融合。『仁義不離於人情』的觀點將《詩》抒發情志的特徵納入到儒家的『仁義』觀中，打破了自漢代形成的《詩經》學在文學與經學發展道路上分離的局面，從理論上為《詩經》學走上文學與經學相融的發展道路提供了依據。」〔註33〕

李君華《歐陽修〈詩本義〉研究》第八章《詩本義》與〈七經小傳〉》〔註34〕比較有新意，注意到目前《詩本義》研究的不足，肯定了《詩本義》在思想內容上對《七經小傳》的借鑒，劉敞《詩經》學對歐陽修的影響，但是還比較簡略。當然，劉敞《七經小傳》「為雜論經義之語，好以己意改經，實變先儒淳樸之風」〔註35〕，雖對《詩本義》有啟發，但《詩本義》畢竟是一部專門的論說式著作，具有比較自覺的理論體系和方法原則，「體現了歐陽修在對傳統的傳箋注疏模式進行反動後，企圖建立新的解詩模式的探索」〔註36〕。

四、關於《詩本義》研究方法的原則與特徵

劉子健曾說「歐陽修提倡經學，是人情味的，不是道學派的」〔註37〕，突顯了《詩本義》經學研究重人情事理的基本特色。

裴普賢《歐陽修詩本義研究》雖然在《詩本義》研求詩人本志的方法章節論述比較簡略籠統，但如果仔細分析，還是可以看到其中點明了幾個關鍵問題：一是《詩本義》解詩方法受到孟子「不以文害辭，不以辭害志」、「以意逆志」的影響，「歐公的辨毛鄭得失，常以《小序》為證，是因與孟子說《詩》多合，所以歐公研求詩本義的方法，其實不是據《詩序》為說，而是依孟子

〔註33〕劉茜《文學與經學的相融——論二蘇的〈詩經〉學思想》，《文學遺產》2008年第 5 期，第 65 頁。

〔註34〕李君華《歐陽修〈詩本義〉研究》，浙江大學碩士學位論文，2008 年，第 46～47 頁。

〔註35〕〔清〕皮錫瑞著，周予同注釋《經學歷史》，北京：中華書局，2004 年 7 月新 1 版，第 157 頁。注⑥。

〔註36〕李君華《歐陽修〈詩本義〉研究》，浙江大學碩士學位論文，2008 年，第 24 頁。

〔註37〕劉子健著《歐陽修的治學與從政》，臺北：新文豐出版公司，1963 年 5 月初版，1984 年 10 月補正再版，第 34 頁。

說《詩》的方法」〔註38〕；二是「情理」是歐陽修推求詩本義和辨別毛鄭得失的重要依據，「歐公說《詩》，就是以人情的常理爲準則。因爲事理也就是人情的常理也。歐公的所謂理，是事理，是人情的常理，也是物理，是詩文的文理」〔註39〕；三是歐陽修經學方面體現的「以理說經」的特色及開創價值，「歐公以理說《詩》，也以理說《易》、說《書》、說《春秋》，開宋代以理說經的先河。元人脫脫說他『折之於理，以服人心』，紀昀說他『盡其說而理有不通，然後以論正之』，都能闡發歐公作文爲學的特長。而且朱子也承認歐公是宋代理義之學的先驅。那麼歐公《詩本義》研求詩人本旨的方法，在《詩經》學歷史的發展上，也就更是值得我們重視的一環了」〔註40〕。雖然有些《詩本義》或歐陽修經學思想方面的論著在簡略綜述中，往往遺憾裴著理論性不強，實際上，認真辨別，這些要害的問題，則是《詩經》學漢宋學術轉型和宋學、理學發展史的重要因素，而裴著的提示和簡要論證，則昭示後人作更加精審的研究，意義巨偉，自不可輕論。

章權才認爲《詩本義》「利用『自相牴牾』，揭露傳注中存在的問題，這是歐陽修經常使用的手法。這種手法是有效的，是新人耳目的，它對後世疑經思潮的泛起，起到一種導向性的作用」〔註41〕，這基本論述了「因文見義」中的一種情況，並揭示了它的作用和影響。

張啓成《論歐陽修〈詩本義〉的創新精神》將《詩本義》在《詩經》研究方面的創見與貢獻概括爲四個方面，即「確立了探求《詩》本義的方法與原則」、「《詩本義》動搖了毛、鄭的權威性」、「《詩本義》對風詩題旨有所發明」（如《邶風·靜女》、《召南·草蟲》、《鄭風·野有蔓草》，朱熹《詩集傳》繼承了歐陽修的詩解）、「《詩本義》對《詩經》部分比興之義有獨到的理解」〔註42〕。該文從方法論角度注意到《詩本義》解經方法的獨特性，「如果說『因其言，據其文』是探討《詩》本義的根本原則，那麼以人情求意、以理性求

〔註38〕 裴普賢著《歐陽修詩本義研究》，臺北：東大圖書有限公司，1981 年 7 月版，第 99 頁。標點略有改動。
〔註39〕 裴普賢著《歐陽修詩本義研究》，臺北：東大圖書有限公司，1981 年 7 月版，第 100 頁。標點略有改動。
〔註40〕 裴普賢著《歐陽修詩本義研究》，臺北：東大圖書有限公司，1981 年 7 月版，第 101 頁。標點略有改動。
〔註41〕 章權才著《宋明經學史》，廣州：廣東人民出版社，1999 年 9 月版，第 87 頁。
〔註42〕 張啓成《論歐陽修〈詩本義〉的創新精神》，《貴州社會科學》1999 年第 5 期，第 82～86 頁。

理便是探求《詩本義》的基本方法。以『人情求之』是歐氏研究《詩經》一個重要思想」〔註43〕，歐陽修強調「理的批判」的「理」「既指理義、文理、推理，也指人情之理，在不同的場合，各有所側重」〔註44〕，「歐陽修確立了《詩經》研究的原則與方法，即『因其言，據其文』，以《詩經》本義爲重的原則，以『情』與『理』探求《詩經》『意』與『理』的方法。這樣就淡化了傳統偏重經學研究《詩經》的偏見，推動了《詩經》研究的健康發展」〔註45〕。該文已經注意到《詩本義》情理原則的重要性，但是歐陽修解《詩》方法與原則的歷史影響的具體梳理，《詩本義》多種層面的「理」如何統一，以及「人情」與「事理」的內在關係與意義等都是值得進一步研究的問題。

蔣立甫《歐陽修是開拓〈詩經〉文學研究的第一人》，認爲：「歐陽修探求詩本義的出發點，也與後來的朱熹一樣是對《詩經》的經學研究，只是由於三百篇的本質是文學作品，歐陽修力求探知詩的本義，即詩人之意，因此不論其主觀認識如何，客觀上他所作的研究工作，在一定程度上是還《詩》本來面貌。」〔註46〕該文將《詩本義》破舊說、探本義的途徑概括爲三條，即「以文本爲依據」、「把握文學特性：人情」、「以文理、文意作檢驗」〔註47〕，其中第一條和第三條基本可歸併爲一條。在《詩本義》「人情」的理解上，該文注意到「人情」的豐富內涵，具體爲「事理，也包括『物理』的內容。物理，本是指人對『物』的認識，自然也是屬於人情範圍」〔註48〕，「《詩本義》『人情』所指更多的則是『人之常情』」、「『人情』說貫穿《詩本義》全書始終」〔註49〕，這些都是值得肯定的。

〔註43〕 張啓成《論歐陽修〈詩本義〉的創新精神》，《貴州社會科學》1999年第5期，第83頁。

〔註44〕 張啓成《論歐陽修〈詩本義〉的創新精神》，《貴州社會科學》1999年第5期，第83頁。

〔註45〕 張啓成《論歐陽修〈詩本義〉的創新精神》，《貴州社會科學》1999年第5期，第86頁。

〔註46〕 蔣立甫《歐陽修是開拓〈詩經〉文學研究的第一人》，《安徽師範大學學報》（人文社會科學版）2002年第1期，第67頁。

〔註47〕 蔣立甫《歐陽修是開拓〈詩經〉文學研究的第一人》，《安徽師範大學學報》（人文社會科學版）2002年第1期，第68～69頁。

〔註48〕 蔣立甫《歐陽修是開拓〈詩經〉文學研究的第一人》，《安徽師範大學學報》（人文社會科學版）2002年第1期，第68頁。

〔註49〕 蔣立甫《歐陽修是開拓〈詩經〉文學研究的第一人》，《安徽師範大學學報》（人文社會科學版）2002年第1期，第69頁。

　　譚德興《宋代詩經學研究》第四章《歐陽修的〈詩〉學思想》涉及四個方面，即「據文求義」、「以情論詩」、「比興新論」、「敘事研究」〔註50〕，其中「據文求義」、「以情論詩」側重的是方法，認爲歐陽修「《詩》學創新的主要表現之一便是把文學性的思想和方法引入《詩》學研究。歐陽修的《詩》學思想主要彙集於《詩本義》中。對《詩本義》文學思想的研究，有助於深刻認識宋代以詩看《詩》的文學特徵，從而更透徹地把握中國古代經學與文學發展的密切關係」〔註51〕。譚德興還從敘事特點角度探求《詩本義》對敘事人稱的體察，「歐陽修把《詩》中詩人敘事話語歸爲三類：一爲詩人自述其言，一爲詩人錄當時人之言，一爲詩人自述與錄他人言雜以成篇。這是對《詩》篇敘事特徵的研究，涉及到了敘事模式和敘事話語等問題」，「詩人代言，這是《詩》的一個重要敘事模式。詩人代言，與詩篇的主人公以及詩人之間是一個什麼樣的內在關係呢？這無疑是求取《詩》本義的關鍵。歐陽修充分認識到了這一點，爲求取詩篇本義，於是深入研究詩人代言的敘事特點。往往正是通過對詩人代言問題的研究，方打破漢、唐《詩》學定論，建立起自己的一家之言」，「歐陽修的《詩》學研究已經不再停留在表層的討論，而是進入到了相當深層的意義批評」〔註52〕，從敘事特徵角度考察詩篇是把握《詩經》的重要變化，也是《詩本義》探求文理、文意的獨到體會，對朱熹等影響很大。歐陽修的「因文見義」與「人情事理」實際都是一種意義把握和批評，但是這種意義是內外有別的，也正因爲如此，歐陽修才能將「詩人之意」與「聖人之志」統一起來，作爲解讀《詩經》的根本，也最終難以擺脫經學解讀的視域。

　　在中國古代文學發展史上，《詩經》也曾哺育過文學的發展與演變，但「宗經辨騷」〔註53〕卻是主流，如何考察經學與文學的關係，仍然是值得進一步探討的問題。拙著《宋代〈詩經〉學與理學——關於〈詩經〉學的思想學術史考察》不採用「《詩經》學理學化」、「《詩經》學文學化」的說

〔註50〕譚德興著《宋代詩經學研究》，貴陽：貴州人民出版社，2005 年 5 月版，第131～142 頁；譚德興《論歐陽修〈詩本義〉的文學思想》，《貴州教育學院學報》（社會科學）2004 年第 1 期，第 58～62 頁。

〔註51〕譚德興著《宋代詩經學研究》，貴陽：貴州人民出版社，2005 年 5 月版，第131 頁。

〔註52〕譚德興《論歐陽修〈詩本義〉的文學思想》，《貴州教育學院學報》（社會科學）2004 年第 1 期，第 62 頁。

〔註53〕參見蕭華榮著《中國詩學思想史》，上海：華東師範大學出版社，1996 年版。

法和思路，就是著眼於這種關係的複雜性。拙著在宏觀層面考察宋代解《詩》的兩種相輔相成的方法，以歐陽修爲開端，並專章討論歐陽修義理解《詩》的傾向與影響（「本末論」的義理評價包括在內），分別是第四章《「據文求義」與「古今人情一也」──宋代解〈詩〉的兩種方法史論與理學》〔註54〕、第五章《宋代〈詩經〉學的義理萌芽──歐陽修及三蘇的〈詩經〉學研究》〔註55〕。但是在兩種方法的理論與實踐關係、歷史評價與影響方面也還需要不斷加強。

陳冬根將「詩本義」作爲一種文學理論，貫穿到整個經學、詩學以及文學藝術領域，他認爲，「詩本義」第一次提出，應是歐陽修《論九經正義中刪去讖緯箚子》，「爲了提出系統的詩本義理論，強調其理論的重要性，歐陽修專門撰寫了一部『詩經學』著作──《詩本義》對詩本義理論進行全面的闡述和論證」〔註56〕。該文從六個方面揭示「詩本義」的理論建構意義，即「詩歌批評的自覺」、「修補傳統『詩經學』的巨大理論缺陷」（包括「對《詩經》作者和編者的認定」、「對《詩經》性質的重新判定」、「對漢代『詩經學』中『美刺說』的主流話語的駁議和扳正」、「對秦漢『詩經』學的瓦解」、「突破了『以史證詩』和『以詩證史』的解說模式及漢代五行說的影響」、「尋找被遺忘了的詩人的存在」六個方面）、「『詩本義』理論的目標任務」（包括「喚起文人的自覺及文學的回歸」、「促使詩學和經學的分途」）、「『詩本義』說的方法論問題」（包括「回到文本，因文求意、以意逆志」、「以情解詩」、「詩歌還原」）〔註57〕。當然，該文嘗試建構一個「詩本義」的理論系統，涉及的內容比較豐富，但是還有值得深思的地方，如關於經學與文學的關係，儘管《詩本義》對後來「以詩解《詩》」影響深遠，當前不少學者主張以文學與經學的分離作爲《詩經》學轉折的標誌，而且關於這個轉折的開端時期也多有爭議，如主張「魏晉」〔註58〕、「南北朝」

〔註54〕陳戰峰著《宋代〈詩經〉學與理學──關於〈詩經〉學的思想學術史考察》，西安：陝西人民出版社，2006年7月版，第155～184頁。

〔註55〕陳戰峰著《宋代〈詩經〉學與理學──關於〈詩經〉學的思想學術史考察》，西安：陝西人民出版社，2006年7月版，第185～206頁。

〔註56〕陳冬根《歐陽修「詩本義」的詩學闡釋》，《中州學刊》2007年第2期，第197頁。

〔註57〕陳冬根《歐陽修「詩本義」的詩學闡釋》，《中州學刊》2007年第2期，第198～200頁。

〔註58〕戶瑞奇《魏晉詩經學研究》（蘇州大學碩士學位論文，2009年）等。

〔註59〕、「宋代」〔註60〕、「明代」〔註61〕、「清代」〔註62〕、「五四」〔註63〕。但在《詩本義》及其後兩宋時期的《詩經》學作品（包括朱熹的《詩經集傳》等）依然還是經學作品，將文學性的逐漸突出與經學本質對立起來是不合乎史實的；關於《詩本義》是否瓦解了「秦漢《詩經》學」，不能僅僅根據《四庫全書總目》等判斷，如果結合《詩本義》自身來看，與其說是「瓦解」還不如說「補充、發展」了漢唐《詩經》學，並推陳出新，即使排擊毛鄭也並非決絕的變革，歐陽修受漢唐《詩經》學的影響很深刻，是漢宋《詩經》學轉折關頭的重要標誌；關於「以情解詩」、「詩歌還原」等，還需要對《詩本義》及歐陽修所運用的「情」的範疇與意義進行比較細緻的辨析。因此，該文指出的「詩本義」理論的三個不完善性（「主要表現就是方法的不自由」），即「漢語文字意義一直處於演化之中，並且一詞多義情況相當普遍，導致據文求意時難免失真」、「《詩經》無論是內容、思想還是情感、形式都很複雜，並不是全部都屬於詩人『本情』之作，尤其是『頌』部分，更多屬於集體創作或者多次創作」、「還原的烏托邦」〔註64〕等還可作進一步研討。

易衛華《北宋政治變革與〈詩經〉學發展》著重考察北宋政治文化與《詩經》學的關係，突出《詩經》學解經義理及方法與時代政治原因之間的有機聯繫。該文對慶曆新政、熙寧變法、元祐更化的特點與關係作了扼要的概括，並將歐陽修、劉敞、王安石、蘇轍和二程的《詩經》學納入到這個總體歷史變動中研究，認爲：「慶曆新政的目標是革除弊政，而其改革的動力之一就是希望憑

〔註59〕 劉新忠《南北朝詩經學研究》（蘇州大學碩士學位論文，2009年）等。

〔註60〕 莫礪鋒《從經學走向文學：朱熹「淫詩」說實質》（《文學評論》2001年第2期）、莫礪鋒《朱熹文學研究》（南京：南京大學出版社，2000年5月版，第260～261頁）、蔣立甫《歐陽修是開拓〈詩經〉文學研究的第一人》（《安徽師範大學學報》（人文社會科學版）2002年第1期）、檀作文著《朱熹詩經學研究》（北京：學苑出版社，2003年8月版，第79～219頁）、譚德興《宋代詩經學研究》（貴陽：貴州人民出版社，2005年5月版）、劉茜《文學與經學的相融——論二蘇的〈詩經〉學思想》（《文學遺產》2008年第5期）等。

〔註61〕 劉毓慶著《從經學到文學——明代〈詩經〉學史論》（北京：商務印書館，2001年版）等。

〔註62〕 李家樹《從經學到文學——方玉潤〈詩經原始〉讀後》（李家樹著《〈詩經〉專題研究》，西安：太白文藝出版社，2001年版）等。

〔註63〕 胡適《談談詩經》等。

〔註64〕 陳冬根《歐陽修「詩本義」的詩學闡釋》，《中州學刊》2007年第2期，第200頁。

藉對儒家思想的重新挖掘和利用重建政治憲綱，從而爲社會發展尋得一條光明大道，因而這一階段關於如何『師古以用今』的問題就擺在慶曆學者面前，這也是其時歐陽修、劉敞《詩經》學需要面對的問題。而熙寧變法則可看作慶曆新政的延續，在改革的目標和一些舉措上，二者多有類似，但王安石等人除了頒布新法推動改革外，還走上了更爲徹底地以學術引導政治改革方向、學術直接參與政治構建的路子，由此也不可避免地帶來了學術研究泛政治化的傾向，這對王安石等人的《詩經》學產生了相當大的影響。元祐更化的基本精神乃是要將熙寧變法轉化爲溫和的政治改良，雖然時間短暫，但由此帶來的對熙寧變法的反思則成爲推動學術進一步發展的新動力，從某種意義上來講，蘇轍、二程等元祐學者的經義新解正是爲澄清王安石新學派的指導思想而作，他們與新學派最大的不同之處並不在經義訓釋本身，而在於由經義訓釋所彰顯出的指導思想，他們的《詩經》研究同樣體現著這一特點。」〔註65〕雖然有些細節還可以進一步探討，但是這段文字比較清晰地梳理了北宋三次大的政治革新事件與《詩經》學學術的密切聯繫，揭示了《詩經》學關注社會現實、積極參與應對時代問題的特點，是發人深思的。當然，北宋《詩經》學的新變除過政治社會的風雲激蕩之外，內在的學術發展規律也是一個更加值得關注的因素，而且，《詩經》學（以及《六經》學）與社會政治的影響是相互的，也就是說《詩經》學不僅僅是政治變革的同步反映和歷史紀錄，情形比較複雜。但是，這部論文，注意到歷史考察的維度，並在嚴謹的史料考辨的基礎上嘗試解決《詩經》學學術問題凸現的時代原因，是饒有新意的。

王慶玲《〈詩本義〉研究》涉及《詩本義》的內容特點、《詩經》學上的地位貢獻以及不足。其中，將歐陽修探求詩意的方法概括爲「據文求義」、「人情義理」、「以意逆志」、「旁考經史」〔註66〕，將《詩本義》的貢獻概括爲「削弱了毛、鄭的權威地位」、「『因文求義』、『切於人情』的文學視角的引入」、「平實的文風和實事求是的態度」、「《詩本義》的理論意蘊——本義觀的方法論」、「部分比興之義的獨到見解」、「發疑《序》之端，開百世之惑」〔註67〕，基本也是因襲前人舊說，對「情理」也缺乏深入剖析。

〔註65〕易衛華《北宋政治變革與〈詩經〉學發展》，河北師範大學博士學位論文，2010年，第8頁。

〔註66〕王慶玲《〈詩本義〉研究》，山東大學碩士學位論文，2010年，第30~36頁。

〔註67〕王慶玲《〈詩本義〉研究》，山東大學碩士學位論文，2010年，第41~56頁。

　　商意盈《歐陽修〈詩本義〉研究》涉及到《詩本義》對傳統《詩經》學的批評、對《詩經》研究的重構、對《詩經》文學價值的強調、經學與詩學的融合問題，其中關於《詩本義》與傳統《詩經》的關係尤其值得進一步加強。該文在《詩本義》的理論重建方面，探討了歐陽修對「文意相屬」的文本整體關聯性的重視〔註68〕，比較有新意，但展開不夠，其次涉及「以『本義』說詩」、「以『人情』說詩」、「捨『末』求『本』」、「以意逆志」〔註69〕，也是《詩本義》研究中經常討論的問題，問題的關鍵是如何深化。作者認為：「歐陽修的《詩本義》在宋代並沒有引起足夠的重視，他的解經方法自然也沒有大範圍地流傳開來。但是，在宋代解讀經學的實踐中，『據文求義』的方法已經開始形成並付諸使用，宋代經學家們已經開始捨傳惑經。而到了清代，這一個訓詁的概念被廣泛提及和使用，出現了『因文求義』的說法，要求根據語境對詞語的種種制約來得出這個詞語在文本中的真正含義和解釋。」〔註70〕這也是需要結合歷史的考察反思的問題。

五、關於歐陽修的經學（包括《詩經》學）思想研究

　　劉子健《歐陽修的治學與從政》是最早進行關於歐陽修專門研究的學術專著，1963年初版，1984年補正再版。該著簡明扼要，注解詳盡，搜集資料比較廣泛，奠定了後來研究歐陽修學術與政治的基礎，所涉及的一些學術問題至今依然有啟發性。日本學者土田健次郎曾高度評價該著「是涉及有關歐陽修的全部問題點的力作，近年歐陽修研究中論及的問題，很多已被此書指出」〔註71〕。《歐陽修的治學與從政》上編《歐陽修的學術與思想》首先討論「歐陽修的經學」，「慶曆之學以治經為要，側重講大義，發揮新見解」〔註72〕，並指出歐陽修經學的五個特點，即「重視個人研究」、「力主推理」、「理一定

〔註68〕商意盈《歐陽修〈詩本義〉研究》，浙江大學碩士學位論文，2010年，第20頁。

〔註69〕商意盈《歐陽修〈詩本義〉研究》，浙江大學碩士學位論文，2010年，第20～27頁。

〔註70〕商意盈《歐陽修〈詩本義〉研究》，浙江大學碩士學位論文，2010年，第23頁。

〔註71〕〔日〕土田健次郎著，朱剛譯《道學之形成》，上海：上海古籍出版社，2010年4月版，第44頁。腳註②。

〔註72〕劉子健著《歐陽修的治學與從政》，臺北：新文豐出版公司，1963年5月初版，1984年10月補正再版，第22頁。

是能簡明易解的，一定是切實可行的，一定是合乎人情的」、「『理』是人事之理」、「根據推理的方法，從人事之理的觀點上，深覺歷來對經義的解釋有許多是不純正的」〔註 73〕，這五點針對歐陽修總體的經學特點而言，也就是說隱含著歐陽修研究《六經》的共同思想和方法，雖然並沒有集中討論《詩本義》，但這種總體的概括依然可以在《詩本義》中得到印證。當然，這五條有四條涉及到歐陽修解經的情理標準，即使是發自個人的酌裁，也是與這一標準相關的，其中似乎忽略了歐陽修對文本重視的因素，在後來的研究中逐漸被人們所重視，無疑解經如何做到合乎人情事理以及合乎人情事理的經解為什麼就一定是經典的本義，便成為人們不得不面對的理論問題。劉著隱含這一問題，並作為反思歐陽修經學研究不足的出發點，也是今天研究歐陽修經學理念與方法的人們需要不斷深化和推進的問題。

劉德清著《歐陽修論稿》第五章《歐陽修的經學研究》，從三個方面概括了歐陽修的經學思想，即「振興儒學，排斥佛老」、「疑經惑傳，質諸人情」、「經世致用」等〔註 74〕。與同時期的其他經學家相較，該著所提出的「質諸人情」在歐陽修應是比較有特色的，除過《詩本義》有集中繁多的涉及外，他的詩文集中也有豐富的材料，對後世影響也比較大，惜未遑細論。另外，歐陽修的經學思想，包括《詩經》學思想經歷了一定的變化，有歷時性的特徵，在使用和研究材料時突出史料的歷史感以及被不斷加工改造的特徵，將是謹慎細緻的學術思想史研究必須重視的內容。這一點，也是目前關於歐陽修經學思想包括《詩經》學研究的薄弱環節，在方法論上也是值得深思和加強的。

黃進德《歐陽修評傳》第四章《歐陽修的經學見解》，共涉及兩個方面，即「『以經為正』，『不惑傳注』」、「疑古創新，經世致用」〔註 75〕。「歐陽修認為求得《六經》本義就必須堅持質諸人情的原則。也就是符合人情物理與否乃檢測《六經》真偽的天然尺度，也是取捨傳箋的客觀標準。」〔註 76〕該著

〔註 73〕劉子健著《歐陽修的治學與從政》，臺北：新文豐出版公司，1963 年 5 月初版，1984 年 10 月補正再版，第 22～27 頁。

〔註 74〕劉德清著，郭預衡審訂《歐陽修論稿》，北京：北京師範大學出版社，1991年 9 月版，第 130、132、136 頁。

〔註 75〕黃進德著《歐陽修評傳》，南京：南京大學出版社，1998 年 10 月版，第 320～356 頁。

〔註 76〕黃進德著《歐陽修評傳》，南京：南京大學出版社，1998 年 10 月版，第 325頁。

認爲「歐陽修捨傳從經、疑傳求眞的治經精神在《易》、《詩》、《春秋》的研究中都有充分的展現，而以《詩本義》尤爲突出」〔註77〕，並專門探討了歐陽修「正本清源，以意逆志，探究《詩》本義」〔註78〕的特點，涉及了部分對《詩本義》的研究。作者認爲「對毛《傳》鄭《箋》的評議中不難看到歐陽修研究《詩經》致力於探究詩人主觀感情抒發的流程。正由於他能從整體上牢牢把握住詩歌內在的機杼意脈，才有可能捕捉到詩人的心靈的奧秘，從而對毛鄭的謬說提出鞭闢入裏、切中肯綮的評騭」〔註79〕，將「情」拘泥於人物瞬間的情感世界，則是值得進一步推敲的。

曾建林《歐陽修經學思想研究》通過考察歐陽修的《易》學、《詩經》學、《春秋》學以及《尚書》、《爾雅》、《周禮》、《四書》研究，比較集中地探討了歐陽修的經學思想特點，注意到歐陽修《四書》研究的薄弱環節。該文從文統、道統、正統三個方面確定歐陽修在北宋的學術地位，是頗有新意的，「宋初經學轉型是通過文統、道統、正統理論的確立來實現的，歐陽修以經學思想爲理論基礎通過文學復古運動、正統史學編纂以及儒家道德實踐，完成了對宋初文統、正統、道統的構建，從而也確立了歐陽修在宋初經學轉型中的領袖作用與地位」〔註80〕。作者結合夷陵、滁州兩次被貶將歐陽修的經學思想發展概括爲三個發展階段，即「夷陵之前時期，可視爲歐陽修經學思想的發展初期，從致力於利祿的科舉之學到在洛陽時轉向致力於韓愈思想的研究」、「夷陵到滁州時期，是歐陽修經學思想形成並在實際中實踐的階段。通過慶曆新政，歐陽修的經學思想初步得到貫徹」、「滁州之後的時期，通過反思總結，歐陽修的經學思想更加成熟，並撰成經學著作，影響社會，推動了漢學向宋學的轉型」〔註81〕。該著高度評價了《詩本義》在歐陽修經學思想體系乃至宋學中的地位，雖未展開，但良可參考，儘管有些細節還可以進一步推敲，如作者認爲歐陽修「在景祐、寶元年間已開始撰寫《詩本義》，到熙寧三年，歐陽修終於決定將撰寫多年的《詩本義》定稿，至熙寧四年最後成

〔註77〕黃進德著《歐陽修評傳》，南京：南京大學出版社，1998 年 10 月版，第 329 頁。

〔註78〕黃進德著《歐陽修評傳》，南京：南京大學出版社，1998 年 10 月版，第 329 ～340 頁。

〔註79〕黃進德著《歐陽修評傳》，南京：南京大學出版社，1998 年 10 月版，第 337 頁。

〔註80〕曾建林《歐陽修經學思想研究》，浙江大學博士學位論文，2007 年，第 3 頁。

〔註81〕曾建林《歐陽修經學思想研究》，浙江大學博士學位論文，2007 年，第 4 頁。

書。《詩本義》的完成，標誌著歐陽修疑古疑經的義理經學體系（宋學）的全面建立」〔註82〕等。

曾建林《歐陽修經學思想研究》第三章《歐陽修的〈詩經〉學思想》包括歐陽修《詩經》學發展背景（《五經正義》後韓愈、成伯璵的啓發，歐陽修《詩經》學著作及《詩經》學思想的形成），歐陽修《詩經》學思想（對《詩經》作者、內容及孔子刪《詩》的認識，對《詩序》作者的認識、對《詩經》的懷疑），歐陽修「求詩本義」的解詩方法（詩「本義」、「末義」的區別，關其所疑的解詩態度，「以史證詩」、「考求文意」、「質以人情」、「以理說詩」的「求本義」的方式），歐陽修對《序》、《傳》、《箋》的批評，歐陽修對《詩經》時世的考訂，歐陽修《詩經》學中的幾個問題（關於「詩解九篇」與歐陽修《詩經》學思想的前後差異，對《青蠅》篇的懷疑與解說，《詩經》語助詞的問題）〔註83〕，雖然涉獵廣泛，但基本沒有超出前人研究的視域（除「詩解九篇」個別地方更加細微的考察與簡短的「《詩經》語助詞的問題」外），論述也比較單薄，材料雖較充實，但新發掘不足，特別是「《詩經》學思想」概括與提煉不夠，需要進一步加強。

楊麗萍《歐陽修〈詩本義〉詮釋思想研究》參考西方詮釋學的研究成果，梳理《詩本義》的詮釋思想，主要研討《詩本義》「本末論」與「人情論」對增強文本詮釋有效性的貢獻和影響。作者認爲，《詩本義》詮釋部分符合訴諸最直接和顯而易見證據的「簡潔經濟」原則，「歐陽修的『人情論』就是用最基本的人類的喜怒哀樂之情來推斷詩意」；基於文本內在連貫性的「作品意圖」的推測與評價，《詩本義》的「本末論」爲讀者提供了閱讀與詮釋有效性的控制機制〔註84〕。應該說，從詮釋學角度切入，並選擇歐陽修關於「本末」與「人情」的理解，是抓住了《詩本義》和歐陽修經學的重點問題之一，但除此之外，歐陽修《詩本義》對文本文理及其意義的分析和把握，都是相當重要的。任何經典的存在和傳播，都離不開詮釋，作品的活生生的存在方式就在於一代代讀者的接受，其中的視界融合和接受效果是人們不能不面對和正視的問題。正如人們所觀察的，因爲我們在把握經典時，不可能擺脫前視界，

〔註82〕 曾建林《歐陽修經學思想研究》，浙江大學博士學位論文，2007 年，第 13 頁。
〔註83〕 曾建林《歐陽修經學思想研究》，浙江大學博士學位論文，2007 年，第 47～88 頁。
〔註84〕 楊麗萍《歐陽修〈詩本義〉詮釋思想研究》，首都師範大學碩士學位論文，2007 年，第 31 頁。

也就是前知、前有、前見，對讀者是如此，對於作者也是這樣。所以，考察《詩本義》的意義和效果，將其放在漢宋《詩經》學的思想學術史轉型中，不僅是可能的，而且是必要的，因為它本身就體現了對前見的重視和評判。當然，這個過程涉及的因素比較多，需要慎重和具體分析，比如在歐陽修那裡，西京洛陽一帶的遊宦與貶謫夷陵的交往就是重要的影響方面。

新近出版的姜廣輝主編《中國經學思想史》（第三卷），將宋明經學劃分為「宋初經學」與「理學化經學」（主體），在「宋初經學」部分闢有《慶曆之際的易學》章，第三個專題是《歐陽修〈易童子問〉的理性懷疑精神》，僅討論《易童子問》對《易大傳》中《文言》與《繫辭》的辯駁與排抑〔註85〕。對歐陽修在《詩經》學、《周禮》等方面的研究關注不夠，對歐陽修經學思想的特色及影響研究也留有較大研究空間。

六、關於《詩本義》的經學史地位和意義

歐陽修《詩本義》無疑在經學史中佔有重要的地位，在《四庫全書總目》之前，已經有「開百世之惑」〔註86〕的美譽。這一點是無可質疑的，今人也有「宋人說詩的特徵是反毛鄭的風氣，例如歐陽修（《毛詩本義》），說詩雖主毛鄭，卻已開了新解之端」〔註87〕、「歐陽修是開北宋這種一代風氣（文風、學風、思想之風）的首領人物」〔註88〕、「歐陽修的《詩本義》可以說是吹響了《詩》學解放的進軍號」〔註89〕等。林葉連《中國歷代詩經學》第七章《宋朝詩經學》第二節《宋朝經學之發展趨勢》，將宋代《詩經》學著作劃分為八派，第一派就是「議論毛傳鄭箋派」〔註90〕，首列《詩本義》，說「歐陽修著

〔註85〕姜廣輝主編《中國經學思想史》（第三卷），北京：中國社會科學出版社，2010年11月版，第109～115頁。

〔註86〕《經義考》卷一百零四引南宋樓鑰論語：「由漢以至本朝，千餘年間，號為通經者不過經述毛鄭，莫詳於孔穎達之《疏》，不敢以一語違忤二家，自不相侔者，皆曲為說以通之。韓文公，大儒也，其上書所引《菁菁者莪》，猶規規然守其說。惟歐陽公《本義》之作，始有以開百世之惑，曾不輕議二家之短長，而能指其不然，以深持詩人之意。其後王文公、蘇文定公、伊川程先生各著其說，更相發明，愈益昭著，其實自歐陽氏發之。」

〔註87〕何定生《宋儒對於詩經的解釋態度》，《詩經研究論集》，第413頁。

〔註88〕李澤厚著《中國古代思想史論》，北京：人民出版社，1985年版，第230頁。

〔註89〕劉復生著《北宋中期儒學復興運動》，臺北：文津出版社，1991年7月版，第9頁。

〔註90〕林葉連著《中國歷代詩經學》，臺北：臺灣學生書局，1993年版，第246頁。

《詩本義》，論正毛《傳》、鄭《箋》之不同處」〔註 91〕，下啓劉宇《詩折衷》、項安世《毛詩前說》等。石文英認爲「釐訂毛鄭之失，聚訟小序，廢去傳注」〔註 92〕，「是宋代詩經研究疑古、變古精神的出色表現，也是宋代詩經研究的最大貢獻」，「歐陽修《毛詩本義》十六卷旨在釐訂毛鄭之失，這一點確是開了第一炮」〔註 93〕，「《毛詩本義》對宋代詩經研究的影響和貢獻相當大」〔註 94〕。

當代《詩經》研究史成果中，20 世紀八十年代初版、21 世紀初再版的夏傳才《詩經研究史概要》是一部具有奠基性質的著作，它將朱熹《詩集傳》視爲中國古代《詩經》研究史的第三塊里程碑，而對歐陽修《詩本義》的地位關注不夠，但卻明確指出《詩本義》「對漢學《詩經》學的基礎——《詩序》、《毛傳》、《鄭箋》都進行了指摘……這就整個地動搖了它們的權威地位」〔註 95〕。夏傳才先生還扼要地從學術精神角度高度估價歐陽修《詩經》學新風的影響和價值，認爲「歐陽修、蘇轍等人對《毛傳》、《詩序》、《鄭箋》的批評，創始了對整個漢學《詩經》學的懷疑之風，逐漸發展爲充滿一個時代的思辨精神」〔註 96〕。即使從《詩經》考據學的產生來看，歐陽修也是有一定開創貢獻的，他輯佚考辨鄭玄《詩譜》就是一個典型的例子。如果從思想學術史發展的內在規律考察，「宋學懷疑漢學的傳、序、箋、疏，提倡自由研究，以求實的精神注重實證，這是考據學興起的原因，從歐陽修輯錄已經散佚的鄭玄的《詩譜》（原注：附於《通志堂經解》本歐陽修《毛詩本義》書後。），蘇轍考證《史記》等史籍批駁《詩序》，到鄭樵、王質、朱熹、王柏等等，都是注重考證的，這也是一代學風。現在還保存的宋代《詩經》考據學名家的

〔註 91〕 林葉連著《中國歷代詩經學》，臺北：臺灣學生書局，1993 年版，第 247 頁。標點略作改動。

〔註 92〕 石文英《宋代學風變古中的〈詩經〉研究》，林慶彰編《中國經學史論文選集》，臺北：文史哲出版社，1993 年 3 月版，第 88 頁。

〔註 93〕 石文英《宋代學風變古中的〈詩經〉研究》，林慶彰編《中國經學史論文選集》，臺北：文史哲出版社，1993 年 3 月版，第 88 頁。

〔註 94〕 石文英《宋代學風變古中的〈詩經〉研究》，林慶彰編《中國經學史論文選集》，臺北：文史哲出版社，1993 年 3 月版，第 89 頁。

〔註 95〕 夏傳才著《〈詩經〉研究史概要》，鄭州：中州書畫社，1982 年版，第 132～133 頁；夏傳才著《詩經研究史概要》（增注本），北京：清華大學出版社，2007 年 6 月版，第 107 頁。

〔註 96〕 夏傳才著《詩經研究史概要》（增注本），北京：清華大學出版社，2007 年 6 月版，第 108 頁。

專著，有程大昌、蔡卞、王應麟的著作」〔註 97〕，雖然這個時期的考據學不能與清代的考據學相提並論，而程大昌《詩論》十八篇、蔡卞《毛詩名物解》二十卷基本不能算嚴格意義上的考據學著作，而南宋末年王應麟的《詩考》卻的確開啟了三家《詩》輯佚研究的先河〔註 98〕，對清代三家《詩》研究成為顯學影響甚偉。宋代的「三家《詩》」研究漸次展開和發展，至清有范家相《三家詩拾遺》、丁晏《三家詩補注》、馮登府《三家詩異文疏證》、陳壽祺父子《三家詩遺說考》、陳喬樅《四家詩異文考》等，近代王先謙《詩三家義集疏》而成為此項研究的頂峰，而歐陽、朱、王在「三家《詩》」學術研究上的重視與開創之功，自不可沒。將考據學創始與淵源，追溯到王應麟乃至歐陽修也當然有其深層次的學術原因。

後隨著《詩經》學與研究不斷拓展和深化，人們對《詩本義》的學術地位逐漸有了比較明確的認識。如戴維《〈詩經〉研究史》就注意到歐陽修《詩本義》的深遠影響和漢宋學術過渡特徵，認為「《詩本義》十六卷，是全面系統地對《詩經》按歐陽修己意進行討論的著述，此書上繼魏晉駁正毛鄭的衣缽，下啟有宋以經證道之先河，不過，其體例嚴謹，立論平實，不像魏晉王肅者流出於門戶私見，肆意譏彈，而是從理義上推論並且打破唐以來《毛詩正義》給《詩經》學界帶上的牢籠，對《詩經》學研究不僅在結論上作出正確的論證，更重要是在思想方法上開闢了新的道路」〔註 99〕，儘管這段表述文字與內容還有未臻完善的地方，在該書中也沒有較好地展開對這個觀點的論述，但是，作者的這種體會和判斷卻帶有一定的啟發性，將宋代慶曆至熙寧年間解經新風的變化和特徵也揭示了出來〔註 100〕，值得肯定，特別是強調了歐陽修承上啟下的《詩經》學學術地位，尤為難能可貴。「歐陽修雖是在前人的基礎上來打破《毛傳》的牢籠，但他的規模與成果是大大超過前人的，

〔註97〕 夏傳才著《詩經研究史概要》（增注本），北京：清華大學出版社，2007 年 6 月版，第 122 頁。

〔註98〕 「王應麟輯《三家詩》與鄭《易注》，開國朝輯古佚書之派。」（〔清〕皮錫瑞著，周予同注釋《經學歷史》，北京：中華書局，2004 年 7 月新 1 版，第 217 頁）

〔註99〕 戴維著《〈詩經〉研究史》，長沙：湖南教育出版社，2001 年 9 月版，第 272 頁。

〔註100〕 嚴格意義上說，《詩本義》的普遍的現實影響應是熙寧三年（1070 年）以後的事了，與王安石解經新風相互銜接，不過王安石以己意解經走得更遠，以致牽強附會、受人詬病。

從思想上以及方法上都給《詩經》研究以極大的啓迪作用。宋代經學研究方向的改變，就是從歐陽修諸人開始的。」〔註101〕洪湛侯認爲歐陽修「經學上的成就似已爲文名所掩，他的《詩本義》等著作直至清代才引起人們的注意」〔註102〕，表面看清代學者提及《詩本義》者居多，但大多受門戶限制而多有批評之論。事實上，在整個宋代《詩經》學發展史上，《詩本義》的影響確是客觀存在的，宋代目錄學家的著錄、朱熹等的稱述和《詩經》研究典籍的徵引都可以說明這一點。

有學者提出《詩本義》「是一部《詩經》研究史上具有里程碑意義的注釋名著」〔註103〕，與傳統的三大里程碑（參見夏傳才《詩經研究史概要》）看法不同，但並沒有展開論證，顯得意猶未盡。

余敏輝從《詩本義》論說體角度揭示《詩本義》解經新風與影響，角度新穎，給人以啓示。特別是與《毛詩正義》相互比較，更能反映《詩本義》承上啓下的學術地位和重要價值。他認爲，「如果把《詩本義》與唐代孔穎達等奉敕編撰的《毛詩正義》進行比較，它的特點是作通經察傳、闡釋本義的學術論辯，而不是循章逐句、疏不破注的訓詁釋義，具有鮮明的個人獨創特徵和強烈的考信求實精神。不過，歐陽修這種解《詩》體式，也是淵源有自的，因爲它最早爲唐代成伯璵所運用，不過對後世產生較大影響的還是歐陽修。其實，漢唐《詩》注不出傳、箋、注、疏模式，而歐陽修《詩本義》採用『論說』體式，則是和他懷疑舊說，期於發明新意分不開的。至於它之所以在慶曆之際風行於世，並和講義體、集解體、集傳體等成爲宋代解詩的主要體式，則和當時的疑古辨僞之風密切相關」〔註104〕，這種側重寫作體式的比較是有意義的，但是根據歐陽修《詩本義》的說法，他並不是爲獨標新意而故立新論，這也應作實事求是的評價。而《詩本義》「論說體」的優長，與漢唐《詩經》學的關係與差異，這段文字揭示得比較簡明。

郭丹丹《唐宋〈詩經〉學研究》，將唐宋《詩經》學分爲上下編，扼要條

〔註101〕戴維著《〈詩經〉研究史》，長沙：湖南教育出版社，2001年9月版，第276頁。

〔註102〕洪湛侯編著《詩經學史》，北京：中華書局，2002年版，第299頁。

〔註103〕余敏輝著《歐陽修文獻學研究》，北京：人民出版社，2010年7月版，第89頁。

〔註104〕余敏輝著《歐陽修文獻學研究》，北京：人民出版社，2010年7月版，第92頁。

陳唐宋《詩經》學的主要著作與發展概況，其中對唐代中晚期《詩經》學代表人物成伯璵、施士丐《詩經》學觀點作了論述和鈞沈〔註105〕，是難能可貴的，但遺憾的是該文沒有注意唐宋《詩經》學轉變的內在規律與聯繫的探討。在涉及《詩本義》部分，認爲《詩本義》後三卷（即今本十三、十四、十五卷）體現了歐陽修的詩學理論〔註106〕，而沒有對卷次產生的時間以及體現的《詩經》學思想進行考辨，等量齊觀這些史料，在歷史學意義上則需要反思。該文將唐代《詩經》學作爲漢宋《詩經》學的過渡階段，認爲「唐前期的《毛詩正義》全面保存、繼承了漢魏以來《詩經》的研究成果；唐中晚期的《詩經》學則體現了《詩經》漢學向《詩經》宋學的過渡、嬗變」〔註107〕，整體上具有這樣的學術轉型的態勢，包括宋初八十年的經學都可以看作是其中的構成部分，但具體問題還有必要再進一步深化。

　　劉新忠《南北朝詩經學研究》注意到南北朝時期皇侃《論語義疏》所引九條《詩經》詩句（其中一條爲「逸詩」）的義理化解經傾向〔註108〕，已與兩漢魏晉風尙不同；同時，也注意到劉勰、蕭綱、顏之推等人對《詩經》中的《國風》與《小雅》文學性的重視和強調，揭示《詩經》與詩賦歌詠之間的密切關係〔註109〕，將《詩經》義理解經新風溯源於南北朝時期。而戶瑞奇《魏晉詩經學研究》強調魏晉時期，隨著玄學思潮的出現，《詩經》已經出現了義理化解經的傾向〔註110〕。這些將《詩經》學中的義理化傾向不斷追溯，重視思想學術發展的內在理路，是值得肯定的，也頗能給人以啓發。

七、關於《詩本義》的缺陷與不足

　　劉子健對宋代後繼學者批評歐陽修經學的觀點作了簡要的概括，主要是針對以下五個方面，包括「『理』只限於人事之理」（如王厚齋、蘇軾、曾鞏）、「專信《六經》」（如陳善、葉適）、「專信《六經》，卻又覺得後代的政治也頗

〔註105〕郭丹丹《唐宋〈詩經〉學研究》，蘇州大學碩士學位論文，2010年，第29～33頁。

〔註106〕郭丹丹《唐宋〈詩經〉學研究》，蘇州大學碩士學位論文，2010年，第43頁。

〔註107〕郭丹丹《唐宋〈詩經〉學研究》，蘇州大學碩士學位論文，2010年，第68頁。

〔註108〕劉新忠《南北朝詩經學研究》，蘇州大學碩士學位論文，2009年，第39～45頁。

〔註109〕劉新忠《南北朝詩經學研究》，蘇州大學碩士學位論文，2009年，第46～61頁。

〔註110〕戶瑞奇《魏晉詩經學研究》，蘇州大學碩士學位論文，2009年，第20頁。

可稱揚，似有矛盾處」（如葉適）、「太輕注疏」（如朱熹）、「不言性」（如楊時）
〔註111〕。而宋代各家批評實則情形很複雜，未必沒有借他人之酒澆自己塊壘
的意思。

　　石文英認爲宋代《詩經》研究在詩的概念、原始、六義、四始、二南、
正變、世次、國次、篇次、采詩刪詩、詩與樂等傳統《詩經》學問題上「雖
有進展，但未有明顯突破，有的甚而後退。比如孔子是否刪詩，歐陽修、邵
雍、二程，就都拘執舊說，曲爲解釋」〔註112〕。該文結合具體《詩經》學學
術問題，批評包括歐陽修在內的宋代《詩經》學學者在學術研究方面推進不
夠，當然，這也難免帶有漢學與宋學的遺痕，但更多從經學與文學的關係角
度著眼：「宋代的《詩經》研究本應在文學批評史上有重大開拓乃至揭開新頁。
釐訂毛鄭之說，否定小序，廢去傳注，實質上是一種企圖從經師絕對權威下
掙脫出來的合理的學術要求；這種要求可以排除和澄清漢唐以來對詩三百篇
的穿鑿曲說，進一步撥開雲霧直接進入作品形象，恢復其原有的文學面目。
朱熹也認爲：『要人虛心靜氣，本文之下打疊交，空蕩蕩地不要留一點先儒舊
說，莫問他是何人所尊、所親、所憎、所惡，一切莫問，而唯本文是求，則
聖賢之旨得矣。』這段話在當時可以說相當精彩，令人惋惜不已的，最後一
句卻是個沉重的尾巴。這個大不掉的尾巴，終於拖住了全身，使一場生動的
《詩經》研究顛進了另一條歧路。」〔註113〕

　　關於《詩本義》是否完全，是否具有系統性，宋代已有人否定其爲「不
全之書」，而力主爲「歐陽氏全書」（《經義考》卷一百零四《張瓘序》），當然
這已是重視歐陽《詩》解與毛鄭互補關係的心解。但從卷次篇章來看，《詩本
義》的系統性與完整性往往受到學者們的質疑，「歐陽修的《詩本義》雖然不
是一部系統的研究《詩經》的專著，就其對《詩經》114 首詩篇與若干問題的
探討來看，也未能完全擺脫毛、鄭傳統經學研究的影響與束縛。但《詩本義》
畢竟是《詩經》研究史上一部具有創新精神的重要專著」〔註114〕，這些論點

〔註111〕劉子健《歐陽修的治學與從政》，臺北：新文豐出版公司，1963 年 5 月初版，
　　　　1984 年 10 月補正再版，第 33 頁。
〔註112〕石文英《宋代學風變古中的〈詩經〉研究》，林慶彰編《中國經學史論文選集》，
　　　　臺北：文史哲出版社，1993 年 3 月版，第 87 頁。
〔註113〕石文英《宋代學風變古中的〈詩經〉研究》，林慶彰編《中國經學史論文選集》，
　　　　臺北：文史哲出版社，1993 年 3 月版，第 93 頁。
〔註114〕張啓成《論歐陽修〈詩本義〉的創新精神》，《貴州社會科學》1999 年第 5 期，
　　　　第 86 頁。

都是發人深思的。

白雲姣《歐陽修〈詩本義〉研究》考察了《詩本義》的版本、內容、體例、文學思想、影響與局限，其中將《詩本義》的局限概括爲「不識《詩經》音樂性特徵」、「詩篇數量較少，理論未成體系」〔註115〕，這種概括雖然比較新穎，但也是需要推敲的。歐陽修「經學上的成就似乎較少被人關注，直到清代，他的《詩本義》著作才在經學史上得到應有的地位」〔註116〕，也是需要商榷的。

李君華《歐陽修〈詩本義〉研究》將《詩本義》與今本《詩經》篇章數目與分佈進行比較，認爲：「《詩本義》所論及詩篇在風、雅、頌三大類的分佈比較平均，所佔比例分別爲：46.9％，53.3％，37.5％。而且《詩本義》所論及詩篇在十五國風、大小雅和周頌各小節以及魯頌、商頌的具體分佈也很均衡，竟然不存在缺漏一國風的情況，甚至雅、頌各小類中都沒有一個缺漏。」〔註117〕雖然《詩經》雅部分具體分類，各種《詩經》本子略有差異，但是就整體分佈來看，該文認爲的「分佈比較平均」的結論是可靠的，但是《詩本義》畢竟有一國風沒有論辯，即《魏風》，這種「缺漏」也是源於對毛鄭原有解釋的認可。

王慶玲《〈詩本義〉研究》注意到《詩本義》的研究不足，並作爲論文論述的重要方面。作者將《詩本義》的不足具體歸納爲四個方面，分別是「部分詩解主觀附會，曲解詩義」、「詩解存在疏謬脫漏之處」、「體例缺乏整體的系統性」、「方法論上循環論證，標準不一」〔註118〕，雖然某些方面似不乏新意，但是在材料（如對《與顏直講長道》、《與王龍圖益柔》等）認定分析上還有商榷的空間。

歐陽修《詩本義》聲名不彰的原因，有人認爲是歐陽修對待《詩序》的矛盾態度，消解了個人的創新性解說，「歐陽修大膽懷疑《詩序》作者，對《詩序》中的某些問題勇於發難，是其功；但同時對《詩序》多所迴護，又顯露

〔註115〕白雲姣《歐陽修〈詩本義〉研究》，河北大學碩士學位論文，2007年，第33〜34頁。

〔註116〕白雲姣《歐陽修〈詩本義〉研究》，河北大學碩士學位論文，2007年，第 1頁。

〔註117〕李君華《歐陽修〈詩本義〉研究》，浙江大學碩士學位論文，2008年，第24頁。

〔註118〕王慶玲《〈詩本義〉研究》，山東大學碩士學位論文，2010年，第57〜60頁。

了以尊信《詩序》爲主的態度。故在後人看來，他的見解頗多『自相矛盾』之處。這樣一來，其論中的不少精到分析，往往被『本義』中歸結到序義的解說消解了。而這正是《詩本義》在後世地位名聲不彰顯的原因之一」〔註 119〕。這還只是一種原因。李梅訓《歐陽修〈詩本義〉名湮不彰的原因》一文進一步從自身原因、外部原因、不同歷史時代的價值取向三個方面對《詩本義》聲名影響不大作了分析。其中內部原因，除上述對《詩序》的矛盾態度外，還有歐陽修文學成就掩蓋了經學成就、體例與內容缺少系統性、未刻意宣傳學術觀點，外部原因包括時代因素導致的《詩本義》修訂刊刻很晚、王安石《三經新義》的影響、「朱熹《詩集傳》的強大替代性作用」，不同時代的價值取向表現在古代經學與文學的雜糅難辨使《詩本義》聲名不顯，而到近代以後經學與文學分離，才突現了《詩本義》的開創價值〔註 120〕。這種原因分析，我們認爲只是大概，比如根據鄭樵《通志・藝文略》僅收歐陽修《鄭譜補亡》二卷而未及《詩本義》，蘇轍《墓誌銘》僅記「《詩本義》十四卷」而不予置評，《宋史》本傳亦不稱歐陽修經學成就，就判斷《詩本義》受時代影響而聲名不振〔註 121〕，是值得檢討的。因爲鄭樵《詩辨妄》不存，但根據《周孚》的《非詩辨妄》及顧頡剛輯佚的《詩辨妄》，鄭樵未必對《詩本義》不熟悉，而在《詩》學主張上，鄭樵接續歐陽修走得更遠，也是毋庸諱言的事實；蘇轍《墓誌銘》記載「《詩本義》十四卷」只是遵循了墓誌銘文體的寫作要求，《宋史》本傳的撰寫情形就更複雜，似不能作爲重要參照和論證依據。「直到近世打破經學研究的獨尊局面，使文學研究逐漸受到充分重視，進而確認《詩經》作爲詩歌的本來面目。這時，《詩經》的文學研究才得到充分重視。歐陽修的開創性研究也就被學者所看重而被挖掘、論證、展開。其《詩經》文學研究也就逐漸得到現代學者的承認。」〔註 122〕這也是以經學價值與文學價值來確定《詩本義》影響的表現。其實，歐陽修在世及以後《詩本義》的客觀影響與實際影響同時存在，也許，在思想學術史意義上，才能跳出經學與文

〔註 119〕李梅訓《歐陽修〈詩本義〉對〈詩序〉的批評及影響》，《安徽師範大學學報》（人文社會科學版）2004 年第 4 期，第 470 頁。

〔註 120〕李梅訓《歐陽修〈詩本義〉名湮不彰的原因》，《社會科學家》2005 年第 6 期，第 25～27 頁。

〔註 121〕李梅訓《歐陽修〈詩本義〉名湮不彰的原因》，《社會科學家》2005 年第 6 期，第 27 頁。

〔註 122〕李梅訓《歐陽修〈詩本義〉名湮不彰的原因》，《社會科學家》2005 年第 6 期，第 27 頁。

學對立的局限，對《詩本義》的價值與意義作一比較系統和有效地把握。

綜上所述，在已有的歐陽修《詩本義》研究論著中，關注問題相對比較集中，諸如《詩本義》的版本，但忽略明版系統；《詩本義》的「本義」與可能；《詩本義》對《詩序》、《毛傳》、《鄭箋》的態度；《詩本義》解《詩》方法；《詩本義》對朱熹《詩集傳》的影響；《詩本義》的缺陷與不足等。比較薄弱的環節是歐陽修《詩本義》的歷史形成過程，《詩本義》與歐陽修詩文集的互證研究，《詩本義》解詩方法的關係、形成的原因及理論意義，歐陽修《詩經》學與漢唐學術的淵源，《詩本義》與《七經小傳》的關係研究，《詩本義》與三家《詩》的關係，《詩本義》的影響史或效果史研究等。特別是關於《呂氏家塾讀詩記》與《詩本義》的關係研究還鮮有人問津。

第一章 《詩本義》學術淵源與創作時間考

　　歐陽修（1007～1072）雖自稱沒有明確的學術師承，但其深受唐代韓愈（768～824）的影響，在文學與經術方面也有反映。作爲歐陽修經學研究的代表作《詩本義》的學術淵源、寫作情況、個人緣起等都是值得細緻鑽研的內容。

第一節 《詩本義》的學術淵源略考

　　關於《詩本義》的學術淵源，這裡著重從思想觀念，包括對《六經》本質與關係的認識，特別是「詩本末」觀念的學術淵源予以探討。「從起源中理解事物，就是從本質上理解事物。」（〔德〕杜勒魯奇語）至於《詩本義》在具體學術觀點上，如何受到漢晉隋唐學者的影響，可見於本文《〈呂氏家塾讀詩記〉與〈詩本義〉》章相關內容的考察。另外，與《詩本義》相前後，形成了辯駁毛鄭的《詩》解氛圍，這種學術同調的存在對《詩本義》的初稿與改稿都有深刻影響，因此，亦應予以考察。

一、歐陽修經學觀念與先秦漢唐遺風

　　作爲經學漢宋過渡的樞紐，單從歐陽修對《六經》〔註1〕本質與關係的概

〔註 1〕因爲《樂經》存亡的爭論，或被認爲亡於秦火，或認爲與《詩》《禮》相表裏，但秦漢以後《六經》實際上已指「《詩》、《書》、《禮》、《易》、《春秋》」《五經》了。

括來看，就已嶄露端倪。漢唐時期，占主導的是認爲《六經》各有分工的主張（當然《漢書·禮樂志》提出「六經之道一原也」，則另當別論），宋代「《六經》一道」的思想愈來愈明確和強烈，這是追求經典解釋簡明簡易的反映，也是擺脫繁瑣的章句訓詁、割裂經典的表現。歐陽修恰恰具有這兩種截然不同的《六經》觀，當然，應注意其中時間的變化，最後影響後世深遠的則是其「《六經》一道」的觀念，因爲相對漢唐的經學觀來看，這種「《六經》一道」的觀念更加符合簡易和載道的原則。

歐陽修對《六經》的認識比較複雜。他的經學觀有一定變化，這也帶來了相應的牴牾和矛盾。嘉祐六年（1061 年）四月十六日所撰《廖氏文集序》，主張「《六經》非一世之書」〔註 2〕，認爲：「《六經》者，先王之治具，而後世之取法也。《書》載上古，《春秋》紀事，《詩》以微言感刺，《易》道隱而深矣，其切於世者，《禮》與《樂》也。自秦之焚書，《六經》盡矣。至漢而出者，皆其殘脫顛倒或傳之老師昏耄之說，或取之家墓屋壁之間，是以學者不明，異說紛起。況乎周禮，其出最後，然其爲書備矣。」〔註 3〕《六經》各有分工，傳達聖人的志也會有不同，「《詩》可以見夫子之心，《書》可以知夫子之斷，《禮》可以知夫子之法，《樂》可以達夫子之德，《易》可以察夫子之性，《春秋》可以存夫子之志」〔註 4〕。《代曾參答弟子書》曾被懷疑爲不類歐陽修書，但據全集編者校訂按語「《外集》此卷，則公所自改者，至《居士集》十七卷，方爲定本。今並存之，使學者有考焉」〔註 5〕，具有一定的參考價值。歐陽修雖然將《六經》全部與孔子掛起鈎來，主張《六經》是孔子心性情志的流露和載體，認爲《六經》價值和功能各有側重，這種看法本質上並沒有完全逃離漢唐經學的藩籬。

先秦至秦漢時期論述《六經》各有偏重。「《詩》以道志，《書》以道事，《禮》以道行，《樂》以道和，《易》以道陰陽，《春秋》以道名分」（《莊子·天下》），「聖人者，道之管也。天下之道管是也，百王之道一是矣。故《詩》、

〔註 2〕《廖氏文集序》，《歐陽修全集·居士集》卷四十三《序》，第 298 頁。歐陽永叔著《歐陽修全集》，北京：中國書店，1986 年 6 月版（據世界書局 1936 年版影印），後同。

〔註 3〕《問進士策三首》，《歐陽修全集·居士集》卷四十八《策問》，第 326 頁。

〔註 4〕《代曾參答弟子書》，《歐陽修全集·居士外集》卷九《時論》，第 425～426 頁。

〔註 5〕《代曾參答弟子書》，《歐陽修全集·居士外集》卷九《時論》，第 427 頁。

《書》、《禮》、《樂》之歸是矣。《詩》言是，其志也；《書》言是，其事也；《禮》言是，其行也；《樂》言是，其和也；《春秋》言是，其微也。……天下之道畢是矣。」（《荀子·儒效》）「《詩》道志，故長於質；《禮》制節，故長於文；《樂》詠德，故長於風；《書》著功，故長於事；《易》本天地，故長於數；《春秋》正是非，故長於治人」（《春秋繁露·玉杯》）、「六經之道一原也」（《漢書·禮樂志》）等。

《白虎通義》強調五常的重要性。五常中「禮」爲中心，反映了等級觀念。仁被認爲是以禮行事的等級名分標準，義是行禮的合適性、合宜性，智是對禮的正確理解，信是行禮忠誠專一的內心狀態。《白虎通義》將「五經」與「五常」相對應，認爲「經，常也。有五常之道。故曰《五經》。《樂》仁、《書》義、《禮》禮、《易》智、《詩》信也。人情有五性，懷五常不能自成，是以聖人象天五常之道而明之，以教人成其德也。」（《白虎通義·五經》）〔註6〕

當魏晉文學自覺的時代到來後，《五經》作爲文章的起源，各種體裁的作品形式便被與不同的經典聯繫起來，也是這種《六經》各有分工觀念的反映。「夫文章者，原出《五經》；詔命策檄，生於《書》者也；序述論議，生於《易》者也；歌詠賦頌，生於《詩》者也；祭祀哀誄，生於《禮》者也；書奏箴銘，生於《春秋》者也。」（《顏氏家訓·文章》）「論說辭序，則《易》統其首；詔策章奏，則《書》發其源；賦頌詞贊，則《詩》立其本；銘誄箴祝，則《禮》總其端；紀傳銘檄，則《春秋》爲根。」（《文心雕龍·宗經》）〔註7〕

歐陽修對《六經》的認識在先秦諸子與漢代學者基礎上有所損益，其對

〔註6〕《白虎通義·五經》，〔清〕陳立撰，吳則虞點校《白虎通疏證》卷九《五經》，北京：中華書局，1994 年 8 月版，第 447 頁。宋代劉敞也有這種《五經》五常的觀念，「五經者，五常也。《詩》者溫厚，仁之質也。《書》者訓告，信之紀也。《易》者淵微，智之表也。《春秋》褒貶，義之符也。惟《禮》自名，其道專也。」（〔宋〕劉敞著，黃曙輝點校《公是先生弟子記》卷一，上海：華東師範大學出版社，2010 年 5 月版，第 13 頁）劉敞的論述基本是對《白虎通義》的調整和改造。

〔註7〕劉敞主張：「《禮》者德行之本也，《詩》者言語之本也，《書》者文學之本也，《春秋》者政事之本也。此四本者，君子之所盡心也。」（〔宋〕劉敞著，黃曙輝點校《公是先生弟子記》卷一，上海：華東師範大學出版社，2010 年 5 月版，第 15 頁）實際也是對《顏氏家訓·文章》與《文心雕龍·宗經》觀點的襲革，劉敞與歐陽修同時且交誼甚厚，可略窺當時人關於《六經》功能及關係的基本思想觀念。

禮樂的重視與後來張載、朱熹異曲同工。但若僅僅拘泥於此，則掩蓋了歐陽修經學思想的光輝，只有通過歷史的眼光清理和辨析那些紛繁的經學材料，才能逐步把握其經學思想演變的脈絡和側重點。

如果注意到歐陽修後來對《六經》同道思想的表述，則其經學思想的演進脈絡便不難被發現，而引起反響的，恰恰是這種和歷史時代、學術發展相合拍的觀念。歐陽修撰《新唐書‧藝文志》對「六經」的看法就已不同，「六經之道，簡嚴易直而天人備，故其愈久而益明」（《新唐書‧藝文志》），重視簡嚴易直與歐陽修的《六經》觀一致，根據《歐陽修年譜》，《新唐書》撰修完畢，在嘉祐五年（1060 年），歐陽修負責紀、志六十卷。《詩本義》初稿一般定在嘉祐三年（1058 年），可與此相佐證。他主張「《六經》簡要」（《六經簡要說》），與同時期稍後張載（1020～1077）等人的看法也相似。

「《易》、《書》、《禮》、《樂》、《春秋》，道所存也，《詩》關此五者而明聖人之用焉。跡其道不知其用之與奪，猶不辨其物之曲直而欲制其方圓，是果成乎？」（《詩本義》卷十五《詩解統序》）歐陽修認爲《詩經》關乎其他「道」之所存的「五經」，並進一步明「用」，而「跡道」與「知用」應是緊密結合在一起的，儘管歐陽修的「用之與奪」主要是指「勸誡」、「美刺」，但實際上已初步糾正了對《詩經》的三種偏見（「章句之書」、「淫褻之辭」、「猥細之記」），漸次以降，「『六經』皆道之所存」，以至有張程朱陸等學者的理學解讀，所以，在某種意義上說歐陽修開啓了宋代以「道」（這種形而上的道有多種表達形式，如「道」、「理」、「心」等）爲核心的《詩經》研究是毫不誇張的，而且有助於從更深層次的思想文化角度理解《詩經》學術演變的內在規律。

「君子之所學也，言以載事而文以飾言，事信言文，乃能表見於後世。《詩》、《書》、《易》、《春秋》皆善載事而尤文者，故其傳尤遠」〔註8〕，在歐陽修看來，《六經》只是文的差異，而「道」則是相同的。南宋楊簡論《六經》「文六而道一」，實際上就是遙承和發揮歐陽修的認識。楊簡明確地把「六經」統一起來，認爲是載「道」之文，「《易》、《詩》、《書》、《禮》、《樂》、《春秋》，其文則六，其道則一，故曰：『吾道以一貫之。』又曰：『志之所至，詩亦至焉；詩之所至，禮亦至焉；禮之所至，樂亦至焉；樂之所至，哀亦至焉。』嗚乎至哉！至道在心，奚必遠求？人心自善，自正，自無邪，自廣大，自神

〔註8〕《代人上王樞密求先集序書》，《歐陽修全集‧居士外集》卷十七《書》，第 486 頁。

明，自無所不通。」（《慈湖遺書》卷一《詩解序》）〔註9〕由「至道在心」及「知吾心所自有之，『六經』則無所不一，無所不通」，則能發現楊簡濃鬱的心學氣息，而歐陽修主張溝通情理古今、重視現實踐行的品格就更彌足珍貴了。這種情形同時說明宋代學者在面對《六經》時，雖沿襲「文以載道」、「文以明道」的傳統，但是在「道」的具體內容和品格上依然留下了廣闊的理論空間，成為後來程朱理學、陸王心學等學派建構理論的基點。

然而，如果溯源的話，這種《六經》一道或《六經》「文六而道一」的觀念也可以追溯到先秦時期。

郭店楚簡《六位（六德）》認為義為君德、忠為臣德、智為夫德、信為婦德、聖為父德、仁為子德，但並非簡單地劃分不同社會成員的道德類型，而是以形象的表述揭示了這些道德內涵的特點和屬性。《六位（六德）》強調「夫夫，婦婦，父父，子子，君君、臣臣，六者各行其職，而讒諂無由作也。觀諸詩、書則亦在矣，觀諸禮、樂則亦在矣，觀諸易、春秋則亦在矣。親此多也，欽此多〔也〕，美此多也，道御止。」〔註10〕關於這六部典籍的內容，《六位》強調「道」的重要，主要體現在人的社會倫常生活中，人處於六種不同社會位置，分別形成三對關係，如夫婦、父子、兄弟等，每種社會角色都應該按照本角色的倫常要求行動，它或許與後來「三綱」思想的形成有某種內在的邏輯關聯〔註11〕。這段簡文還提出了「仁，內也。義，外也。禮樂，共也。內立父、子、夫也，外立君、臣、婦也。……為父絕君，不為君絕父。為昆弟絕妻，不為妻絕昆弟。為宗族疾朋友，不為朋友疾宗族」（《六位（六德）》）〔註12〕。雖然在內容上「君」的地位還沒有得到突出性的強調，但是基本的思維框架已具備。此外，社會成員各行其職，便不會產生奸慝現象。「觀諸詩、書則亦在矣，觀諸禮、樂則亦在矣，觀諸易、春秋則亦在矣」，「《詩》、

〔註9〕〔宋〕楊簡撰《慈湖遺書》卷一《詩解序》，文淵閣《四庫全書》（第1156冊），第608頁。按：「禮之所至，樂亦至焉」，《自序》下行一行「樂之所至，樂亦至焉」（《慈湖詩傳・自序》）；「嗚乎」之「乎」，《自序》作「呼」（《慈湖詩傳・自序》，文淵閣《四庫全書》（第73冊），第3頁）。

〔註10〕李零：《郭店楚簡校讀記》（增訂本），北京：北京大學出版社，2002年，第131頁。

〔註11〕這種思想以後在《韓非子》、《禮緯・含文嘉》、《白虎通義》等中逐漸得到發展定型。

〔註12〕李零著《郭店楚簡校讀記》（增訂本），北京：北京大學出版社，2002年版，第131頁。

《書》、《禮》、《樂》、《易》、《春秋》」都無差別地反映了這種「夫夫，婦婦，父父，子子，君君、臣臣」的道理。與先秦大多典籍認為「六經」各有側重的觀念不同，《六位》的經學觀念與後來宋代學者的「六經一道」觀念相一致。在《六位（六德）》的作者來看，「六經」所承載的也不過是六位所具備的六德而已，人們閱讀經典自然不能忘卻這種道德價值。比較這種經典的觀念將會有助於我們深入理解中國經學思想的發展源起及流變過程。「六經」載道則是經學賴以存在和發展的理論基礎。

郭店楚簡對「六經」性質和功能的基本表述，與傳世文獻比較，雖然似乎還停留在粗糙的抽象階段，不少概括難以擺脫表面現象的纏繞，比如對《詩》、《春秋》等的論斷。郭店楚簡關於「六經」的界定已基本明確，在邏輯上奠定了以後考察「六經」關係及基本功能的基礎。郭店楚簡與傳世典籍之間的內在關聯在彰顯彼此異同的同時，進一步突出了思想學術史演變的獨特性和複雜性。在郭店楚簡（以及部分上博簡）中蘊含著豐富的經學思想史研究的資料和觀念，已引起人們的重視。

先秦原始儒家中，除孔子與思孟學派外，荀子也佔有極為重要的地位；特別是荀子繼承子游、子夏的學術傳統，在重禮、傳承「六經」方面做出了巨大貢獻。戰國至秦漢間的「六經」學術傳承往往與荀學有密切的關係〔註13〕，甚至就是荀學的一個重要組成部分。《荀子》中的「六經」觀念也具有一定的典型性。

《荀子》倡導「宗經」「徵聖」。「宗經」即重視經典，以《詩》、《書》、《禮》、《樂》、《春秋》、《易》為主；徵聖，則是效法聖賢與先王（他們的精神可以在後王身上體現出來）。「宗經」「徵聖」的最終目的在於「明道」，所以，在荀子看來，「道」的地位是崇高的，是萬事萬物的關鍵和統攝，人們閱讀經典和效法前賢最終不外是「明道」。「聖人者，道之管也。天下之道管是也，百王之道一是矣。故《詩》、《書》、《禮》、《樂》之歸是矣。《詩》言是，其志也；

〔註13〕清代汪中認為《毛詩》、《魯詩》、《左氏春秋》、《穀梁春秋》都是荀子所傳，《禮》和《易》也是荀子所擅長的，《韓詩外傳》是荀學別傳。他指出，荀學出於孔子，對諸經貢獻尤大：「荀卿之學，出於孔氏，而猶有功於諸經。」「蓋自七十子之徒既歿，漢諸儒未興，中更戰國、暴秦之亂，《六藝》之傳賴以不絕者，荀卿也。周公作之，孔子述之，荀卿子傳之，其揆一也。……蓋荀卿於諸經無不通，而古籍闕亡，其授受不可盡知矣。」（〔清〕汪中：《荀卿子通論》，載〔清〕王先謙撰，沈嘯寰、王星賢點校《荀子集解》，北京：中華書局，1988年，第21～22頁。）

《書》言是，其事也；《禮》言是，其行也；《樂》言是，其和也；《春秋》言是，其微也。……天下之道畢是矣。」（《荀子・儒效》）《儒效》中兩次提到「隆禮義而殺《詩》《書》」，按照梁啓雄《荀子簡釋・儒效注》「殺，差也，省也」〔註14〕，也就是強調實踐更加重要，相比較而言，禮義是綱領，是主導，《詩》《書》則是輔助，是體現罷了。《勸學》說得更加明瞭：「《書》者，政事之紀也；《詩》者，中聲之所止也；《禮》者，法之大分，類之綱紀也。故學至乎《禮》而止矣。夫是之謂道德之極。《禮》之敬文也，《樂》之中和也，《詩》、《書》之博也，《春秋》之微也，在天地之間者畢矣」，「學莫便乎近其人。《禮》《樂》法而不說，《詩》《書》故而不切，《春秋》約而不速」，並批評「學雜志，順《詩》《書》」學習與實踐相分離的行爲〔註15〕。這樣，在荀子眼中，經典、聖人、道是統一的，「道」雖然難以把握，但是它可以體現和統一在聖人的行動、經典的表述以及萬事萬物中。荀子注意到知識（經典）和價值的統一，這種主張的眞正實現則在漢代，並成爲以後經學特別關注的問題之一，即將對經典的閱讀與對聖人之志的體悟、「道」的把握結合起來。這是荀子在經學思想發展史上最值得重視的內容，因爲它涉及到觀念的層次。

宋代人們的「六經一道」、「六經皆文也」、「六經」中的本末觀念等，都可在荀子那裡找到一定的淵源，儘管這些學說的主張者或許更加傾向於孟學。歐陽修也不例外。

由此可見，歐陽修的經學觀念，無論是《六經》各有側重還是《六經》一道觀念，都與先秦至漢唐的經學思想有密切的聯繫，如果將先秦視爲經學思想的萌芽期，那麼歐陽修的這種經學思想與漢唐經學的淵源就更值得人們關注了。

二、「詩本末」觀念與王肅、王通等

歐陽修「詩本末論」在歐陽修《詩經》學中佔據著很重要的位置，也得到了朱熹等人的高度評價（《朱子語類》卷八十）。歐陽修比較系統地確立了《詩經》學研究的「本末」觀念，使學者可以從「太師之職」及一些「經師

〔註14〕梁啓雄：《荀子簡釋》，北京：中華書局，1983年新1版，第92頁。
〔註15〕漢代學者進一步說「《六藝》者，王教之典籍，先聖所以明天道，正人倫，致至治之成法也」（《漢書》卷八十八《儒林傳》）。

之說」中擺脫出來，而去體味「詩人之意」和「聖人之志」，奠定了《詩經》研究恢復本義、藉以寓道的理論基礎。

歐陽修在《本末論》中集中闡發自己對解《詩》四種情況的本末認識，是我們理解其解讀《詩經》思想的基礎。

> 詩之作也，觸事感物，文之以言，美者善之，惡者刺之，以發其揄揚怨憤於口，道其哀樂喜怒於心，此詩人之意也。古者國有采詩之官，得而錄之，以屬太師，播之於樂，於是考其義類，而別之以爲風、雅、頌，而比次之以藏於有司，而用之宗廟朝廷，下至鄉人聚會，此太師之職也。世久而失其傳，亂其雅頌，亡其次序，又採者積多而無所擇，孔子生於周末，方修禮樂之壞，於是正其雅頌，刪其繁重，列於「六經」，著其善惡，以爲勸誡，此聖人之志也。周道既衰，學校廢而異端起。及漢承秦焚書之後，諸儒講說者整齊殘缺，以爲之義訓，恥於不知而人人各自爲說，至或遷就其事以曲成其己學，其於聖人有得有失，此經師之業也。惟是詩人之意也，太師之職也，聖人之志也，經師之業也，今之學《詩》也不出於此四者，而罕有得焉者，何哉？勞其心而不知其要，逐其末而忘其本也。何謂本末？作此詩，述此事，善則美，惡則刺，所謂詩人之意者，本也。正其名，別其類，或繫於此，或繫於彼，所謂太師之職者，末也。察其美刺，知其善惡，以爲勸誡，所謂聖人之志者，本也。求詩人之意，達聖人之志者，經師之本也。講太師之職，因其失傳而妄自爲說者，經師之末也。今夫學者得其本而通其末，斯盡善矣。得其本而不通其末，闕其所疑，可也。雖其本有所不能通者，猶將闕之，況其末乎？所謂周、召、邶、鄘、唐、豳之風，是可疑也。考之諸儒之說既不能通，欲從聖人而質焉又不可得，然皆其末也。若詩之所載，事之善惡，言之美刺，所謂詩人之意，幸其具（俱）在也，然頗爲眾說汩之，使其義不明，今去其汩亂之說，則本義粲然而出矣。今夫學者知前事之善惡，知詩人之美刺，知聖人之勸誡，是謂知學之本而得其要，其學足矣，又何求焉？其末之可疑者，闕其不知，可也。蓋詩人之作詩也，固不謀於太師矣。今夫學《詩》者，求詩人之意而已，太師之職，有所不知，何害乎學《詩》也？若聖人之勸誡者，詩人之美刺，是已知詩人之意，則得聖人之志矣。

（《詩本義》卷十四《本末論》）

歐陽修將學《詩》的目的分爲四種，即把握詩人之意、聖人之志、太師之職、經師之業，通曉詩人之意、聖人之志則爲「本」，瞭解太師之職則爲「末」，而經師之業則隨其所求而變化，爲本則本，爲末則末。後來南宋戴溪《續呂氏家塾讀詩記》將《詩經》的創作具體分爲某氏作、國人作、國之賢人作等幾種，不如歐陽修區分爲「詩人之意」與「太史假設之義」爲妙！認爲學者鮮有收穫的原因正是「勞其心而不知其要，逐其末而忘其本」，沒有處理好解讀《詩經》的本末關係。表面上看，學《詩》只要理解作者的意圖就行了，「今夫學《詩》者，求詩人之意而已」，而實際上歐陽修所認爲的「本」有兩項，即「詩人之意」和「聖人之志」，而且將兩者緊密地聯繫在一起，認爲「若聖人之勸誡者，詩人之美刺，是已知詩人之意，則得聖人之志矣」，這樣，實質上將「聖人之志」依然放在最主要的地位，《詩經》研究還是經學的研究。因此，後來借《詩》來發揮和體認心性義理，也是在把握所謂的「詩人之意」和「聖人之志」，尤其是「聖人之志」，所以宋代的《詩經》學研究也依然是經學範圍內的經典研究。當注意作者的意圖和讀者的接受效果時，《詩經》的文學解讀才有可能，如朱熹解《詩經》之所以有不少文學的因素和影響，就是因爲重視自己的多讀和體味，但因未離開經學的目標，最終也不是完全的文學解讀，根本原因也在如何處理這兩者的關係上。

譚德興從宋代《詩經》學範疇角度考察「本末」論的價值和影響，認爲：「至宋代，文論範疇『本末』又被引入到《詩》學中，成爲宋代《詩》學十分重要的理論範疇。以『本末』論《詩》首先見於歐陽修的《詩本義》。《詩本義》乃宋代《詩》學變革的發軔之作」〔註16〕，「歐陽修論《詩》開創了宋代《詩》學發展的新風，而『本末論』無疑是其《詩》學思想的重要理論基礎。歐陽修的《詩》說主要建立在其『本末論』之上」〔註17〕，將「本末論」作爲歐陽修《詩》解的基礎和出發點，是毋庸置疑的。但這種「本末」範疇的內涵已經與文論中的「本末」有根本的不同，曹丕《典論‧文論》「夫文本同而末異」，劉勰《文心雕龍》、陸機《文賦》等亦有論述，其中的本末主要

〔註16〕譚德興著《宋代詩經學研究》，貴陽：貴州人民出版社，2005 年 5 月版，第75 頁。

〔註17〕譚德興著《宋代詩經學研究》，貴陽：貴州人民出版社，2005 年 5 月版，第76 頁。

側重文學作品的思想內容意義與藝術表現形式的關係。而《詩本義》中的「本末」則是對經學義理價值的判斷，褒貶意味濃鬱。如果按照中國傳統哲學「本末一貫」以及關於「本末一源」或字源學考察，恰恰與歐陽修要表達的價值理想相反，本末本是「除蔽」的前提。譚德興認爲「《詩》學『本末論』推動了《詩》學疑古惑經思潮的發展，是宋代《詩》學方法論變革的重要理論依據」、「突破傳統《詩》說的束縛，『本末論』的形成很好地解決了宋代《詩》學發展變革的理論依據，爲《詩》學能更好地爲宋代社會服務鋪平了道路」〔註18〕，「本末論」作爲衡量既有的《詩》學成果的原則，簡明扼要，對宋以後的《詩經》學研究影響深遠，但是也要強調它與漢唐《詩經》學的內在聯繫，否則不易釐清《詩經》學思想學術史發展的內在脈絡。

「詩本末論」，到底有無學術上的承繼關係，學術界歷來較少討論，也就難以理清歐陽修《詩經》學與漢唐《詩經》學的內在聯繫。

筆者認爲，歐陽修「詩本末論」是對隋代王通（584～617）《詩》論的繼承和進一步發展完善。王通（文中子）曾說：「九師興而《易》道微，三傳作而《春秋》散。齊、韓、毛、鄭，《詩》之末也；大戴、小戴，《禮》之衰也。」〔註19〕「齊、韓、毛、鄭，《詩》之末也」，還可見於宋王應麟《困學紀聞》卷十，明何喬新《椒邱文集》卷一，清朱彝尊《經義考》卷二百九十五、二百九十七等。此語骨幹源於王通《中說》，因《中說》多受人們譏評，特別是《四庫全書總目》的作者〔註20〕，但《四庫全書總目》也不否認《中說》實有其書、文中子實有其人，並將「儒風變古」追溯至王通，這是有見地的。這裡引用歷代多家稱述，以見該史料不虛。

《中說》卷二《天地篇》記王通與裴晞、賈瓊等學術對話，「子曰：『蓋九師興而《易》道微，三傳作而《春秋》散。』賈瓊曰：『何謂也？』子曰：『白黑相渝能無微乎？是非相擾能無散乎？故齊、韓、毛、鄭，《詩》之末也；大戴、小戴，《禮》之衰也。《書》殘於古、今，《詩》失於齊、魯。汝

〔註18〕譚德興著《宋代詩經學研究》，貴陽：貴州人民出版社，2005 年 5 月版，第86 頁。

〔註19〕轉引自《徂徠石先生文集》卷七《錄蠹書魚辭》，〔宋〕石介著，陳植鍔點校《徂徠石先生文集》，北京：中華書局，1984 年 7 月版，第 81 頁。

〔註20〕《四庫全書總目・中說提要》認爲：「摹擬聖人之事跡則自通始，乃並其名而僭之。後來聚徒講學，釀爲朋黨，以至禍延宗社者，通實爲之先驅。……足見儒風變古，其所由來者漸也。」

知之乎？』賈瓊曰：『然則無師無傳，可乎？』子曰：『神而明之，存乎其人。苟非其人，道不虛行。必也傳又不可廢也。』」（《中說》卷二《天地篇》）〔註21〕「無師無傳」中的「師」、「傳」正是歐陽修強調的「《詩》之本末」中的「經師之末」，不過歐陽修概括更加全面，系統化更強。關於解經是否要擺脫師、傳的約束，王通並沒有完全否定傳的價值，但鼓勵自得，宋代阮逸的注解則很明確，並作了發揮，其語云：「傳之在師，得之在己。所傳有限，所得無窮，故周公師天下，仲尼自得之，仲尼師萬世，仲淹自得之，皆神契其道，不盡由師，明矣。孟子曰：『君子之深造於道也，欲其自得之。自得之則居之安，居之安則取諸左右逢其原。』然學不可無師，而得之不由師也。」（《中說》卷二《天地篇》）〔註22〕

《詩本義》對王通作品亦有引用，可以證明歐陽修對王通的學術觀點比較熟悉。《詩本義》卷十五《定風雅頌解》：「《風》生於文王而《雅》、《頌》雜於武王之間，《風》之變自夷、懿始，《雅》之變自厲、幽始。霸者興，變《風》息焉；王道廢，《詩》不作焉。秦、漢而後，何其滅然也？王通謂：『諸侯不貢詩，天子不采風，樂官不達雅，國史不明變，非民之不作也。詩出於民之情性，情性其能無哉？職詩者之罪也。』通之言，其幾於聖人之心矣。」〔註23〕歐陽修所引王通語，據《困學紀聞》記載，南宋林艾軒多次引用〔註24〕，出自《文中子‧關朗篇》。這段文字也能顯示歐陽修對王通「詩出於民之情性」〔註25〕觀點的欣賞和贊許，而對情理的重視〔註26〕，

〔註21〕 《中說》卷二《天地篇》，〔隋〕王通撰，〔宋〕阮逸注《中說》，文淵閣《四庫全書》本。

〔註22〕 所引孟子語見於《孟子‧離婁下》：「君子深造之以道，欲其自得之也。自得之，則居之安；居之安，則資之深；資之深，則取之左右逢其原，故君子欲其自得之也。」

〔註23〕 《四部叢刊》本與文淵閣《四庫全書》本同。《歐陽修集》卷六十一《居士外集》卷十一《經旨十八首》之《定風雅頌解》，「雅」下衍一「頌」字，《困學紀聞》翁元圻按語所引同。

〔註24〕 林艾軒《與趙子直書》：「文中子以為：『詩者，民之情性。人之情性不應亡。』」《困學紀聞》卷三《詩》，〔宋〕王應麟著，〔清〕翁元圻等注，欒保群、田松青、呂宗力校點《困學紀聞》（全校本），上海：上海古籍出版社，2008年12月版，第346頁。

〔註25〕 或「詩出於民之性情」，參見《困學紀聞》卷三《詩》，〔清〕翁元圻注引，第346頁。

〔註26〕 「文中子雖是儒者，但他對詩的情感性也有明確的認識，看到了詩是人情之所必有，那麼要達到明道的目的，就必須借助詩這一重要的手段。他要通過

正是《詩本義》和歐陽修經學的特色之一。歐陽修受王通影響，他認為王通「詩者，民之情性」的觀點「幾於聖人之心」，也就是說，這應是「達聖人之志」的解《詩》之本。關注情性在《詩經》創作和接受中的重要地位，正是《詩本義》簡約解《詩》、裁酌毛鄭等的關鍵，並具有一定的理論意義。

「子謂：『續《詩》，可以諷，可以達，可以蕩，可以獨處，出則悌，入則孝，多見治亂之情。』」（《中說》卷二《天地篇》）當然這裡的「情」不僅含有情感情理，還含有實情實況的意思，比較完整地反映了王通對《詩經》的看法，對歐陽修《詩本義》的確有深刻影響。如果考慮到思想學術史的實際，接近歐陽修的「本末」論《詩》的則是隋代的王通，歐陽修僅是進一步繼承發展而已。

在「詩本末」的影響下，解讀《詩經》的核心任務就是把握「聖人之志」與「詩人之意」，這就是《詩本義》所強調的「本」，它需要通過對經文的合乎情理的解讀才能最終實現（參見第三章《〈詩本義〉的兩大解經方法及影響》），也就是要「因文見義」。

在《詩經》的「因文見義」以及批駁鄭《箋》方面，歐陽修受魏晉時期的王肅影響比較大，除《詩本義》中多次引用肯定王肅《詩》解（如《邶風·擊鼓》等）外，在解《詩》方法與原則上有近乎一致的相似。這也是時下研究《詩本義》不甚關注的問題。王肅談到自己辨駁鄭《箋》的初衷時，談到兩點：一是尋文責實、義理不安，不得不辯；二是並非好辯，以標新立異。「鄭氏學行五十載矣。自肅成童，始志於學，而學鄭氏學矣，然尋文責實，考其上下，義理不安違錯者多，是以奪而易之，而世未明其款情而謂其苟駁前師，以見異於人。乃慨然而歎曰：『予豈好難哉？予不得已也。』」（王肅《孔子家語解序》）其中的「尋文責實，考其上下」解《詩》方法與治學態度，對《詩本義》的影響比較顯豁。

王肅反對讖緯，解《大雅·生民》「履帝武敏歆」定后稷為帝嚳的遺腹子（《毛詩正義》），便沒有神學的氣息。這種重視合乎人情、反對讖緯風氣的學風對歐陽修也有啓迪。王肅將「鄭學之中義理『不安』與『違錯』的現象普遍化、擴大化了，鄭玄學說裏的合理成份，沒有得到應有的認可」〔註27〕，

《續詩》的文學手段來剖析社會，探索實行王道的經驗教訓。」（李小成《文中子考論》，西北師範大學博士學位論文，2005 年，第 134～135 頁）

〔註27〕户瑞奇《魏晉詩經學研究》，蘇州大學碩士學位論文，2009 年，第 37 頁。

這種不足，在《詩本義》中得到了補充和完善。

「詩本末」觀念表現的另一個重要方面就是如何對待《詩序》(《小序》)及毛《傳》、鄭《箋》的問題。在這方面，歐陽修的前驅有唐代中晚葉的成伯璵、韓愈、施士丐等。

張啓成《成伯璵與〈毛詩指說〉新探》將《毛詩指說》的創新概括爲：《魯頌》、《商頌》爲變頌，《詩序》首句爲子夏所傳，語助詞的作用，樂歌的結構形式等〔註 28〕，這些重視文本因素的考察以及大膽懷疑《詩序》的做法對歐陽修無疑具有啓發作用，《詩本義》中也多次引用成伯璵詩解，就是明證。

在經學思想與研究方面，歐陽修也受到韓愈的啓發。韓愈論《春秋》，「《春秋》三傳束高閣，獨抱遺經窮終始」(《韓昌黎全集》卷五《寄盧全》)，具有捨傳從經、注重經文自身的思想；論《詩經》，「子夏不序《詩》」〔註 29〕，已對子夏序《詩》發難。這些觀點，因爲歐陽修對韓愈著作接觸較早，並編訂整理過，而較早地影響到歐陽修。景祐四年（1037 年），他撰著《春秋論》上、中、下三篇與《春秋或問》等，明確提出「捨傳從經」的思想，「若公羊高、穀梁赤、左氏（原注：一本「氏」作「丘明」。）三子者，博學而多聞矣，其傳不能無失者也。孔子之於經，三子之於傳，有所不同，則學者寧捨經而從傳，不信孔子而信三子，甚哉其惑也！」〔註 30〕「經不待傳而通者十七八，因傳而惑者十五六」〔註 31〕。同時，他還強調「師經」的重要，將「師經」作爲「師道」的根本途徑。「古之學者必嚴其師，師嚴然後道尊，道尊然後篤敬，篤敬然後能自守，能自守然後果於用，果於用然後不畏而不遷……夫世無師矣，學者當師經。師經必先求其意，意得則心定，心定則道純，道純則充於中者實，中充實則發爲文者輝光，施於事者果毅。三代兩漢之學，不過此也。」〔註 32〕當「道」本身難以獨立呈現時，通過「道」的載體「經」來

〔註 28〕 張啓成《成伯璵與〈毛詩指說〉新探》，《貴州教育學院學報》（社會科學版）1997 年第 4 期，第 1～4 頁。

〔註 29〕 《漢毛詩序》，《玉海》卷三十八《藝文‧詩》。

〔註 30〕 《春秋論上》，《歐陽修全集‧居士集》卷十八《經旨》，第 131 頁。

〔註 31〕 《春秋或問》，《歐陽修全集‧居士集》卷十八《經旨》，第 135 頁。

〔註 32〕 《答祖擇之書》，《歐陽修全集‧居士外集》卷十八《書》，第 499 頁。按：「施於事者果毅」，原作「施於世者果致」，據文淵閣《四庫全書》本《文忠集》卷六十八改。另，該書本無繫年，嚴傑《歐陽修年譜》根據《龍學文集》卷十二附書及注，繫於景祐四年（嚴傑著《歐陽修年譜》，南京：南京出版社，1993 年 11 月版，第 77 頁）。

把握「道」無疑便是一種快捷而確切的途徑。因此,「師經」是「師道」的進一步延伸,通過經典解釋與還原來理解、體認和踐行「道」。

　　歐陽修經學(包括《詩經》學)的基本規模已經建立了起來。「宋歐陽修《本義》始辨毛、鄭之失,而斷以己意。」〔註33〕從隋代王通等起,自出新意的解經傾向一直隱伏不斷。唐初雖有《五經正義》頒行,統一南北經義,但明經科帖經取士的死記硬背方式,「非選士取賢之道」〔註34〕,削弱了經學關注現實的積極功能。歷經安史之亂(755～763年),明經的經學大衰,「自天寶後,學校益廢,生徒流散」〔註35〕,儒學復興與古文運動相伴,均以重振儒學關注現實的人文精神為旨歸。中晚唐的經學變古也漸次展開,「大曆時,(啖)助、(趙)匡、(陸)質以《春秋》,施士丐以《詩》,仲子陵、袁彝、韋彤、韋茝以《禮》,蔡廣成以《易》,強蒙以《論語》,皆自名其學。而士丐、子陵最卓異。」〔註36〕。而據《唐語林》卷二《文學》載施士丐論《詩》〔註37〕,主要是針對毛《傳》訓詁、注解的不妥進行的,雖一鱗半爪,但可窺一斑,這些都開啓了慶曆之際《詩經》新解的先河。但據《新唐書》卷二百《啖助傳》的記載,大曆時期解經雖已嶄露不守舊注、尋求新解的努力,但基本還限於專經,而晚唐至宋初,學者們出入群經、泛濫釋老,則給經學的發展帶來了新的生機。

　　某種意義上,歐陽修後來經學(包括《詩經》學)理論與實踐的發展就是在這些漢唐學者啓示下進行的。漢唐《詩經》學不僅是宋明《詩經》學要辨駁、清理的負累,同時也是宋明《詩經》學發展和壯大的沃土。宋代經學的變古,除受時代風雲的激蕩外,思想學術史內在的潛流則是相當重要的因素,漢宋《詩經》學存在著有機聯繫。

三、歐陽修與《詩本義》的諸同調

　　慶曆(1041～1048年)年間解經風氣為之一變,這已是學術史上的共識。但是這種解經新風也自有淵源過程,代表人物除唐代的成伯嶼、啖助、趙匡

〔註33〕〔清〕皮錫瑞著,周予同注釋《經學歷史》,北京:中華書局,2004年7月新1版,第174頁。

〔註34〕《帖經條例》,《唐會要》卷七十五,上冊,第1375頁。

〔註35〕《新唐書》卷四十四《選舉志》,第4冊,第1165頁。

〔註36〕《新唐書》卷二百《啖助傳》,第18冊,第5705頁。

〔註37〕〔宋〕王讜撰《唐語林》卷二《文學》,北京:中華書局,1985年版,第40～41頁。

等外，還有北宋的劉敞、歐陽修等。歐陽修曾提到的石延年（字曼卿）應也是這類解經者，歐陽修說石延年少年時讀經「不治章句，獨慕古人奇節偉行非常之功，視世俗屑屑，無足動其意者」〔註38〕，可見當時風氣。

柳開（947～1000）是宋初倡導儒學精神的重要代表，他解經重視大指，不拘傳疏，對慶曆解經新風的形成有一定的影響。張景稱柳開「凡誦經籍，不從講學，不由疏義，悉曉其大旨。注解之流，多爲其指摘」〔註39〕。石介稱讚柳開「《六經》皆自曉，不看注與疏。述作慕仲淹，文章肩韓愈。下唐二百年，先生固獨步」〔註40〕，根據詩中所寫「先生文武具，命兮竟不遇。死來三十載，荒草蓋墳墓。四海無英雄，斯文失宗主」，應是柳開去世三十年後的作品。陳植鍔《石介事跡著作編年》將該詩繫年於天聖七年（1029年）〔註41〕，距柳開去世剛好三十年。但是無論如何，這首詩至遲應在慶曆之前，「斯文失宗主」也是對當時學術界、古文界的眞實反映。「《六經》皆自曉，不看注與疏。述作慕仲淹，文章肩韓愈」，不僅強調了柳開以己意解經、不受注疏牢籠的學術特點，而且將他的學術淵源追溯到隋代王通（字仲淹，號文中子）和唐代韓愈，這樣，將宋初直至慶曆之際的古文復興運動與儒學復興緊密結合，並貫通到隋唐以來的學術變革中，使慶曆新風的學術脈絡更加清晰。雖然柳開多爲後人詬病，石介評價也或存有感情過激、不合中庸之道（「我思柳先生，涕淚落如雨」）的地方，柳開個人詩文成就淡薄，終究聲名不及歐陽修等，但肇啓之功實不能被忽略。

北宋經學的復興，學術的發達，解經新風尚的形成，固然與學者個人的研究與努力，與激蕩士風、重視德行的學壇領袖如范仲淹（989～1052）、歐陽修等的鼓勵和提倡有關，但朝廷的重視，大規模的興學，則有力地推進了這股新風。歐陽修認爲慶曆三年（1043年）宋仁宗下詔興學是促進學風、士風大變的重要因素，「慶曆三年秋，天子開天章閣，召政事之臣八人，問治天下其要有幾，施於今者宜何先，使坐而書以對。八人者皆震恐失位，俯伏頓首，言此非愚臣所能及，惟陛下所欲爲，則天下幸甚。於是詔書屢下，勸農

〔註38〕 《石曼卿墓表》，《歐陽修全集·居士集》卷二十四《墓表》，第168頁。

〔註39〕 張景撰《柳開行狀》，柳開《河東集·附錄》。

〔註40〕 《徂徠石先生文集》卷二《古詩·過魏東郊》，〔宋〕石介著，陳植鍔點校《徂徠石先生文集》，北京：中華書局，1984年7月版，第20頁。

〔註41〕 陳植鍔著，周秀蓉整理《石介事跡著作編年》，北京：中華書局，2003年1月版，第19頁。

桑，責吏課，（學）〔舉〕賢才。其明年三月，遂詔天下皆立學，置學官之員，然後海隅徼塞四方萬里之外，莫不皆有學。嗚呼，盛矣！學校，王政之本也。古者致治之盛衰，視其學之興廢。《記》曰：『國有學，遂有序，黨有庠，家有塾。』此三代極盛之時，大備之制也。宋興，蓋八十有四年，而天下之學始克大立，豈非盛美之事須其久而後至於大備歟？是以詔下之日，臣民喜幸而奔走就事者，以後爲羞。」〔註42〕「天聖中，天子下詔勅書學者去浮華，其後風俗大變，今時之士大夫所爲，彬彬有兩漢之風矣。」〔註43〕天聖（1023～1032年）是仁宗用的第一個年號，較《吉州學記》所載「慶曆三年」興學早十餘年，但同時都是矯厲士風、更易文風、淳樸學風的舉措，其脈絡亦自分明。

在歐陽修倡導「《六經》一道」的同時，與歐陽修有「同年」（天聖八年（1030年））之誼而年齒略長的石介（1005～1045）也有相同的認識，並且在實踐中亦同樣以砥礪士風作爲自己的職責。石介在《錄蠹書魚辭》中說：「魏、晉以降迄於今，又有聲律對偶之言，雕鏤文理，刓刻典經，浮華相淫，功僞相銜，劖削聖人之道。離析六經之旨，道日以刻薄而不修，六經之旨日以解散而不合，斯文其蠹也。」〔註44〕《錄蠹書魚辭》未見於《石介事跡著作編年》，未詳具體結撰時間，但根據內容判斷，應在慶曆之前，當也是描述學術浮靡、儒學不振的「儒門淡薄」景象〔註45〕。石介在景祐二年（1035年）《答歐陽永叔書》中提到自己更加重視講論和踐行儒家之道，而不是專尚奇異、注重形式（如書法），體現了石介的耿直與氣節，也可窺當時陶冶士人節操的良苦用心和謹敬功夫。他說：「介日坐堂上，則以二帝三王之《書》、周公之《禮》、周之《詩》、伏羲文王孔子之《易》及孔子之《春秋》，與諸生相講論。堯、舜、禹、湯、文王、周公、孔子之道，不嘗離於口也。三才、九籌、五

〔註42〕《吉州學記》，《歐陽修全集·居士集》卷三十九《記》，第 274 頁。按：「學賢才」之「學」，文淵閣《四庫全書》本作「舉」，義似長，據改。

〔註43〕《與荊南樂秀才書》，《歐陽修全集·居士集》卷四十七《書》，第 321 頁。

〔註44〕《徂徠石先生文集》卷七《錄蠹書魚辭》，〔宋〕石介著，陳植鍔點校《徂徠石先生文集》，北京：中華書局，1984 年 7 月版，第 81 頁。

〔註45〕宋代祝穆撰《古今事文類聚》別集卷四在《古今文集·雜著》記載楊大年《錄蠹書魚辭》，宋王霆震編《古文集成》卷七十一又標「楊億」，「大年」係楊億（974～1020)的字。該文與石介文辭基本相同，應爲一篇。《宋文選》卷十五《石守道文》亦有選錄。茲從陳植鍔先生點校本，用以考察慶曆前儒風狀況，篇目歸屬倒可略居其次。

常之教，不嘗違諸身也。教諸生爲人臣則以忠，教諸生爲人子則以孝，教諸生爲人弟則以恭，教諸生爲人兄則以友，教諸生與人交則以信。勉勉爲率諸生於道，納諸生於善，驅諸生以成人。」〔註46〕

較歐陽修略長、與歐陽修交誼深厚的孫復（992～1057），是理學發展中的「宋初三先生」之一，疑傳思想也很明顯。歐陽修載孫復爲仁宗講說《詩》，被守舊者指爲「多異先儒」〔註47〕，這已經是解經新風已開的盛況和影響了。孫復還曾給范仲淹寫過書信，指斥《六經》舊注，認爲要廣招鴻儒「講求微義，殫精極神，參之古今，復其歸趣，取諸卓識絕見大出王、韓、左、穀、公、杜、何、范、毛、鄭、孔之右者，重爲注解」，因爲「專主王弼、韓康伯之說而求於大《易》，吾未見其能盡於大《易》者也；專守左氏、公羊、穀梁、杜預、何休、范甯之說而求於《春秋》，吾未見其能盡於《春秋》者也；專守毛萇、鄭康成之說而求於《詩》，吾未見其能盡於《詩》者也；專守孔安國之說而求於《書》，吾未見其能盡於《書》者也」（《孫明復小集·寄范天章書之二》），顯示孫復治經「不惑傳注，不爲曲說以亂經」〔註48〕的特色，也打破了經學研究中的「師法」、「家法」傳統。

恪守師法、家法，是兩漢經學傳承的重要特點。當然，關於師法與家法及其關係，歷代學者有不同探討，如清皮錫瑞《經學歷史》、王鳴盛《十七史商榷》等。「師法和家法主要流行於兩漢時期，隨著鄭玄混合今、古文的『通學』的流傳，師法、家法雖名存而實亡。魏晉以降，以師法和家法傳經的形式基本結束了。清代乾嘉學者雖強調其學遵循漢代師法、家法，但實質上已有很大區別。」〔註49〕儘管魏晉南北朝隋唐有一定變化，如經學中的南學與北學融合、三教思想滲透等，但至宋初八十年，據守章句誦說、陳陳相因則是經學的整體態勢。如果要出新解，契合經典的根本精神，以復古爲革新，則走出既有的經典陳說與支離解釋是經學發展的第一步。

然而，南學與北學的融合，一般認爲唐孔穎達等《五經正義》已經暫告

〔註46〕《徂徠石先生文集》卷十五《答歐陽永叔書》，〔宋〕石介著，陳植鍔點校《徂徠石先生文集》，北京：中華書局，1984年7月版，第176～177頁。

〔註47〕《孫明復先生墓誌銘並序》，《歐陽修全集·居士集》卷二十七《墓誌銘》，第194頁。

〔註48〕《孫明復先生墓誌銘並序》，《歐陽修全集·居士集》卷二十七《墓誌銘》，第194頁。

〔註49〕許道勳、徐洪興著《中國經學史》，上海：上海人民出版社，2006年1月版，第386頁。

結束，實際上，在兩宋時期，這種學術特色依然存在，葉國良《宋人疑經改經考》統計兩宋 130 人中，南宋較多，南方人也居多（包括巴蜀）〔註50〕，「師先儒者，北方之學；主新說者，南方之學也」〔註51〕。歐陽修出自江西廬陵，自稱沒有師承，雖未必故作新奇，但也屬於「主新說者」，影響很顯著。

景德四年（1007 年）七月宋眞宗對臣子說：「近見詞人獻文，多故違經旨以立說。」（《續資治通鑑長編》卷六十六）下距慶曆時期三十餘年，可見，解經新風已逐漸萌發，至慶曆而蔚然壯觀。當然，慶曆解經新風並不是一朝一夕形成的，淵源有自，歷代學者稱述，多注意從慶曆到熙寧、元豐間尚新奇的解經風氣（如王應麟等），其間也屢有變化。葉國良《宋人疑經改經考》指出：「顧一風氣之形成，非一朝一夕之事，其來必有寖漸，就吳曾、陸游、王應麟之說論之，若謂風氣大開於慶曆則是，若謂其前決無議論注疏、疑經改經者，則不然矣。」〔註52〕葉氏並作過比較扼要的考察〔註53〕。司馬光語（《論風俗箚子》）、吳曾語（《能改齋漫錄》卷一）、陸游語（《困學紀聞》卷八引）、王應麟語（《困學紀聞》卷八）等關於慶曆學術新風的論述，都是學者們樂於引用的習見材料，茲處從略。

北宋經學思想，在宋初八十年，基本因襲漢唐解經遺風，鮮有新意，至慶曆而變。但是慶曆新風並不是突然形成的，慶曆前也已漸次有學者《春秋》、《詩經》研究不守傳統注疏的情況，遙承中晚唐經學新風，爲慶曆經學風氣大變奠定了學術和思想基礎〔註54〕。

歐陽修《詩本義》究竟是否受到其他《詩經》學著作的啓發，現在根據《詩本義》及《歐陽修全集》還不容易分辨清楚。但是，歐陽修與梅堯臣交誼敦厚，並很欣賞梅氏所著《毛詩小傳》二十卷（《玉海》、《宋史》本傳），

〔註50〕葉國良著《宋人疑經改經考》，臺北：臺灣大學出版委員會，1980 年 6 月版，第 148 頁。

〔註51〕〔宋〕晁說之撰《嵩山文集》卷十二《儒言南方之學》。

〔註52〕葉國良著《宋人疑經改經考》，臺北：臺灣大學出版委員會，1980 年 6 月版，第 141 頁。

〔註53〕葉國良著《宋人疑經改經考》，臺北：臺灣大學出版委員會，1980 年 6 月版，第 141～146 頁。

〔註54〕「早在慶曆以前，反傳統漢學的苗頭就開始了，孫復泰山講學、石介徂徠授經，有異於先儒，孫復著不守傳注的《尊王發微》，都在慶曆以前，還有周堯卿也是不尊先儒之說，著《詩說》三十卷，多異於先儒，而其卒於慶曆五年，大概也是在劉敞《七經小傳》出來以前。」（戴維著《〈詩經〉研究史》，長沙：湖南教育出版社，2001 年 9 月版，第 266 頁）

專門撰文評述（即《梅聖俞墓誌銘》等）。他與劉敞也是莫逆之交，學術界比較關注《詩本義》與《七經小傳》的影響與關係研究〔註55〕。

　　然而，在歐陽修、劉敞、梅堯臣之前，卻還有在《詩經》學上有一定新意的學者，客觀上爲歐陽修等張本，其中就包括周堯卿。周堯卿，字子俞，道州永明人，天聖二年（1024 年）進士，著有《詩說》三十卷（曾鞏《隆平集》卷十五、《宋史》本傳），已佚〔註56〕。《宋史・儒林傳》記載周堯卿：「爲學不專於傳注，問辨思索，以通爲期。長於毛、鄭《詩》及《左氏春秋》，其學《詩》，以孔子所謂『《詩三百》，一言以蔽之，曰思無邪』，孟子所謂『說詩者以意逆志，是爲得之』，考經指歸，而見毛鄭之得失，曰：『毛之《傳》欲簡，或寡於義理，非一言以蔽之也。鄭之《箋》欲詳，或遠於性情，非以意逆志也。是可以無去取乎？』」裁奪毛鄭，自然並非從北宋才開始，魏晉時期王肅等已駁鄭甚力，「或以今文說駁鄭之古文，或以古文說駁鄭之今文」〔註57〕。某種意義上，周堯卿、歐陽修接續了此項工作，但是更加簡潔有力，爲新解開闢了空間。特別是關於鄭《箋》「欲詳，或遠於性情」，也是《詩本義》辯駁毛《傳》、鄭《箋》特別關注和突顯的一個問題，但是《詩本義》能夠做到具體分析，並不簡單一概而論，力破門戶之見，終能平和持論，則不無出於藍而勝於藍的效果。

　　歐陽修撰《太常博士周君墓表》，大力表彰周堯卿能夠踐行禮（特別是喪禮），「如周君者，事生盡孝、居喪盡哀而以禮者也」，「吾於周君有所取也」〔註58〕。根據《太常博士周君墓表》所記「以慶曆五年六月朔日卒於朝集之舍，享年五十有一」〔註59〕，則周堯卿生卒年分別爲宋太宗淳化五年（994 年）、宋仁宗慶曆五年（1045 年），年齒較歐陽修高。歐陽修評價周堯卿「學長於毛、鄭《詩》，《左氏春秋》，家貧，不事生產，喜聚書」〔註60〕。此墓表作於皇祐五年（1053 年）。當時歐陽修可能也在完成《詩本義》，應對周堯卿的《詩經》學成果不陌生。

〔註55〕李君華《歐陽修〈詩本義〉研究》，浙江大學碩士學位論文，2008 年，第 46～47 頁。

〔註56〕參見劉毓慶著《歷代詩經著述考（先秦—元代）》，第 131 頁。

〔註57〕〔清〕皮錫瑞著，周予同注釋《經學歷史》，第 106 頁。

〔註58〕《太常博士周君墓表》，《歐陽修全集・居士集》卷二十五《墓表》，第 176 頁。

〔註59〕《太常博士周君墓表》，《歐陽修全集・居士集》卷二十五《墓表》，第 176 頁。

〔註60〕《太常博士周君墓表》，《歐陽修全集・居士集》卷二十五《墓表》，第 177 頁。

與歐陽修《詩本義》有共同的學術旨趣，即論辨毛鄭優劣與得失的著作，還有劉宇《詩折衷》二十卷（《玉海》、《直齋書錄解題》）、周軾《詩傳辨誤》〔註61〕等，可惜已佚。可見，與《詩本義》相前後類似學術旨趣的著作不獨一兩部，但《詩本義》能夠平易立論，獨彪史冊，個中原因還需俟日別作考察。雖然這裡不能貿然判斷周堯卿等的《詩經》研究對歐陽修《詩本義》一定有所啓發，但《詩本義》所反映的《詩經》學研究的新風氣與新理念確是《詩經》學發展的必然趨勢，當可由此管窺。

第二節 《詩本義》創作時間與情形考

《詩本義》創作具有深遠的學術淵源與具體的時代氛圍，但是也與個人的努力和身世經歷有關。《詩本義》初稿與改稿，根據眾多年譜的記載，可酌情在旁證的基礎上進一步明晰化。貶謫夷陵是歐陽修仕途人生和經學研究的重要環節，對其《詩》學研究也有深刻影響。長期的眼病足疾在歐陽修詩文創作和學術研究中都打下了深刻烙印。

一、《詩本義》創作與定稿時間考

歐陽修的《詩經》研究，常被劃分為早期和晚期兩個階段。早期的《詩經》學研究作品為《詩解》（或《詩解統》）九篇，大約作於景祐四年（1037年），疑毛、鄭之說。與其同時的作品有《易童子問》、《易或問》，排擊繫辭，認為繫辭不是孔子所作；《春秋論》、《春秋或問》，認為《春秋》三傳有差池；《泰誓論》，本諸人情，質疑舊說。整體上呈現出「捨傳從經」的氣象和特點，成績斐然，奠定了歐陽修經學研究的重要基礎，某種意義上，夷陵貶謫對歐陽修的學術與為政也未必不是一件幸事。

《詩解》（或《詩解統》）作為歐陽修的早期作品，已幾成定論。但是，關鍵是歐陽修前後期《詩經》研究的變化到底是什麼，為什麼會發生變化。從今本《詩本義》所載《詩解》（或《詩解統》）來看，與《詩本義》前十二卷、卷十三《一義解》、《取捨義》還存在扞格不合之處（詳見第四章《今本〈詩本義〉主要卷次內在關係及意義考論》）。《詩解》（或《詩解統》）疑毛、

〔註61〕戴維著《〈詩經〉研究史》，長沙：湖南教育出版社，2001年9月版，第269頁。

鄭的傳統被保留了下來，成爲全面研究《詩經》三百一十一首詩歌的基礎，相較九篇概論式的把握，《詩本義》無疑更加具體深入，而且與已有的毛鄭《詩》解構成了互補辯證的關係，是「不全之全」的著作。

《詩本義》在學術態度的謹嚴，持論的平和，語言的平易，體味的眞切等方面都有變化。何澤恒《歐陽修之詩經學》曾概括爲：「竊疑《詩解》九篇爲歐公早年之作，《本義》則作於嘉祐四年，歐公五十三歲，編次是書時，其說已多見更易，故不復錄入。江、浙、閩諸本皆無此九篇，獨蜀本增入，蓋後人編輯刊行時所加也。即如《居士集》五十卷，乃公親訂，亦不收此九篇；而後人編集，特將蜀本所增者抽出，附於《外集》耳。……《詩解》九篇……應爲較早年之作。蓋歐公於毛鄭所疑既多，而晚年論時，態度愈見審愼謹嚴，必詳其終始而牴牾，質諸聖人而悖理者，始爲之改易也。……夫《詩解》九篇，歐公自訂文集、《本義》時，皆所不取，殆以其說仍多見牽強，倘傳後世，怕遭後生之笑歟？」〔註62〕「倘傳後世，怕遭後生之笑歟」，化用了宋代沈作喆《寓簡》卷八歐陽修「不畏先生嗔，卻怕後生笑」語。

《詩本義》作於嘉祐四年（1059 年）的晚年說，儘管有不同學者主張，但還未有準確的依據，大多還只是一種猜測。因爲《詩本義》成書經歷過漫長的過程，現在根據書信、詩文等資料顯示，歐陽修曾在晚年不斷修訂該書，熙寧三年（1070 年）因目疾劇痛計劃定稿，最終完成應不晚於熙寧四年（1071年）秋。

《詩解》（或《詩解統》）作於景祐四年（1037 年），《詩本義》初稿可能開始於景祐、寶元年間。寶元二年（1039 年），歐陽修與謝絳、梅堯臣等相會。梅堯臣詩句中有「問傳輕何學，言詩詆鄭箋」〔註63〕，這句詩存有不同的理解，「聚會期間，向梅堯臣出示《詩本義》（亦稱《毛詩本義》）、《春秋論》等經學研究著述」〔註64〕，將「言詩」視爲《詩本義》（具體辨析可見後文相關內容）；曾建林《歐陽修經學思想研究》解爲「『問傳輕何學』當指《春秋論》、《春秋或問》等，『言詩詆鄭箋』指《詩本義》、《詩解》等」〔註65〕。但

〔註62〕何澤恒《歐陽修之詩經學》，《孔孟月刊》15 卷第 3 期。轉引自林葉連《中國歷代詩經學》，第 259 頁。

〔註63〕梅堯臣《代書寄歐陽永叔四十韻》，〔宋〕梅堯臣著，朱東潤編年校注《梅堯臣集編年校注》卷九，上海：上海古籍出版社，1980 年 11 月版，第 143 頁。

〔註64〕劉德清著《歐陽修紀年錄》，上海：上海古籍出版社，2006 年 7 月版，第 107 頁。

〔註65〕曾建林《歐陽修經學思想研究》，浙江大學博士學位論文，2007 年，第 6～7 頁。

是，「詆鄭箋」不是《詩本義》的重要特徵，況《詩本義》當時並未形成，今傳《詩解》九篇也不盡是「詆鄭箋」能概括的；「輕何學」，與「詆鄭箋」相對，「何」當有確指人物，因此，筆者疑「問傳輕何學」當是說歐陽修《易》學的成就，「言詩詆鄭箋」反映了歐陽修早期《詩經》學的特徵，還不能像晚年在《詩本義》中能「和氣平心」、「立論未嘗輕議二家，而亦不曲狥二家」（《四庫全書總目·詩本義提要》），當然，「二家」指毛、鄭。但是，寶元二年（1039年）歐陽修「捨傳從經」的經學思想已經展露無遺，與景祐四年（1037 年）一脈相承，爲後來疑經惑傳進一步奠定了基礎。

此後，歐陽修在撰寫《詩本義》中，經學研究一定會有更大進步。蘇舜欽有詩《和韓三謁歐陽九之作》，韓三即韓絳，歐陽九即歐陽修。詩中稱「永叔聞我來，解榻顏色喜。殷勤排清樽，甘酸飣果餌。圖書堆滿床，指論極根柢。……永叔經術深，爛漫不可既。雖得終日談，百未出一二。」（《蘇舜欽集》卷二《和韓三謁歐陽九之作》）可見，蘇舜欽對歐陽修經學研究的服膺。該詩作於慶曆二年（1042 年），時歐陽修三十六歲。

歐陽修曾評價孫復經學研究：「先生治《春秋》，不惑傳注，不爲曲說以亂經。其言簡易，明於諸侯大夫功罪，以考時之盛衰，而推見王道之治亂，得於經之本義爲多。」〔註66〕歐陽修撰《孫明復先生墓誌銘》在嘉祐二年（1057年）十月〔註67〕，這段論述不僅評價了孫復《春秋》學研究的特點（「不惑傳注，不爲曲說以亂經」、「其言簡易」）、內容（「於諸侯大夫功罪，以考時之盛衰，而推見王道之治亂」），而且強調孫氏研究「得於經之本義爲多」，歐陽修用是否「得本義」作爲衡量經學研究的重要尺度，此時正是《詩本義》初稿撰寫的時期，這種評價也是情理中的事。對碑銘作這雙重的發覆，可以初現《詩本義》寫作進程中歐陽修的心路歷程。

根據歐陽修《與顏直講（原注：長道。）》，判斷《詩本義》最終定稿不晚於書信的寫作時間，即熙寧三年（1070 年）。歐陽修《與顏直講長道》說：「某衰病如昨，幸得閑暇偷安，但苦病目，不能看書，無以度日。《詩》義未能精究，第據所得，聊且成書，正恐眼目有妨，不能卒業，蓋前人如此者多也。今果目視昏花，若不草草了之，幾成後悔。所以未敢多示人者，更欲與

〔註66〕《孫明復先生墓誌銘並序》，《歐陽修全集·居士集》卷二十七《墓誌銘》，第194 頁。
〔註67〕劉德清著《歐陽修紀年錄》，第 302 頁。

二三君講評其可否爾。」〔註68〕與這封書簡相關，還有一則致王益柔的書信，其中談到《詩本義》的問題，相較《與顏直講》，這則書信關注的人較少〔註69〕，全文是：「某承見諭《詩義》，晚年迫以多病，不能精意。苟欲成其素志，僅且了卻，頗多疏謬。若得一經商榷，何幸如之？閒居少人力，俟錄一二拜呈，但慮方居禁職，無暇及此也。某目足爲苦，秋深尤劇，尙賴休閒足以安養，餘生之幸！」〔註70〕這是判斷《詩本義》成於熙寧四年的重要依據。《與王龍圖》撰於歐陽修去世前一年，根據書信內容判斷，是王益柔向歐陽修索求《詩本義》，但歐陽修因人力缺乏，身體欠安，難以一時抄謄另本，至於後來王益柔是否拿到了《詩本義》（或者其中某些部分），則不得而知。但是這封書信與稍前的《與顏直講》都多含有作者關於《詩本義》及個人《詩經》學研究感受的文字，是相互契合的。《與顏直講》之九也記載了這種情形，「舊苦目足之疾，得秋增甚。舊書編稿，未經一二君商榷，今遂復田畝，會見無期，此爲恨爾」〔註71〕，給我們展示了《詩本義》定稿後，歐陽修欲廣泛徵求意見而身體欠安、交通不便的境況。後一《與顏直講》所提的「未經一二君商榷」的「舊書編稿」似便指《詩本義》，或者包括《詩本義》、《居士集》等在內的作品。

劉德清《歐陽修紀年錄》在「熙寧三年」條下，撰「以眼疾日甚，擬將《詩本義》定稿成書」，並引《與顏直講》簡，加按語：「《詩本義》初撰於景祐、寶元間，參見寶元二年五月紀事。本年鑒於眼疾日甚，擬作定稿，熙寧四年秋季方最終成書。」〔註72〕但是詳察《與顏直講》語義，該年《詩本義》似已成書，但還沒有徵求其他學者的意見；《與王龍圖》反映了直接索要《詩本義》的信息，自然已經在先完成了。嚴傑《歐陽修年譜》於熙寧三年撰：「是年前，《詩本義》成書。」〔註73〕可從。另外，「景祐、寶元」間，《詩本義》初稿是否已經形成，值得商榷。景祐年間完成《詩解》（或《詩解統》）似已

〔註68〕《與顏直講（原注：長道。）》，《歐陽修全集‧書簡》卷九，第 1319 頁。該信簡作於熙寧三年（1070 年）。
〔註69〕顧永新《歐陽修學術研究》有引用，但時間判斷似不妥。
〔註70〕《與王龍圖（原注：益柔，字勝之。）》，《歐陽修全集‧書簡》卷五，第 1276 頁。該信簡作於熙寧四年（1071 年）。
〔註71〕《與顏直講（原注：長道。）》，《歐陽修全集‧書簡》卷九，第 1320 頁。該信簡繫於熙寧四年（1071 年）。
〔註72〕劉德清著《歐陽修紀年錄》，第 444 頁。
〔註73〕嚴傑著《歐陽修年譜》，南京：南京出版社，1993 年 11 月版，第 281 頁。

沒有問題，作為早年的《詩經》學作品，後來被好事者收入今本《詩本義》中，臺灣學者裴普賢等先生已有辯證，不能因今本《詩本義》中存有這九篇稿件，就將《詩本義》的撰寫追溯於這個時期。寶元二年（1039 年）五月歐陽修與梅堯臣、謝絳等有一聚會，席間談論過自己對經書（包括《詩經》）的看法，但和後來的《詩本義》出入較大，基本還是詆鄭的風格，應與《詩解》（或《詩解統》）相合，均是歐陽修早期的觀點。其與《詩本義》到底有無直接的聯繫，還需要進一步研究。這樣，目前學術界關於《詩本義》一書成書的過程實際上還缺乏細緻的研究和瞭解，但大體上，《詩本義》形成應是一個不斷修改完善的過程。當然，在歐陽修定稿十四卷後，《詩本義》在流傳的過程中，又發生了一些歷時性的變化，其中內蘊著豐富的學術思想意義（詳見第四章《今本〈詩本義〉主要卷次內在關係及意義考論》）。

這樣，結合《詩解》（或《詩解統》）〔註74〕、《詩本義》的初稿和定稿，大略展示出歐陽修《詩經》學發展的三個主要階段。

易衛華《北宋政治變革與〈詩經〉學發展》以慶曆四年（1044 年）歐陽修奉使河東，在絳州偶然發現《鄭氏詩譜》為界，將歐陽修《詩經》研究劃作前後兩個時期，即：「前期是草創期，主要成果是《詩解》八首和《詩圖》；後期是成熟期，主要成果是《詩本義》和《詩譜補亡》。其中貫穿著一條主線，即通過對毛《傳》、鄭《箋》等的批駁來追求『聖人本意』，藉此還原《詩經》的原貌為經學研究提供一個規範可靠的本子，進而對治道、教化有所裨益。」〔註75〕因為作者認為前後期貫穿著一條主線，即「通過對毛《傳》、鄭《箋》等的批駁來追求『聖人本意』」，那麼，歐陽修《詩經》學前後期的根本差異到底是什麼，其經學觀念與解經方法有無新的變化，推動歐陽修《詩經》學發展變化的內在動力是什麼，這都是有待進一步深入探討的問題。

筆者認為，景祐三年（1036 年）前後，以貶謫夷陵、與梅堯臣研討為標誌，這是歐陽修《詩經》學的早期或形成時期；《詩本義》初稿到嘉祐四年（1059 年）間定稿是歐陽修《詩經》學思想不斷發展完善的時期；以熙寧三年（1070 年）到熙寧四年（1071 年）《詩本義》修訂的完成，這是歐陽修《詩經》學思

〔註74〕 宋代黃震《黃氏日鈔》認為「《詩解》，自是一家」（《黃氏日鈔》卷六十一《歐陽文》，洪本健編《歐陽修資料彙編》，北京：中華書局，1995 年 5 月版，第411 頁）。

〔註75〕 易衛華《北宋政治變革與〈詩經〉學發展》，河北師範大學博士學位論文，2010年，第44 頁。

想的成熟與完成時期〔註76〕。

二、《詩本義》與夷陵風土人情的關係

　　遊宦洛陽、被貶夷陵、再貶滁州是歐陽修人生、政治與學術發展的幾個重要轉折點〔註77〕，其中「被貶夷陵」影響尤深，所謂「廬陵事業起夷陵」（《隨園詩話》卷一之六五）〔註78〕，在《詩經》學方面，還有更加微妙的意義。

　　然而，並非夷陵伊始，歐陽修的《詩經》研究就發生了截然變化，畢竟還有一些基礎。洛陽遊宦相對的寬鬆、愜意甚至放浪無羈都給其學術觀念和人生態度以深刻的影響。

　　黃進德《歐陽修評傳》記述了天聖到明道年間（1023～1033 年），歐陽修的科舉以及在洛陽任職期間與錢惟演、謝絳、梅堯臣、張先、尹洙等人的交往，並及《非非堂記》、《上范司諫書》等〔註 79〕，生動地展示了歐陽修初仕時期鋒芒畢露、才華橫溢、不阿於世的精神風采和獨特性格，這些都奠定了後來歐陽修成為古文復興、儒學振興、義理解經的個人基礎。特別是明道元年（1032 年）《非非堂記》寫道：「夫是是近乎諂，非非近乎訕，不幸而過，寧諂無訕。是者，君子之常，是之何加。一以觀之，未若非非之為正也。」〔註80〕此後，他能大膽批駁毛《傳》鄭《箋》、懷疑《二南》的《詩序》，何嘗不是更加難能可貴的「非非」的舉動呢？

　　李興武、陸志成《歐陽修的退卻》一著比較集中考察了歐陽修遺族、遺

〔註76〕　熙寧三年（1070 年），「撰《〈詩譜補亡〉後序》（卷 41）、《詩圖總序》（《古今圖書集成》經籍典卷 157）、《〈詩譜補亡〉序》（《古今圖書集成》經籍典卷 141）」（劉德清著《歐陽修紀年錄》，第 454 頁）。

〔註77〕　曾建林結合夷陵、滁州兩次被貶將歐陽修的經學思想發展概括為三個發展階段，即「夷陵之前」的「發展初期」、「夷陵到滁州」的「形成並在實際中實踐的階段」、「滁州之後」的「成熟」階段（曾建林《歐陽修經學思想研究》，浙江大學博士學位論文，2007 年，第 4 頁）。

〔註78〕　「廬陵事業起夷陵，眼界原從閱歷增」，本是袁枚以翰林改官江南，友人寬慰之詞，「翰林歸娶，長安贈行詩甚多，記其佳者」，「莊參政有恭，時為修撰，詩云：『廬陵事業起夷陵，眼界原從閱歷增。況有文章堪潤色，不妨風骨露峻峭。廉分杯水余同況，明徹晶籠爾獨能。儒吏風流政多暇，新詩好與寄吳綾。』」（〔清〕袁枚《隨園詩話》卷一之六五）

〔註79〕　黃進德著《歐陽修評傳》，南京：南京大學出版社，1998 年 10 月版，第 34～50 頁。

〔註80〕　《非非堂記》，《歐陽修全集·居士外集》卷十三《記》，第 453 頁。

跡與生平際遇的關係，其中對歐陽修貶謫夷陵後體察民風、瞭解時弊、改良縣政、確立志向作了肯定，認爲這段時期的生活奠定了歐陽修日後發展的基礎，「歐陽修在貶到夷陵的生活，對他深入社會下層、進一步瞭解民生疾苦和吏政的腐敗黑暗大有助益。所謂『廬陵事業起夷陵，眼界原從閱歷增』是也。也是從此時起，『歐陽修更堅定了革除弊端的決心，在北宋的政治舞臺上，更自覺地向守舊勢力挑戰』。」〔註81〕但是，具體到經學研究，特別是《詩經》學研究，這個階段的影響到底有多大，爲什麼會產生影響，都未作涉及，這也是目前關於歐陽修《詩經》學及經學研究需要加強和彌補的方面。

景祐三年（1036年），因《與高司諫書》牽連進范仲淹與呂夷簡政治爭端，仁宗目爲「黨比」〔註82〕，歐陽修被貶夷陵〔註83〕。他曾寫詩：「樂天曾謫此江邊，已歎天涯涕泫然。今日始知予罪大，夷陵此去更三千。」〔註84〕他在夷陵期間，曾對《詩經》作過深入研究，今傳《詩本義》中的一些內容或與夷陵有關。但夷陵地勢險惡，是人跡罕至的地方，「聞說夷陵人爲愁，共言遷客不堪遊。崎嶇幾日山行倦，卻喜坡頭見峽州」〔註85〕。

夷陵地處荊楚故地，自然風物別有特色，特別是在民風方面保留了一些原始質樸的因素，該地多有民歌民謠，這些都爲歐陽修把握《詩經》提供了一定的借鑒。夷陵「時節同荊俗，民風載楚謠。俚歌成調笑，擦（原注：一作攃。）鬼聚喧囂。（原注：夷陵之俗多淫奔，又好祠祭。每遇祠時，里民數百，共餕其餘，里語謂之攃鬼，因此多成鬥訟。）……白髮新年出，朱顏異域銷。縣樓朝見虎，官舍夜聞鴞」〔註86〕，「遊女髻鬌風俗古，野巫歌舞歲年豐（原注：夷陵俗樸陋，惟歲暮祭鬼，則男女數百，相從而樂飲，婦女競爲野服以相遊嬉。夷陵俗下，一本有古字。）」〔註87〕，「道途處險人多負，邑

〔註81〕 李興武、陸志成著《歐陽修的退卻》，北京：中國大百科全書出版社，2010年7月版，第252頁。

〔註82〕 柳植《歐陽修謫守夷陵縣制》，《儒林公議》卷下，《叢書集成初編》本。

〔註83〕 據胡柯《年譜》，歐陽修被貶夷陵（今湖北宜昌）縣令，事在宋仁宗景祐三年（1036)五月，十月乃至貶所。

〔註84〕 《琵琶亭》，《歐陽修全集·居士外集》卷六《律詩》，第389頁。

〔註85〕 《望州坡》，《歐陽修全集·居士集》卷十《律詩》，第73頁。

〔註86〕 《初至夷陵答蘇子美見寄》，《歐陽修全集·居士集》卷十一《律詩》，第73頁。

〔註87〕 《夷陵歲暮書事呈元珍表臣（原注：一本作元珍判官表臣推官。)》，《歐陽修全集·居士集》卷十一《律詩》，第75頁。

屋臨江俗善泅。臘市漁（原注：一作魚。）鹽朝暫合，淫祠簫鼓歲無休。風鳴燒入空城響，雨惡江崩斷岸流。月出行歌聞調笑，花開啼鳥亂鉤輈。（原注：一本有「訟庭畫地通人語，邑政觀風間俚謳。土俗雖輕人自樂，山川信美客偏愁」四句。）〔註88〕。南宋陸游（1125～1209）《老學庵筆記》記載：「歐陽公謫夷陵時，詩云：『江上孤峰蔽綠蘿，縣樓終日對嵯峨。』蓋夷陵縣治下臨峽江，名綠蘿溪。自此上泝，即上牢關，皆山水清絕處。孤峰者，即甘泉寺山，有孝女泉及祠在萬竹間，亦幽邃可喜，峽人歲時遊觀頗盛。予入蜀，往來皆過之。」〔註89〕可作為旁證。

「山橫天地蒼茫外，花發池臺草莽間。萬井笙歌遺俗在，一樽風月屬君閒」〔註90〕，這種風俗古樸，保留了不少巫覡、遊歌的傳統，與《詩經》中的某些民歌也有近似的地方，這種身臨其境的體驗，有助於使人思考古今典籍相通的地方就在於人情事理，而超越經傳注疏的束縛與牢籠，直接從人情事理角度考慮就是再自然不過的了。我們無法準確估量夷陵獨特的風土民物對歐陽修《詩經》研究的催動意義，但可以判斷的是，這種因風俗言語不通，需要借助畫畫來「通人語」何嘗不像人們面對久傳難通的典籍，只有回歸經典本身，從本義出發，合乎人情事理地把握才可能是合適與切當的。風俗樸質，淫奔淫祠的盛行，也有助於思考《詩經》中的一些後被稱為「淫詩」的作品，而歐陽修恰是將這些「淫詩」從「刺詩」中提取出來的重要代表人物之一，其關鍵也在於對這類詩作的以「第一人稱」宣洩與抒發的敏感〔註91〕。

〔註88〕《夷陵書事寄謝三舍人（原注：一作代書寄舍人三丈。）》，《歐陽修全集·居士集》卷十一《律詩》，第75頁。按：歐陽修《夷陵書事寄謝三舍人》：「道途險處人多負，邑屋臨江俗善泅。臘市漁鹽朝暫合，淫祠簫鼓歲無休。風鳴燒入空城響，雨惡江崩斷岸流。訟庭畫地通人語，邑政觀風問俚謳。」（《瀛奎律髓》卷四風土，洪本健編《歐陽修資料彙編》，北京：中華書局，1995年5月版，第443頁）據此，《居士集》所載「訟庭畫地通人語，邑政觀風間俚謳」中的「間俚謳」似應為「問俚謳」。

〔註89〕《老學庵筆記》卷七，洪本健編《歐陽修資料彙編》，北京：中華書局，1995年5月版，第291頁。

〔註90〕《和劉原甫平山堂見寄》，《歐陽修全集·居士外集》卷七《律詩》，第396頁。這首詩胡柯繫於嘉祐二年（1057年），是歐陽修與劉敞相互唱和的作品之一。時劉氏身處「蕪城此地遠人寰，盡借江南萬疊山」（《公是集》卷二十五《遊平山堂寄歐陽永叔內翰》），歐陽以詩寬慰，何嘗沒有夷陵、滁州之感悟，故特厝於此。

〔註91〕關於「淫詩」起源的三種看法，如歐陽修、鄭樵、毛《傳》等，可參見拙著《宋代〈詩經〉學與理學》，第139～140頁。

因此，歐陽修《詩本義》的解經新法與基本的理論基礎，與他對夷陵風俗的感受有密切聯繫，而《詩本義》的早期稿件當完成於景祐年間謫居夷陵及稍後寶元時期。面對獷野不經的風俗，他的感覺則是「土俗雖輕人自樂」，這也是難能可貴的。歐陽修年譜在夷陵期間的記載也足以印證這一判斷。

景祐謫居夷陵，與歐陽修疑經惑傳的解經新風關係密切，當時歐陽修三十歲左右，有學者將他《五經》研究的一些代表作品就繫年到這個時期（景祐四年（1037 年）），如《易童子問》、《易或問》、《明用》，《詩解》八首，《春秋論》（上中下三篇）、《春秋或問》，《泰誓論》等，主張「於夷陵疑經惑傳，訾議毛、鄭，首倡經學研究新風氣」，「撰《詩解》八首，訾議毛、鄭，力主捨傳從經」〔註92〕。當然，也有人比較劉敞《七經小傳》，認爲《詩本義》在體例、內容、方法等方面都仿傚《七經小傳》〔註93〕。雖然劉敞與歐陽修關係非常要好，《歐陽修全集》中保留了不少與劉敞交往、唱和的記錄，但是缺少二人關於經學問題的探討，在《書簡》卷五中保留了歐陽修寫給劉敞的書信 31 件（包括稿本等），橫互嘉祐二年（1057 年）至嘉祐七年（1062 年），沒有探討經學主旨的字句，即可作爲一種旁證。當時學者相互切磋，互相影響，情形比較複雜；同時，古人撰著，反覆修改，歐陽修《詩本義》最終在熙寧三年（1070 年）定稿，示人甚少。與劉敞《七經小傳》的關係也可以再作細緻考察。

景祐四年（1037 年）八月歐陽修爲朋友謝景山的妹妹謝希孟的詩集撰寫書序，將謝希孟和《詩經》中的詩人進行對比，顯示了這個時期歐陽修對《詩經》詩篇的熟稔和體會。他評價謝希孟詩歌風格「隱約深厚（原注：一作切。），守禮而不自放，有古幽閒淑女之風」，又說「昔衛莊姜許穆夫人，錄於仲尼而列之國風（原注：一有使字。），今有傑然巨人，能輕重時人而取信後世者，一爲希孟重之，其不泯沒矣。予固力不足者，復何爲哉？復何爲哉？」〔註94〕

寶元二年（1039）五月，歐陽修在清風鎭會晤謝絳、梅堯臣，「聚會期間，向梅堯臣出示《詩本義》（亦稱《毛詩本義》）、《春秋論》等經學研究著

〔註92〕劉德清著《歐陽修紀年錄》，上海：上海古籍出版社，2006 年 7 月版，第 98、99 頁。

〔註93〕李君華《歐陽修〈詩本義〉研究》，浙江大學碩士學位論文，2008 年，第 46～47 頁。

〔註94〕《謝氏詩序》，《歐陽修全集·居士集》卷四十二《序》，第 292 頁。

述」〔註95〕。其實,這十多天的留連中,歐陽修與梅堯臣(1002~1060)談論了一些經學問題,因爲據歐陽修記錄,梅堯臣也曾著《毛詩小傳》二十卷〔註96〕,梅堯臣對《詩經》的研究自不必說,但這並不意味著《詩本義》已經完全成形,但廣義上可以說,這個時期歐陽修的《詩經》學觀點已經特色獨具了。梅堯臣《代書寄歐陽永叔四十韻》(《宛陵集》卷六):「嘗親馬南郡,果謁謝臨川。遂得窺顏色,重忻論簡編。聊咨別後著,大出篋中篇。問傳輕何學,言詩詆鄭箋。漂流信窮厄,探討愈精專。」「問傳輕何學」指《春秋論》、《春秋或問》等著述,「言詩詆鄭箋」指《詩本義》稿本、《詩解》等〔註97〕。《四庫全書總目》等認爲《詩本義》向來持論平允中和,並不一味詆鄭,雖然《詩本義》呈現的在毛鄭二家中鄭畢竟是批駁的重點,但還是與這裡的「言詩詆鄭箋」的說法有較大出入。根據梅堯臣「漂流信窮厄,探討愈精專」的描述來看,這時歐陽修的《詩經》學觀點還是早期的,大概是在夷陵時期的看法,當然,寶元元年(1038年)三月歐陽修已經徙任乾德,正所謂「漂流信窮厄」。如果說《詩本義》初次寫作在夷陵,或許「言詩詆鄭箋」是他《詩本義》初稿的面貌,但更有可能是《詩解》(或《詩解統》)的看法。這是需要區別對待的,以避免抹煞了古代經典文獻形成的歷史性和歷時性特徵。

三、《詩本義》與目疾足病的關係

歐陽修《詩本義》創作與苦於目疾足病似也有關聯,這裡,試作討論。歐陽修的目疾身衰是一重要關目,應值得關注,並愈益能體現歐陽修治學撮其大要、會通古今、嚴謹精審的學術精神。

歐陽修體弱多病,甚至自稱「病夫」〔註98〕,尤其苦於目力衰壞的折磨,

〔註95〕 劉德清著《歐陽修紀年錄》,第107頁。
〔註96〕 嘉祐五年(1060年),至交梅堯臣去世,歐陽修在爲梅堯臣所作的墓誌銘中稱,梅堯臣擅長《毛詩》學,「學長於毛氏《詩》,爲《小傳》二十卷」(《梅聖俞墓誌銘(並序)》,《歐陽修全集・居士集》卷三十三《墓誌銘》,第236頁),梅堯臣的《毛氏小傳》不見於《直齋書錄解題》、《郡齋讀書志》、《宋史・藝文志》等,未詳《毛氏小傳》的大略內容與風格,與《詩本義》之間有無影響關係。
〔註97〕 劉德清著《歐陽修紀年錄》,上海:上海古籍出版社,2006年7月版,第107頁。相關討論可見前文。
〔註98〕 《與劉侍讀(原注:原父。)》,《歐陽修全集・書簡》卷五,第1267頁。按:該書簡係嘉祐二年(1057年)所撰,《歐陽修全集》並注:「此貼,綿、吉本誤作《與蘇子容》。」

《詩本義》的最終完稿與目力不支有直接的關係，在一些關於他的年譜中也有反映。

他身體的狀況，在不少詩歌中都有寫照，如慶曆五年（1045 年）：「今年得疾（原注：一作別病。）因酒作，一春不飲氣彌劣」〔註99〕，並且腸胃不好，「飢腸未慣飽甘脆」〔註100〕；「鎮陽二月春苦寒，東風力弱冰雪頑。北潭跬步病不到，何暇騎馬尋郊原」〔註101〕，行動不便，不能遠足；「天工施造化，萬物感春陽。我獨不知春，久病臥空堂。時節去莫挽，浩歌自成傷」〔註102〕，詩人對久病誤春多有感傷和遺憾。「吾年未四十，三斷哭子腸。一割痛莫忍，屢痛誰能當。割腸痛連心，心碎骨亦傷。出我心骨血，灑爲清淚行。淚多血已竭，毛膚冷無光。自然鬚與鬢，未老先蒼蒼」〔註103〕。以上詩作均作於慶曆五年（1045 年）。稍後，同年八月因諫官錢明逸、知開封府楊日嚴誣陷，被貶知滁州，十月到任。慶曆六年（1046 年），「衰顏得酒猶強發，可醉豈須嫌酒濁」〔註104〕，「我從多難壯心衰，跡與世人殊靜躁」〔註105〕，子女屢屢早喪，仕途坎坷，銜冤負屈，給歐陽修精神和肉體很沉重的打擊，華髮早生〔註106〕，呈現衰態。

歐陽修目力不濟似乎開始很早，晚年尤甚。

慶曆五年（1045 年）《鎮陽讀書》對目力微弱情況下的讀書艱難已有細緻的描寫，「春深夜苦短，燈冷焰不長。塵蠹文字細，病眸澀無光。坐久百骸倦，中遭群慮戕。尋前顧後失，得一念（原注：一作而。）十忘。乃知學在少，老大不可強」〔註107〕。「塵蠹文字細，病眸澀無光」是寫目疾。慶曆八年（1048

〔註99〕《病中代書奉寄聖俞二十五兄》（原注：一本無奉及下四字。），《歐陽修全集·居士集》卷二《古詩》，第 12 頁。

〔註100〕《病中代書奉寄聖俞二十五兄》（原注：一本無奉及下四字。），《歐陽修全集·居士集》卷二《古詩》，第 12 頁。

〔註101〕《鎮陽殘杏》（原注：一本有寄聖俞字。），《歐陽修全集·居士集》卷二《古詩》，第 12 頁。

〔註102〕《暮春有感》，《歐陽修全集·居士集》卷二《古詩》，第 13 頁。

〔註103〕《白髮喪女師作》（原注：一本無下四字。），《歐陽修全集·居士集》卷二《古詩》，第 16 頁。

〔註104〕《新霜二首》，《歐陽修全集·居士集》卷三《古詩》，第 22 頁。

〔註105〕《希真堂東（原注：一本無東字。）手種菊花十月始開》，《歐陽修全集·居士集》卷三《古詩》，第 23 頁。

〔註106〕早在貶謫夷陵後改赴乾德，便有詩句「多難我今先白髮」（《送姜秀才遊蘇州》，《歐陽修全集·居士集》卷三《古詩》，第 21 頁），該作作於寶元元年（1038 年），歐陽修三十二歲。

〔註107〕《鎮陽讀書》，《歐陽修全集·居士集》卷二《古詩》，第 14 頁。

年），歐陽修說「某近以上熱太盛，有見教云水火未濟，當行內視之術。行未逾月，雙眼注痛如割，不惟書字艱難，遇物亦不能正視，但恐由此逐爲廢人，所憂者，少撰次，文字未了爾」〔註108〕，這是目前所見明確記錄歐陽修目疾起因最早時段的資料〔註109〕，而且能夠看到歐陽修在病魔折磨下，心念文學與經術，拳拳摯誠，溢於言表。或許是因爲這次初發目疾的治療不當，誘使該病難以完全袪除，並伴隨歐陽修後期生活與治學的始終，在其詩文書簡治學中留下了鮮明的烙印。

皇祐元年（1049年），歐陽修的書信中提到「以目病爲梗，求潁自便」〔註110〕。皇祐二年（1050年），化用《召南·甘棠》，「甘棠何止郡人思」〔註111〕，表達福澤無邊的美好祝願。歐陽修化用《衛風·木瓜》，「禮有來必往，木瓜報琅玕」〔註112〕，闡發「厚報」的思想。

至和元年（1054年），歐陽修在《謝宣召入翰林狀》中談到自己的境遇，「近遭家禍，苟存餘喘，復齒周行，風波流落者十年」〔註113〕，給友人的書信中也稱「衰病，鬚鬢悉白，兩目昏花」〔註114〕；至和二年（1055年），歐陽修《與王懿恪公（原注：君貺。）》，稱「以目疾畏風寒」〔註115〕。

嘉祐二年（1057年），在《乞洪州箚子》中談自己「迫於衰病，眼目昏暗，腳膝行步頗艱，右臂疼痛，舉動費力」〔註116〕，在書信中說「目疾得靜安息

〔註108〕《與王文恪公（原注：樂道。）》，《歐陽修全集·書簡》卷四，第1256～1257頁。

〔註109〕嚴傑《歐陽修年譜》認爲該年「始患目疾」（嚴傑著《歐陽修年譜》，第156頁），劉德清《歐陽修紀年錄》亦認爲「是冬，行內視之術，損傷雙目，釀成宿疾」（劉德清著《歐陽修紀年錄》，上海：上海古籍出版社，2006年7月版，第217頁）。

〔註110〕《與章伯鎭》，《歐陽修全集·書簡》卷四，第1259頁。

〔註111〕《太傅杜相公有答兗州待制之句其卒章云獨無風雅可流傳因輒成》（原注：一本作因成四韻。），《歐陽修全集·居士集》卷十二《律詩》，第84頁。

〔註112〕《送滎陽魏主簿》（原注：廣己。一本作送魏廣。），《歐陽修全集·居士集》卷四《古詩》，第29頁。該作可能在皇祐元年（1049年）或皇祐二年（1050年）。

〔註113〕《謝宣召入翰林狀》，《歐陽修全集·表奏書啓四六集》卷二《狀、箚子》，第687頁。

〔註114〕《與韓忠獻王（原注：稚圭。）》，《歐陽修全集·書簡》卷一，第1223頁。

〔註115〕《與王懿恪公（原注：君貺。）》，《歐陽修全集·書簡》卷三，第1253頁。

〔註116〕《乞洪州箚子》，《歐陽修全集·表奏書啓四六集》卷二《狀、箚子》，第687頁。

慮，當益清明。某昏花日甚，書字如隔雲霧，亦冀一閒處將養爾」〔註117〕，「風眩發作，臥不能起」〔註118〕；嘉祐三年（1058年）三月，在《辭侍讀學士箚子》中強調「中年衰病，常憂廢職，至於講說經義，博聞強記，矧復非臣所長」〔註119〕，嘉祐三年（1058年）六月，在《辭開封府箚子》中提及「乞一外任差遣，蓋以臣久患目疾，年齒漸衰，昏暗愈甚，又自今年春末，忽得風眩，昨於韓絳入學士院敕設日，眾坐之中，遽然昏踣，自後往往發動」、「素以文辭專學」、「早衰多病，精力不強」〔註120〕，在書信中也稱「某衰病不支，遽蒙以煩冗驅策，不敢固辭，其實非所能，亦非所樂，又非所堪也。……某病目十年，遽爲几案所苦」〔註121〕，「近因病目在告，……昏眩不能多書」〔註122〕，「某苦風眩甚劇，若遂不止，當成大疾。作書未竟，已數眩轉，屢停筆瞑目」〔註123〕。嘉祐三年（1058年），歐陽修的目疾依然很嚴重，他在書信中說：「某爲目疾爲梗，臨紙草率。」〔註124〕嘉祐四年（1059年），歐陽修的病情有所加重，「自去歲秋冬已來，益多病，加以目疾，復左臂舉動不得」〔註125〕；「十年不曾燈下看一字書」、「目疾大作」、「惜目力」〔註126〕，儘管有些誇張，但也可窺目疾之重。該年歐陽修給梅堯臣的詩裏寫道，「病眼自贈紅蠟燭，何人肯伴白鬚翁」、「惟有吟哦殊不倦，始知文字樂無窮」〔註127〕。如果有些學者推斷《詩本義》完成於該年的結論不謬，則這條資料亦有助於體味當時歐陽修的心境。嘉祐五年（1060年），「近年眼目尤昏，又卻送在經筵，事與心違，無一是處，未知何日遂得釋然，一償素志於江湖之上，然後歸老

〔註117〕《與李留後（原注：公謹。）》，《歐陽修全集·書簡》卷四，第1263頁。

〔註118〕《與焦殿丞（原注：千之。）》，《歐陽修全集·書簡》卷七，第1297頁。

〔註119〕《辭侍讀學士箚子》，《歐陽修全集·表奏書啓四六集》卷二《狀、箚子》，第688頁。

〔註120〕《辭開封府箚子》，《歐陽修全集·表奏書啓四六集》卷二《狀、箚子》，第689頁。

〔註121〕《與王郎中（原注：道損。）》，《歐陽修全集·書簡》卷四，第1260頁。

〔註122〕《與吳給事（原注：名中復。）》，《歐陽修全集·書簡》卷四，第1263頁。

〔註123〕《與李留後（原注：公謹。）》，《歐陽修全集·書簡》卷四，第1264頁。

〔註124〕《與馮章靖公（原注：當世。）》，《歐陽修全集·書簡》卷三，第1246頁。

〔註125〕《與王懿敏公（原注：仲儀。）》，《歐陽修全集·書簡》卷三，第1249頁。

〔註126〕《與王文恪公（原注：樂道。）》，《歐陽修全集·書簡》卷四，第1257頁。

〔註127〕《戲答聖俞持燭之句》，《歐陽修全集·居士集》卷十二《律詩》，第89頁。
嚴傑著《歐陽修年譜》將該詩繫於嘉祐二年（1057年）（嚴傑著《歐陽修年譜》，第214頁），此處從《居士集》。

汝陰爾」〔註128〕，雖充陳經筵講習之列，但因身體原因，深感與個人追求有
一定出入。嘉祐六年（1061年），歐陽修記錄賞花快慰，言「病目開豁，勉強
飲數酌以當佳惠」〔註129〕，在給劉敞的書信中也說「手指拘攣，又添左手。
兩目僅辨物，其餘可知」〔註130〕。

歐陽修晚年時期（詩文有「一生今過半」、「自從中年來」、「老尚把書卷」
句）曾寫過一首《讀書》詩，敘述自己讀書的經歷與感受，「吾生本寒儒，老
尚把書卷。眼力雖已疲，心意殊未倦。正經首唐虞，僞說起秦漢。篇章異句
讀，解詁及箋傳。是非自相攻，去取在勇斷。初如兩軍（原注：一作兵。）
交，乘勝方（原注：一作多。）酣戰。當其旗鼓催，不覺人馬汗」，並有退隱
後編纂修訂著作的計劃和心願，「買書載舟歸，築室（原注：一作屋。）潁水
岸。平生頗論述，銓次加點竄。庶幾垂後世，不默死羔豢」〔註131〕，這首詩
大概作於嘉祐七年（1062年）或嘉祐八年（1063年），「篇章異句讀，解詁及
箋傳。是非自相攻，去取在勇斷」，當是寫作《詩本義》的眞切體會和內心感
受，「平生頗論述，銓次加點竄。庶幾垂後世，不默死羔豢」，這個時候，歐
陽修便已有了修訂平生著作的打算，可能也包括《詩本義》在內。南宋葉適
（1150－1223）曾針對這首《讀書》詩闡發對歐陽修經學原則與方法的看法，
認爲「以經爲正而不汩於章讀箋詁，此歐陽氏讀書法也。然其間節目甚多，
蓋未易言，以其學考之，雖能信經，而失事理之實者不少矣。且箋傳雜亂，
無所不有，必待戰勝而後得，則迫切而無味，強勉而非眞，几案之間，徒見
其勞而未見其樂也。几案之樂，當默識先覺，迎刃自解，如日月朗耀，雲陰
解駁，安在鬥是非，決勝負哉！」（《習學記言序目》卷四十七）自不免徒惹
嫌隙、吹毛求疵之感。

治平二年（1065年），稱「衰病眊然」〔註132〕，也是指眼疾。

歐陽修目疾身衰也是熙寧元年（1068年）春後屢屢上表、劄子請求退休
的重要原因，其中不完全是因爲對王安石變法的異議，因爲《亳州乞致仕》
第一表、第一劄子、第二表、第二劄子、第三表、第三劄子、第四表、第四

〔註128〕《與王懿敏公（原注：仲儀。）》，《歐陽修全集・書簡》卷三，第1250頁。
〔註129〕《與王懿恪公（原注：君貺。）》，《歐陽修全集・書簡》卷三，第1254頁。
〔註130〕《與劉侍讀（原注：原父。）》，《歐陽修全集・書簡》卷五，第1269頁。按：
　　　　此貼被有些人懷疑爲稿本，多兩存以參證。
〔註131〕《讀書》，《歐陽修全集・居士集》卷九《古詩》，第61頁。
〔註132〕《與王懿恪公（原注：君貺。）》，《歐陽修全集・書簡》卷三，第1255頁。

箚子、第五表，至最終《第五乞守舊任箚子》均發生在熙寧元年（1068 年），
同年的書簡也流露出歐陽修因身體衰病，希望早日退隱，「某衰病難名，凡老
患，或耳或目，不過一二，諸老之病並在一身，所以歸心不得不速也」〔註133〕，
可作爲補充證據。而熙寧二年（1069 年），王安石才「越次入對」，熙寧三年
（1070 年）任參知政事，熙寧四年（1071 年）任「同中書門下平章事」。即
使將變法發生時間算在熙寧二年，也與歐陽修致仕初衷無涉，其中主要的原
因不能不考慮到身體的客觀情況。如《亳州乞致仕》「鬢髮凋殘，憂患已多，
精神耗盡，加之肺肝渴涸，眼目眊昏，去秋以來，所苦增劇，兩脛惟骨，拜
履俱艱，雙瞳雖存，黑白才辨」〔註134〕；「怨嫉謗讒，喧騰眾口，風波陷穽（原
注：一作檻阱。），僅脫餘生，憂患既多，形神俱瘁，齒髮凋落，疾病侵陵，
故自數年以來竊有退休之志」，「舊苦痟渴，蓋已三年。腰腳細瘦，惟存皮骨，
行步拜起，乘騎鞍馬，俱覺艱難。而眼目昏花，氣暈侵蝕，視一成兩，僅分
黑白」〔註135〕；「自治平二年已來，遽得痟渴，四肢瘦削，腳膝尤甚，行步拜
起，乘騎鞍馬，近益艱難。而兩目昏暗多年，舊疾氣暈侵蝕，積日轉深，視
瞻怳惚（原注：一作恍恍。），數步之外，不辨人物。至於公家文字，看讀簿
書，動成妨廢」〔註136〕，「所患眼目（原注：一作疾。），自今年春夏以來，
日更增加，其勢未止。惟恐年歲之間，遂成廢疾，若幸於未廢之前獲遂退休
之請，與其病廢尚竊美名」〔註137〕；「痾疹日增，弱脛零丁，惟存骨立，昏瞳
眊瞀，常若冥行。既未知痊損之期，終當廢去，而苟遂退休之懇，尚竊美名」
〔註138〕等。當然，歐陽修對王安石變法的某些條款是存有異議的，也是不爭
的事實，如熙寧三年（1070 年）夏，歐陽修上書《謝擅止散青苗錢放罪表》，
認爲青苗錢法「不便於人情」〔註139〕，同年稍前還曾上書《言青苗錢第一箚

〔註133〕《與王文恪公（原注：樂道。）》，《歐陽修全集・書簡》卷四，第 1258 頁。
〔註134〕《亳州乞致仕第一表》，《歐陽修全集・表奏書啓四六集》卷四《表、箚子》，
　　　　第 720 頁
〔註135〕《亳州乞致仕第一箚子》，《歐陽修全集・表奏書啓四六集》卷四《表、箚子》，
　　　　第 720 頁
〔註136〕《亳州乞致仕第四箚子》，《歐陽修全集・表奏書啓四六集》卷四《表、箚子》，
　　　　第 723 頁。
〔註137〕《亳州乞致仕第四箚子》，《歐陽修全集・表奏書啓四六集》卷四《表、箚子》，
　　　　第 724 頁。
〔註138〕《亳州乞致仕第五表》，《歐陽修全集・表奏書啓四六集》卷四《表、箚子》，
　　　　第 724 頁。
〔註139〕《謝擅止散青苗錢放罪表》，《歐陽修全集・表奏書啓四六集》卷五《表、箚

子》〔註140〕力陳青苗錢之弊等。

　　熙寧二年（1069 年）三月，歐陽修在《謝賜漢書表》中說，「竊以右文興化乃致治之所先，著錄藏書須太平而大備」，「兩目皆眊，雖嗟執卷之已艱」〔註141〕。熙寧二年（1069 年）冬，《乞壽州第二劄子》再申「臣舊患眼目已十餘年，又苦渴淋亦五六歲，年日加老，病日加深，睛瞳氣暈，侵蝕幾盡，腳膝瘦細，行步艱難。自入今歲以來，心神又更昏耗，事多健忘，動輒差失」〔註142〕。熙寧二年與友人的書信中也說「近秋冬以來，目病尤苦，遂不復近筆硯」、「以病目艱於執筆」〔註143〕。熙寧三年（1070 年）四月，《辭宣徽使判太原府劄子》中說「今春眼目疼痛及渴淋舊疾作，腳膝細瘦，行步艱難」〔註144〕。熙寧四年（1071 年）四月，《蔡州再乞致仕第一表》載「新春以來，舊苦增劇，中痟渴涸，注若漏卮，弱脛零丁，兀如槁木；加以睛瞳氣暈，幾廢視瞻，心識耗昏，動多健忘」〔註145〕。該年四月至六月間，相繼撰寫三表兩劄子，祈求退休，終於在熙寧四年（1071 年）六月正式退休，歐陽修撰寫了《謝致仕表》〔註146〕。該年下半年起，歐陽修的目足病情似略好轉，他在給曾鞏的書信中說：「某秋冬來，目足粗可勉強，第渴淋不少減。老年衰病，常理不足怪也。」〔註147〕

　　根據歐陽修詩文書信等記載，歐陽修自中年起，目疾日益嚴重，腸胃不適，並長期伴有肢體行動不便症狀，具有類似中風的早期特徵，對於喜好文章書法的他來說，舉措不便，是何等的痛苦！因此，在詩文書簡章奏等中屢

子》，第 729 頁。

〔註140〕《言青苗錢第一劄子》，《歐陽修全集・奏議集》卷十八《青州》，第 903 頁。

〔註141〕《謝賜漢書表》，《歐陽修全集・表奏書啓四六集》卷五《表、劄子》，第 728 頁。按：「兩目皆眊」之「皆」，文淵閣《四庫全書》本《文忠集》卷九十四《謝賜漢書表》作「昏」，亦通。

〔註142〕《乞壽州第二劄子》，《歐陽修全集・表奏書啓四六集》卷五《表、劄子》，第 729 頁。

〔註143〕《與韓忠獻王（原注：稚圭。）》，《歐陽修全集・書簡》卷一，第 1227 頁。

〔註144〕《辭宣徽使判太原府劄子》，《歐陽修全集・表奏書啓四六集》卷五《表、劄子》，第 730 頁。

〔註145〕《蔡州再乞致仕第一表》，《歐陽修全集・表奏書啓四六集》卷五《表、劄子》，第 733 頁。按：「耗昏」，文淵閣《四庫全書》本《文忠集》卷九十四《蔡州再乞致仕第一表》作「昏耗」，亦通。

〔註146〕《歐陽修全集・表奏書啓四六集》卷五《表、劄子》，第 736 頁。

〔註147〕《答曾舍人（原注：鞏，字子固。）》，《歐陽修全集・書簡》卷七，第 1301 頁。

有涉及，記錄了自己身體變化的客觀歷程，並愈益使讀者感受到在這種艱難的情況下，能夠在文學、經學、政治等方面做出豐裕貢獻的不易與可貴。

嘉祐四年（1059 年），歐陽修在給友人的信中說「十年不曾燈下看一字書」〔註148〕，雖略有誇張和自責，但也傳達出當時的實情與無奈，上溯十年，可至皇祐元年（1049 年），與當時的筆記、詩話中記載的歐陽修向博學多聞的劉敞請教、劉敞稱歐九（歐陽修）不讀書也略可印證，這些記載雖多戲說之語，但也側面反映了歐陽修中晚年身心煎熬的處境。但是，研究者雖不能僅僅拘泥於這些字詞（因為後人也有評價歐陽修、朱熹讀《詩》能注意到精細的問題），卻可以在時代氛圍、個人遭際、學術旨趣、交遊討論等多方面因素中把握《詩本義》創作中的歷程和心跡。歐陽修苦於目疾，《詩本義》的最終定稿，也受到目疾的驅使，惟恐時光不再，留下終生遺憾。但是《詩本義》相關的一些內容和觀點，出現卻比較早，也有一個不斷發展變化的過程，這是需要從思想學術史角度清理和考察的。

某種意義上，因為歐陽修自慶曆五年（1045 年）後，身體每下愈況，目力衰減尤甚，閱讀典籍、寫作詩文屢屢主張要通其大旨（道），不能僅拘泥於文字，這些都對《詩本義》的寫作產生了重要影響。《詩本義》能夠在一定程度上擺脫繁瑣的章句訓詁，不做面面俱到的分析或集注，與歐陽修自身的興趣和身體狀況密切相關。但這並不意味著《詩本義》就有「遊談無根」的弊端，相較而言，因為有《詩解》（或《詩解統》）的準備，經過景祐四年（1037年）到熙寧三年（1070 年）二十多年的努力、寫作與討論、修訂，《詩本義》也逐漸具有了自己的獨特面貌；在內容方面，歐陽修對毛、鄭、王肅、王通等人的觀點比較熟悉，酌裁權衡，間出新意和評斷。整體上，歐陽修的《詩經》學研究及其它經學研究，確以簡易和合乎人情事理為標誌，與這些種種淵源與因緣分不開。

〔註148〕《與王文恪公（原注：樂道。）》，《歐陽修全集·書簡》卷四，第 1257 頁。

第二章　《詩本義》的「本義」問題與歐陽修「道」論思想

　　歐陽修《詩本義》的最大特徵是探尋《詩經》「本義」，雖然某些地方在出新解同時又形成新的附會〔註1〕，但整體上「本義」蘊含著對傳統經解的反思和對新經學的構建，這個過程貫穿和寄寓著歐陽修的「道」論思想。在儒釋道三教融合的背景下，對釋老的看法也是反映歐陽修「道」論思想的重要構成部分。作為「義理解經」的重要代表人物，歐陽修為義理之學（包括理學）的發展奠定了一定基礎，他與理學「宋初三先生」（胡瑗、孫復、石介）均有密切的交往，並為三人撰寫過墓誌銘或墓表等作品〔註2〕，與孫復、石介並多有詩文往還，將兒子歐陽發託付給胡瑗教育（至和元年（1054年）），與邵雍也有一定的聯繫〔註3〕。嘉祐初年李覯也多次造訪〔註4〕。嘉祐二年（1057

〔註1〕如《伐木》，歐陽修認為伐木是「庶人之賤事，不宜為文王之詩」（《詩本義》卷六《伐木》），鄭玄主張是文王未居位時，今人陳子展先生聯繫當時社會歷史狀況，論證君臣上下共同參與勞動是有可能的（《詩經直解》），則歐陽修批評鄭玄的看法有過當之處，屬臆測之辭。

〔註2〕如嘉祐二年（1057年）《孫明復（復）墓誌銘》（《《歐陽修全集·居士集》卷二十七《墓誌銘》，第193～194頁）、嘉祐六年（1061年）《胡先生（瑗）墓表》（《《歐陽修全集·居士集》卷二十五《墓表，第178～179頁）、治平二年（1065年）《徂徠石先生（介）墓誌銘》（《《歐陽修全集·居士集》卷三十四《墓誌銘》，第239～240頁）。

〔註3〕治平四年（1067年）命子歐陽棐道經洛陽看望邵雍，「歐陽公在政府，聞康節之名，而未之識也。子棐叔弼之官，道經洛下，公曰：『汝至洛，可往謁邵先生，致吾欽慕而無由相見之意。』」（朱弁《曲洧舊聞》卷二）邵伯溫《邵氏聞見錄》卷二十亦載熙寧初歐陽棐來洛省問一事。

〔註4〕《與李賢良（覯）》，《歐陽修全集·書簡》卷七，第1292頁。

年）歐陽修知貢舉，三月殿試中第者即有蘇軾、蘇轍、程顥、張載等人。將歐陽修獨立於理學思潮形成發展之外，是不符合思想學術史實際的，也忽略了思想學術史的複雜性。

第一節　《詩本義》的「本義」所指及價值

　　「詩本義」探求並不自《詩本義》始，它具有深遠的歷史淵源。但歐陽修《詩本義》卻在理論和實踐方面對「詩本義」作了比較深入的論述，在思想學術史和《詩經》學史中佔有重要地位。

一、《詩經》「本義」演變與歐陽修探尋本義的特色

　　《詩》的「本義」問題，應該從《詩經》學的萌芽期就已經存在了。但將「詩本義」凸顯到《詩經》學研究的前沿並對《詩經》學史產生重要影響，則開始於歐陽修的《詩本義》。

　　春秋時期流行「賦詩斷章」（《左傳・襄公二十八年》），儘管學術界對這個時期「賦詩言志」現象的本質和價值還有不同的看法，一般認爲不是嚴格意義上的研究，而是「用《詩》」的階段，是「不學詩，無以言」（《論語・季氏》）的表現，但毋庸置疑，外交辭令中的「用《詩》」是在雙方對詩歌主旨、詩句及各自的歷史、外交目的等深入瞭解的基礎上進行的，否則基於「斷章取義」的運用和理解就會出現偏差，甚至給賦詩者招來殺身之禍，所以當時用《詩》實踐可能會昭示出《詩》的本義所在及引申義的衍生過程，因而有一定的「研究」因素。清末經今文學家皮錫瑞認爲「蓋古以《詩》《書》禮樂造士，人人皆能誦習。《詩》與樂相比附，人人皆能絃歌，賓客燕享，賦詩明志，不自陳說，但取諷諭，此爲春秋最文明之事。亦惟其在詩義大明之日，詩人本旨無不瞭然於心，故賦詩斷章無不暗解其意，而引《詩》以證義者無不如自己出，其爲正義，爲旁義，無有淆混而歧誤也」〔註5〕，就突出了這一點。

　　《論語》中記載孔子對《詩經》的論述，如「《詩》可以興，可以觀，可以群，可以怨，邇之事父，遠之事君，多識於鳥獸草木之名」（《論語・陽貨》）等，就已經不僅僅停留在「詩人之意」的本義上了。孔門子夏、子貢分別奠

〔註5〕〔清〕皮錫瑞著《經學通論》二《詩經・論〈詩〉有正義有旁義即古義亦未盡可信》，北京：中華書局，1954年版，第3頁。

定了「以禮解《詩》」和「以理解《詩》」的基礎，《詩》本義就變得撲朔迷離。子夏以禮解《詩》，注重仁禮關係。「子夏問曰：『巧笑倩兮，美目盼兮，素以為絢兮，何謂也？』子曰：『繪事後素。』曰：『禮後乎？』子曰：『起予者商也，始可與言《詩》已矣。』」（《論語·八佾》）「巧笑倩兮，美目盼兮」出自《衛風·碩人》，多解為描寫衛宣姜或莊姜的美貌，「素以為絢兮」宋代有人認為是逸詩〔註6〕，子夏由絢（彩色）和素（粉地）的關係而領悟到禮與「仁」的次第，漢唐學者張大此風，以鄭玄為代表，並認為《詩序》的作者或主要作者即子夏。子貢以理解《詩》，注重心性修養。「子貢曰：『《詩》云：如切如磋，如琢如磨，其斯之謂歟？』子曰：『賜也，始可與言《詩》已矣。告諸往而知來者。』」（《論語·學而》）「如切如磋，如琢如磨」出自《衛風·淇奧》，一般解為衛武公謙抑修德。在孔子的啟發下，子貢由「無諂」、「無驕」而「知義理之無窮」（《論語集注》卷一《學而篇》），這種方法是宋明《詩經》學的主導方法，而否定鄭毛、懷疑《詩序》進而擯斥《詩序》、疑經之風也以這個時期最烈（主要指宋代）。而清代之學則基本表現出兼采所長、由宋學返漢學、螺旋上昇的回歸特徵，有些學者將這個過程推進得更早，艾爾曼就認為「晚明儒學著作已出現初步的回歸漢學的動向」〔註7〕。

簡牘資料也有助於加強對《詩經》作者之志與詩歌之義的研究。上博簡《季庚子問於孔子》：「夫詩也者，以志君子之志。夫義者，以謹君子之行也。」〔註8〕《尚書·舜典》：「詩言志，歌永言。」《詩經·關雎序》：「詩者，志之所之也。在心為志，發言為詩。」郭店楚簡《物由望生》（《語叢一》）：「禮，交之行述也。樂，或生或教者也。〔書，□□□□〕者也。詩，所以會古今之詩也者。易，所以會天道、人道也。春秋，所以會古今之事也。」〔註9〕根據郭店楚簡「易，所以會天道、人道也。春秋，所以會古今之事也」，《周易》、《春秋》分別是會通天道人道、古今史事的憑藉，那麼，「詩，所以會古今之詩也者」便可以理解為《詩》也是會通古今詩歌的橋梁。因為「詩言志」傳

〔註6〕朱熹認為此三句「逸詩也」（《論語集注》卷二《八佾篇》）。
〔註7〕〔美〕艾爾曼（Benjamin A. Elman）著，趙剛譯《經學、政治和宗族——中華帝國晚期常州今文學派研究》，南京：江蘇人民出版社，1998年版，第55頁。
〔註8〕馬承源主編《上博館藏戰國楚竹書》（五），上海：上海古籍出版社，2005年12月版，第212頁。
〔註9〕李零著《郭店楚簡校讀記》（增訂本），北京：北京大學出版社，2002年3月版，第160頁。

統是《詩大序》、《詩序》、《孔子詩論》、《季庚子問於孔子》等作品共同的理論旨趣，通過《詩》把握詩人和君子的志，溝通古今人情事理，便是把握經典意義、增進經典與生活和個人聯繫的重要紐帶。在這個意義上說，歐陽修的解《詩》實踐與理論具有重要的歷史意義與理論意義。

上博簡《曹沫之陳》記載魯莊公問曹沫「爲和於邦如之何」問題時，曹沫回答道：「毋獲民時，毋奪民利。申功而食，刑罰有罪，而賞爵有德。凡畜群臣，貴賤同待，祿毋負。《詩》於有之曰：『豈弟君子，民之父母。』此所以爲和於邦。」〔註10〕所引詩見於《詩經·大雅·泂酌》）引《詩》論事，對理解詩歌也會有一定的幫助。

明確接觸到《詩》本義的是《漢書·藝文志》，因爲當時經今文三家《詩》盛行，經古文《毛詩》也開始崛起，關於四家《詩》哪一種更加接近《詩》本義，班固作了考量，認爲相較而言《魯詩》更加接近本義，但究竟什麼是詩本義，均沒有明確的界定。《漢書·藝文志》云：「書曰：『詩言志，歌詠言。』故哀樂之心感，而歌詠之聲發。誦其言謂之詩，詠其聲謂之歌。故古有采詩之官，王者所以觀風俗，知得失，自考正也。孔子純取周詩，上採殷，下取魯，凡三百五篇，遭秦而全者，以其諷誦，不獨在竹帛故也。漢興，魯申公爲詩訓故，而齊轅固、燕韓生皆爲之傳。或取春秋，採雜說，咸非其本義。與不得已，魯最爲近之。三家皆列學官。又有毛公之學，自謂子夏所傳，而河間獻王好之，未得立。」

《魯詩》「申公獨以《詩經》爲訓以教，無傳，疑者則闕不傳」（《史記·儒林列傳》）《詩本義》中大量「闕疑」的部分，體現了嚴謹質樸的學風，如果追溯起來，應是受了《魯詩》「疑者則闕不傳」的影響。清代范家相認爲：「《韓詩外傳》雖皆引詩證事，亦時見本義。」（《三家詩拾遺·凡例》）但今人也有考察《韓詩外傳》整體上「與《詩》本義聯繫甚微」〔註11〕。

「本義」對《詩經》詩篇的意義形成尤爲重要，如果膠柱鼓瑟，詩解便會生澀難通，背離人情常理，《詩經》學史上的章句訓詁與義理考據均有此類的經驗與教訓。明清之際王夫之說：「不以詩解詩，而以學究之陋解詩，令古人雅度微言，不相比附。」（《薑齋詩話》）清代方玉潤也說：「說《詩》諸儒，

〔註10〕馬承源主編《上博館藏戰國楚竹書》（四），上海：上海古籍出版社，2004 年 12 月版，第 255～257 頁。
〔註11〕靳利敏《兩漢詩經學研究》，蘇州大學碩士學位論文，2009 年，第 38 頁。

非考據即講學兩家。而兩家性情與《詩》絕不相類，故往往穿鑿附會，膠柱鼓瑟，不失之固，即失之妄。」（《詩經原始·凡例》）從宋代《詩本義》直到朱熹《詩集傳》（或《詩經集傳》），重視因文見義，也就是以詩解詩，《詩經》本義才煥發出新的光彩。

歐陽修在《帝王世次圖序》中認爲，「君子之學，不窮遠以爲能，而闕其不知，愼所傳以惑世也」，漢代以後「學者既不備見《詩》《書》之詳，而習傳盛行之異說，世無聖人以爲質，而不自知其取捨眞僞，至有博學好奇之士，務多聞以爲勝者，於時盡集諸說而論次，初無所擇而惟恐遺之也」，「其久遠難明之事，後世不必知，不知不害爲君子」，「夫孔子所以爲聖人者，其智知所取捨」〔註12〕，這裡所反映的學術態度和精神，如闕疑與重取捨，在《詩本義》全書中均有反映，《取捨義》就是重取捨眞僞的反映，而《詩本義》前十二卷中的「論」與「本義」兩部分中也體現了這兩種學術特色。典籍流傳，不斷累積，「本義」反愈來愈朦朧難辨，是歷史文化流播不可避免的現象。

歐陽修《詩本義》探尋本義，包括《周禮》、《春秋》、《周易》等研究，也以探討「本義」爲旨歸。而探求「本義」的途徑和形式則是通過「疑經惑傳」進而達到「崇經」的方式實現的。

章權才在《宋明經學史》中通過考察歐陽修《易童子問》與劉敞《七經小傳》，試圖揭示經學由疑經到改經思潮的發展，認爲歐陽修和劉敞的疑經最具有代表性。「歐陽修在經學史上應該是有其地位的。所謂發古人所未發，從某種意義上說，也就是疑經問題，就是疑經中的超越傳統問題。據載，歐陽修所疑之經，主要有《易》，有《詩》，有《周禮》和《禮記》。疑《詩》，體現在他的著作《詩本義》中。疑《禮》，在《問進士策三首》中有所反映，可見《居士集》卷四十八。而他疑經的代表作，自然要數《易童子問》。」〔註13〕在北宋由疑傳到疑經到改經是經歷過一個漸次深入的過程的，這裡所涉及的歐陽修的「疑經」實際上只是「疑傳」。即使突出的《易童子問》，也主要是辨析《繫辭》、《文言》等並非孔子所作，而《詩本義》除少數疑《序》外，大多是排擊毛《傳》鄭《箋》（特別是鄭《箋》），都屬於「疑傳」的範圍。但是，將歐陽修的疑傳以《易童子問》作爲代表是不夠的，也容易忽視歐陽修在《詩本義》與《易童子問》中所反映的具有融通一貫特點的經學方法和經

〔註12〕《帝王世次圖序》，《歐陽修全集·居士集》卷四十三《序》，第300～301頁。
〔註13〕章權才著《宋明經學史》，廣州：廣東人民出版社，1999年9月版，第84頁。

學觀念，不利於克服考察中的支離現象。而章權才指出的「疑傳、疑經思潮的發展，就是經學中義理之學的貫徹，其目的就是旨在為改革政治提供思想理論準備」﹝註14﹞，卻是發人深思的。

歐陽修在《春秋或問》中回答關於《春秋》經傳關係問題，曾說：「經不待傳而通者十七八，因傳而惑者十五六。日月，萬物皆仰，然不為盲者明，而有物蔽之者，亦不得見也。聖人之意，皎然乎經，惟明者見之，不為他說蔽者見之也。」﹝註15﹞這段論述也同樣適用於關於《詩經》的經傳關係的考察上，並對經學研究具有普遍的意義。

歐陽修對經書的懷疑，應主要是針對漢唐學者對經書的注解而言的，他對自己的大膽懷疑很自信。嘉祐六年（1061年）四月十六日在《廖氏文集序》中說：「自孔子歿而（原注：一無此字。）周（原注：一有益字。）衰，接乎戰國，秦遂焚書，《六經》於是中絕，漢興蓋久而後出，其散亂磨滅，既失其傳，然後諸儒因得措其異說於其間。如《河圖》《洛書》，怪妄之尤甚者，余嘗哀夫學者知守經以篤信，而不知偽說之亂經也，屢為說以黜之。而學者溺其久習之傳，反駭然非余以一人之見決千歲不可考之是非，欲奪眾人之所信（原注：一作好。），徒自守而世莫之從也。余以謂自孔子沒至今二千歲之間，有一歐陽修者為是說矣，又二千歲，焉知無一人焉與修同其說也？又二千歲，將復有一人焉，然則同者至於三，則後之人不待千歲而有也。同予說者既眾，則眾人之所溺者可勝而（原注：二字一作以。）奪也。夫《六經》非一世之書（原注：一有也字。），其將與天地無終極而存也。以無終極視數千歲（原注：一作載。）於其間，頃刻爾，是則余之有待於後者遠矣，非汲汲有求於今世也（原注：一作今之世矣。）。」﹝註16﹞「世無孔子久矣，六經之旨失其傳，其有不可得而正者，自非孔子復出無以得其真也。儒者之於學博矣，而又苦心勞神（原注：一作疲精。）於殘編朽簡之中，以求（原注：一作考。）千歲失傳之繆，茫乎前望已遠之聖人而不可見，杳乎後顧無窮之來者，欲為未悟決難解之惑，是真所謂勞而少功者哉！然而（原注：一有六字。）經非一世之書也，其傳之繆，非一日之失也；其所以刊正補緝，亦非一人之能也。

﹝註14﹞ 章權才著《宋明經學史》，廣州：廣東人民出版社，1999年9月版，第82～
　　　　83頁。
﹝註15﹞ 《春秋或問》，《歐陽修全集‧居士集》卷十八《經旨》，第135頁。
﹝註16﹞ 《廖氏文集序》，《歐陽修全集‧居士集》卷四十三《序》，第298頁。

使學者各極其所見而明者擇焉，十取其一，百取其十，雖未能復《六經》於無失，而卓如日月之明，然聚眾人之善以補緝之，庶幾不至於大繆，可以俟聖人之復生也。然則學者之於經（原注：一無三字。）其可已乎？」〔註17〕歐陽修在《答宋咸書》中對宋咸補注《周易》的做法很讚賞，並申述了自己的一些經學觀點。歐陽修認為《六經》不是成於一時的作品〔註18〕，在經典傳播過程中，後代學者的傳疏等造成了經典的謬誤，解決這種誤讀需要通過學者們持續地「刊正補緝」才能逐步恢復或逼近經典的本貌，這種觀念與其努力彰顯《詩經》本義的主張和實踐是相吻合的；或者說，《詩本義》作品本身就是歐陽修在《六經》方面「刊正補緝」的學術表現。

　　歐陽修痛斥讖緯亂經，對讖緯、經典、士風之間的關係也有深刻的理解。茲錄《論刪去〈九經正義〉中讖緯箚子》全文，以見其詳：

　　　　臣伏見國家近年以來，更定貢舉之科以為取士之法，建立學校而勤養士之方，然士子文章未純，節行未篤，不稱朝廷勵賢興善之意，所以化民成俗之風。臣愚以為，士之所本在乎《六經》，而自暴秦焚書，聖道中絕。漢興，收拾亡逸，所存無幾，或殘編斷簡，出於屋壁，而餘齡昏眊，得其口傳。去聖既遠，莫可考證，偏學異說，因自名家，然而授受相傳，尚有師法。暨晉宋而下，師道漸亡，章句之篇，家藏私畜，其後各為箋傳，附著經文，其說存亡，以時好惡，學者茫昧，莫知所歸。至唐太宗時，始詔名儒撰定《九經》之疏，號為《正義》，凡數百篇。自爾以來，著為定論，凡不本《正義》者謂之異端，則學者之宗師，百世之取信也。然其所載既博，所擇不精，多引讖緯之書以相雜亂，怪奇詭僻，所謂非聖之書，異乎《正義》之名也。臣欲乞特詔名儒學官，悉取《九經》之疏，刪去讖緯之文，使學者不為怪異之言惑亂，然後經義純一，無所駁雜，其用功至少，其為益則多。臣愚以謂欲使士子學古勵行而不本《六經》，欲學《六經》而不去其詭異駁雜，欲望功化之成，不可得也。伏望

〔註17〕《答宋咸書》，《歐陽修全集・居士集》卷四十七《書》，第 324 頁。
〔註18〕當然，這和《答吳充秀才書》（見《歐陽修全集・居士集》卷四十七《書》，第 321～322 頁)稍稍有異，在《歐陽修全集》中也比較多見，應是歐陽修的成熟觀點，同時這種非成於一世的看法基本已成為迄今為止學術界的共同看法。

聖慈下臣之言，付外詳議。今取進止。〔註19〕

歐陽修主張刪去《九經正義》中讖緯成分，實際也是尊經的表現，根本目的也在於恢復經典的本義。

疑經的本質本是尊經。「宋儒甚富懷疑精神。十三經義理宏深，所載史實又多不一，先儒於其難通、矛盾處，往往委曲穿鑿。宋儒本懷疑精神以觀其可疑之處，因而推考其作者或著成時代，實有『實事求是，不作調人』之精神。吾人若以此著眼，則不忍以宋人之疑經改經為病，矧後人能辨別經書之偽，不惑於所謂聖人之言，多賴宋人啟發乎？竊嘗以為宋人疑經，所以尊經也：疑此經，所以尊他經；疑此經之一部分，所以尊此經之他部分。」〔註20〕

歐陽修在《詩本義》中極力貶斥毛《傳》鄭《箋》特別是鄭《箋》的附會風氣，如《生民》、《玄鳥》等詩詩解，努力從文本出發來把握詩歌的意義。但是，即使「以詩解詩」，所解是否就一定是詩歌的本義呢？在《詩經》文本流傳過程中，很難擺脫歷史的滌蕩和陶鑄，究竟什麼是「本義」，「本義」與作者的「意」和聖人的「志」是什麼關係，如何保證「本義」的信度和效度，則是不得不注意的問題。

二、《詩本義》的「本義」所指及意義

「詩本義」中的「本義」不能僅僅拘泥於詩文及其注解上下文或語境中考察，「本義」的形成和呈現本身即是一種複雜的思想文化現象，所以，探求本義過程和價值將是思想文化繼承和創新的具體展示。

目前，關於《詩本義》「本義」概念已有比較明晰的討論。如胡曉軍《「詩意」與「詩義」：歐陽修「詩本義」的現代闡釋》從闡釋學角度對「詩本義」內涵與外延作了多層次地考察，強調「歐陽修『詩本義』有二重含義：詩文之意，即『詩意』，是指『言內之意』；引申之意，即『詩義』，是指『言外之意』。『詩義』雖立足於文本分析的『詩意』之上，但卻在闡釋者『以詩為教』

〔註19〕《論刪去〈九經正義〉中讖緯劄子》，《歐陽修全集・奏議集》卷十六《翰苑》，第 887 頁。按：「臣愚以謂欲使士子學古勵行而不本六經」，「以謂」，文淵閣《四庫全書》本《文忠集》卷一百十二《奏議十六・翰苑》作「以為」；「《九經正義》」非唐太宗時所定，當時僅為《五經正義》，但至歐陽修時《九經正義》已具，未詳是否係筆誤。

〔註20〕葉國良著《宋人疑經改經考》，臺北：臺灣大學出版委員會，1980 年 6 月版，第 154～155 頁。

的引申、衍繹中，或遠離、或偏離甚至背離『詩意』。」〔註21〕具體而言，「詩義」包括《詩本義》中的「大義」、「本義」、「序意」、「詩義」，相當於「主旨」（或「中心思想」）；「詩意」往往與「文理」、「上下文」、「文本」等相聯，是指閱讀《詩經》文本最初的文本意義〔註22〕。當然，在《詩本義》以及《詩經》學發展中，「意」、「義」的關係和區分是否如此涇渭分明，還可研究，但是從該角度來考察是頗有啓發的，也有助於判斷古人把握和詮釋經典多重特徵的原因，如《詩本義》等作品對經學性與文學性的融合與偏離等問題，「歐陽修所謂之『義』，並非向來說《毛詩》者所謂之『聖賢教化』之意，乃是專指『作詩者之義』而言；或者，更確切言之，即文學創作時應有之『文義』」〔註23〕。

陳冬根將「詩本義」作為一種文學理論，貫穿到歐陽修整個經學、詩學以及文學藝術領域，他認為，「詩本義」第一次提出，應是《論九經正義中刪去讖緯箚子》，「為了提出系統的詩本義理論，強調其理論的重要性，歐陽修專門撰寫了一部『詩經學』著作——《詩本義》對詩本義理論進行全面的闡述和論證」〔註24〕，《論九經正義中刪去讖緯箚子》（詳見前文所引），約撰於嘉祐元年（1056 年）〔註25〕，但是否為最早地注意到「詩本義」問題，還可以進一步研究。該文嘗試建構一個「詩本義」的理論系統，涉及的內容比較豐富，然而尚有值得深思的地方，如關於經學與文學的關係等。該文指出的「詩本義」理論的三個不完善性（「主要表現就是方法的不自由」），即「漢語

〔註21〕胡曉軍《「詩意」與「詩義」：歐陽修「詩本義」的現代闡釋》，《四川大學學報（哲學社會科學版）》2007 年第 2 期，第 140 頁。

〔註22〕胡曉軍《「詩意」與「詩義」：歐陽修「詩本義」的現代闡釋》，《四川大學學報（哲學社會科學版）》2007 年第 2 期，第 141 頁。

〔註23〕江乾益著《詩經之經義與文學述論》第二章《詩經雅俗之辨》，臺北：文史哲出版社，2004 年 2 月初版，第 17 頁。

〔註24〕陳冬根《歐陽修「詩本義」的詩學闡釋》，《中州學刊》2007 年第 2 期，第 197 頁。

〔註25〕嚴傑著《歐陽修年譜》，第 204 頁。該文或被繫於至和二年（1055 年）（劉德清著《歐陽修紀年錄》，第 274 頁），但《歐陽修全集》次於嘉祐年間，嘉祐二年（1057 年）以疑經惑傳為題，撰《南省試進士策問三首》、《問進士策四首》（《歐陽修全集・居士集》卷四十八《策問》，第 328～331 頁）。嚴氏繫年或可從。嘉祐二年（1057 年）歐陽修撰《孫明復先生墓誌銘》評價孫復《春秋》學即有「得於經之本義為多」之譽，歐陽修經學「本義」觀念已完全確立，當無疑義。

文字意義一直處於演化之中，並且一詞多義情況相當普遍，導致據文求意時難免失眞」、「《詩經》無論是內容、思想還是情感、形式都很複雜，並不是全部都屬於詩人『本情』之作，尤其是『頌』部分，更多屬於集體創作或者多次創作」、「還原的烏托邦」〔註26〕等還可作進一步研討。《詩經》中除過七篇僅有詩人名稱的作品（是否詩歌作者還有爭論），在孔子之前已經成型的《詩經》三百一十一首，不是一時一人的作品，經過多時代的眾多人物（包括作者、樂師）加工的集體創作（詳可參見張西堂《詩經六論》等），「還原」不僅是還原作者之意，而是「聖人之志」、「詩人之意」，但是這種還原的確更是一種意義的生成與建構的過程，即其實質不是復古，而是創新。

「本義」的解經形式，在歐陽修之前，似乎很少見〔註27〕。歐陽修之後，《宋史・藝文志》收有「吳氏《詩本義補遺》二卷（注：名亡）」（《宋史》卷二百二《藝文志》），未詳吳氏《詩本義補遺》是否爲補遺歐陽修《詩本義》而作，但以「本義」探求經學典籍、闡發己說的風氣興盛起來〔註28〕。最著名的如朱熹的《周易本義》，元明清研究《周易本義》的著作也甚豐富。此後，解詩探求本義的著作也時有湧現〔註29〕等。

歐陽修在《詩本義》中辨駁《毛傳》、《鄭箋》、《詩序》的做法，實際還是出於尊經的需要，所以回歸《詩》本文，彰顯《詩》本義，便是經學發展與壯大的新途徑和新出路。如他所說，「孟子豈好非六經者，黜其雜亂之說，所以尊經（原注：一有也字。）」〔註30〕。

〔註26〕陳冬根《歐陽修「詩本義」的詩學闡釋》，《中州學刊》2007年第2期，第200頁。

〔註27〕《舊唐書・經籍志》、《新唐書・藝文志》載有薛仁貴撰《周易新注本義》十四卷，但未詳具體內容，爲「本義」解經初見。

〔註28〕《宋史・藝文志》載歐陽修撰《詩本義》十六卷、吳氏撰《詩本義補遺》二卷、朱熹撰《周易本義》十二卷；《元史・藝文志》載程端學撰《春秋本義》三十卷、劉莊孫撰《春秋本義》二十卷、雷思齊撰《老子本義》，並有《滑壽難經本義》二卷；《明史・藝文志》載胡纘宗撰《春秋本義》十二卷、呂維祺撰《孝經本義》二卷、趙撝謙撰《六書本義》十二卷、茅溱編《韻譜本義》十六卷；《清史稿・藝文志》載蔡德晉撰《禮經本義》十七卷、雷學淇撰《夏小正本義》四卷、王步青撰《四書本義彙參》四十五卷、魏荔彤撰《金匱要略方論本義》二十二卷、董德寧撰《陰符經本義》一卷、梅沖撰《莊子本義》二卷。

〔註29〕如清齊翀撰《杜詩本義》二卷（《販書偶記》），東晉陶淵明撰、清馬璞注釋《陶詩本義》四卷（《販書偶記續編》）等。

〔註30〕《易或問三首》，《歐陽修全集・居士集》卷十八《經旨》，第130頁。

　　歐陽修探求《詩經》「本義」的主張與研究對鄭樵、朱熹的影響尤為深刻。關於朱熹的《詩經》學研究，學術界已有豐碩成果，而且長期以來也是宋代《詩經》學研究中的重點內容，關於朱熹《詩集傳》與歐陽修《詩本義》的關係，裴普賢等先生也有精審的研究。至於鄭樵，人們關注朱熹與鄭樵的關係，但因為鄭樵作品除《通志》外，留存較少，賴周孚《非詩辨妄》保留《詩辨妄》四十餘則，成為後人輯佚的重要基礎，但是，歐陽修對鄭樵的影響，已經得到顧頡剛等學者考察的佐證，顧氏認為鄭樵「辨《毛詩》，當然是受歐陽修《詩本義》、蘇轍《詩傳》的影響」〔註31〕。鄭樵的《詩經》學在繼承的基礎上有創新，繼承方面歐陽修的《詩經》學研究是很重要的資源，鄭樵認為「學〔者〕所以不識《詩》者，以大小《序》與毛、鄭為之蔽障也；不識《春秋》者，以《三傳》為之蔽障也」〔註32〕，較成伯璵、歐陽修、蘇轍更進一步，但遙承啖、趙以來的傳統則自不需贅論。雖然，鄭樵也曾說「《詩》者正所以維持君臣之道，其功用深矣」〔註33〕，但他強調「《詩》主在樂章，而不在文義；《春秋》主在法制，亦不在褒貶」〔註34〕，是《詩經》「樂歌」說的代表人物。與歐陽修、程朱等人通經致用、文以載道的看法不同，鄭樵在自己的經學（注重鳥獸草木蟲魚與音韻六書、典章制度等）和史學基礎上，提出了自己的「實學」概念，這並非「為己之學」，他認為傳統的「義理之學尚攻擊，辭章之學務雕搜」、「辭章雖富，如朝霞晚照，徒焜耀人耳目；義理雖深，如空谷尋聲，靡所底止。二者殊途而同歸，是皆從事於語言之末，而非實學也」（《通志》卷七十二《圖譜略‧原學》），試圖在傳統的義理之學與辭章之學之外另闢新徑，為明清實學的發展奠定了基礎，這或許是他在繼承之後創新的重要貢獻吧。

　　在經學的理念上，鄭樵受歐陽修的影響也很顯然，如他強調情理與簡易的原則，「凡書所言者，人情事理，可即己意而求」〔註35〕，「著書者，貴乎

〔註31〕　《古史辨》第一冊上編《論鄭樵與北宋諸儒關係書》。

〔註32〕　《夾漈遺稿》卷二《寄方禮部書》，見吳懷祺著《鄭樵研究》之《鄭樵文集》，廈門：廈門大學出版社，2010年11月版，第162頁。

〔註33〕　《夾漈遺稿》卷二《論秦以詩廢而亡》，見《鄭樵研究》之《鄭樵文集》，第158頁。

〔註34〕　《夾漈遺稿》卷二《寄方禮部書》，見《鄭樵研究》之《鄭樵文集》，第162頁。

〔註35〕　《夾漈遺稿》卷二《寄方禮部書》，見《鄭樵研究》之《鄭樵文集》，第162頁。

意明而語約」(《通志》卷二十一《年譜序》)等。「歐陽修的『詩本義』理論是建立在他的『經文簡且直』的『簡易』經學認識觀上的」〔註36〕,雖然劉子健《歐陽修的治學與從政》已經注意到這個問題,並反思了其中內蘊的矛盾,但「詩本義」與歐陽修經學觀的關係依然是值得深入探討的內容。就宋代「詩本義」的探詢及歐陽修《詩本義》產生的過程來看,與古文復興運動及新儒學的產生具有密切的內在關係。

三、《詩》「本義」與人情及事理

古文復興運動的實質是儒學復興運動,宋代的古文復興運動實際是唐代韓柳古文復興即儒學復興運動的進一步展開。其中關於文道的關係,說法多種多樣,但要旨是文以載道、文以明道的觀念,「道」是文道關係的核心或中心,劉復生《北宋中期儒學復興運動》作過比較細緻的考察,「既以尊奉儒道爲其核心,儒家經典於是成爲北宋古文運動的最高典範,成爲道德文章取之不竭的泉源,又是是非得失的價值標準」,「不但要古其文,更要儒其理,這是北宋古文運動倡導者們的共同認識」〔註37〕。

曾建林注意到宋初儒學復興運動與義理解經思潮、古文復興運動的密切關係,認爲歐陽修「正是集這三者於一身的精神領袖」〔註38〕。而復興的內容和目的,「尊經只是爲了重新確立儒學的獨尊地位,疑『箋傳』是爲了尋找對儒學經典闡述的新方法,藉以樹立新的社會思想體系和價值體系,從而找回人們對儒學失去的信心,從更深層的意義上講是爲了找回以儒家爲代表的積極入世的信心」〔註39〕,簡要而言,就是儒家人文精神的重新弘揚和勃發。曾建林認爲「歐陽修的經學適應了宋初儒學復興運動的需要,他的經學思想特點有三:以簡易方法解讀經典;以史實、『人情』證經;圍繞人事,以人事爲中心闡發經典」〔註40〕。這三個方面概括比較準確,其實質也都緊扣著儒

〔註36〕 曾建林《歐陽修經學思想研究》,浙江大學博士學位論文,2007 年,第 57 頁。
〔註37〕 劉復生著《北宋中期儒學復興運動》,臺北:文津出版社,1991 年 7 月版,第 75〜76 頁。
〔註38〕 曾建林《宋初經學的轉型與歐陽修經學的特點》,《浙江大學學報》(人文社會科學版)2002 年第 2 期,第 157 頁。
〔註39〕 曾建林《宋初經學的轉型與歐陽修經學的特點》,《浙江大學學報》(人文社會科學版)2002 年第 2 期,第 157 頁。
〔註40〕 曾建林《宋初經學的轉型與歐陽修經學的特點》,《浙江大學學報》(人文社會科學版)2002 年第 2 期,第 158 頁;曾建林《歐陽修經學思想研究》,浙江大

家人文精神。借歐陽修自己的說法，就是「大中之道」，即「聖人治其可知者，置其不可知者」〔註41〕，繼承了儒家「天道遠，人道邇」（《左傳・昭公十八年》）、重人道輕天道的思想和傳統。

　　重人道的典型體現就是在現實中重人情事理〔註42〕，在典籍闡釋中重古今人情事理的融通。歐陽修在夷陵期間的著述已具有這樣的基本特徵。景祐四年（1037年），歐陽修在《泰誓論》一文中重點論證了「《泰誓》者，武王之事也。十有一年者，武王即位之十有一年爾」〔註43〕，對歷來關於該篇繫於文王而引起的理解疑難作了澄清和考察，其論證過程三次從是否合乎人情角度立論，足證以「人情」論經，在歐陽修那裡，不僅集中體現在《詩本義》中，還體現在其他經解中，是一種自覺的有意識的成系統的解經方法（詳見第三章《〈詩本義〉的兩大解經方法及影響》）。

　　《泰誓論》的這段論述比較典型，詳錄於下：

　　　　《書》稱商始咎周以乘黎。乘黎者，西伯也，西伯以征伐諸侯爲職事，其伐黎而勝也。商人已疑其難制而惡（原注：一作患。）之。使西伯赫然見其不臣之狀，與商並立而稱王，如此十年，商人反晏然不以爲怪，其父師老臣，如祖伊微子之徒，亦默然相與熟視而無一言，此豈近於人情邪？由是言之，謂西伯受命稱王十年者，妄說也。以紂之雄猜暴虐，嘗醢九侯而脯鄂侯矣，西伯聞之竊歎，

學博士學位論文，2007年，第126頁。

〔註41〕《怪竹辨》，《歐陽修全集・居士集》卷十八《經旨》，第137頁。該作撰於康定元年（1040年）。

〔註42〕歐陽修撰寫《詩本義》的過程中，他論時事「重人情」，與其經義解釋是相通的。如嘉祐四年（1059年），他上書仁宗皇帝，結合百姓生存的困境乞請罷除上元節放燈的舉動，認爲：「上元放燈，不出典禮，蓋因前世習俗所傳。陛下（原注：二字一作皆以。）俯徇眾心，欲同民樂，勉出臨幸，非爲嬉遊。若乃時歲豐和（原注：一作時豐歲和。），人物康富，以爲樂事，亦是人情。今自立春以來，陰寒雨雪，小民失業，坊市寂寥，寒凍之人，死損不少，薪炭食物，其價增倍，民憂凍餓，何暇遨遊？」（《乞罷上元放燈劄子》，《歐陽修全集・奏議集》卷十五《翰苑》，第878頁。）按：「上元放燈」，《歐陽修全集・奏議集》卷十五《翰苑》作「三元放燈」，茲據文淵閣《四庫全書》本《文忠集》卷一百十一《奏議十五・翰苑》及上下文改；另，「寒凍之人」，文淵閣《四庫全書》本《文忠集》卷一百十一《奏議十五・翰苑》作「寒凍之久」，似皆可。根據是否符合「人情」判斷舉動的得失，並反映了民間疾苦，用心良深。

〔註43〕《泰誓論》，《歐陽修全集・居士集》卷十八《經旨》，第136頁。

遂執而囚之，幾不免死，至其叛己不臣而自王，乃反優容而不問者
十年，此豈近於人情邪？由是言之，謂西伯受命稱王十年者，妄説
也。孔子曰：「三分天下有其二，以服事商。」使西伯不稱臣而稱王，
安能服事於商乎？且謂西伯稱王者，起於何説？而孔子之言，萬世
之信也。由是言之，謂西伯受命稱王十年者，妄説也。伯夷、叔齊，
古之知義之士也，方其讓國而去，顧天下皆莫可歸，聞西伯之賢，
共往歸之。當是時，紂雖無道，天子也；天子在上，諸侯不稱臣而
稱王，是僭叛之國也。然二子不以爲非，依之久而不去，至武王伐
紂，始以爲非而棄去。彼二子者，始顧天下莫可歸，卒依僭叛之國
而不去，不非其父而非其子，此豈近於人情邪？由是言之，謂西伯
受命稱王十年者，妄説也。〔註44〕

　　歐陽修認爲古今人情有相通之處，凡是不合乎後世人情事理的，那麼在
經典解讀上就需要反思，這種簡約的重估傳統經學成果的方法，有一個理論
基礎就是「古今人情一也」，《詩本義》不僅有集中大量的論述，在歐陽修的
其他詩文中也不少見，如他説「仕宦而至將相，富貴而歸故鄉，此人情之所
榮，而今昔之所同也」〔註45〕等，雖大多還帶有經驗的成分，但也具有一定
的説服力，並有助於縮短古今人事情理的差距，在把握經典意義（特別是時
代價值）方面無疑具有重要的作用和啓迪。

　　歐陽修重視「人情」，在關於國家管理（如禮儀制度）等方面也有反映。
慶曆三年（1043年），他力申「刑在禁惡，法本原情」〔註46〕，嘉祐八年（1063
年）九月，他在回覆當時還是皇子的神宗皇帝的書信中談到自己對官員管理
與禮儀制度的看法，認爲「命官有秩，正上下之等威；制禮緣情，以親疏而
隆殺」〔註47〕，「法本原情」、「制禮緣情」的「情」，根據所涉上下文與內容
來看，當指人情事理。「歐陽修的『人情』指人之情性、情理，也就是人之常
理」〔註48〕，這是很重要的，因爲目前關於《詩本義》及歐陽修經學的研究，

〔註44〕　《泰誓論》，《歐陽修全集・居士集》卷十八《經旨》，第135頁。
〔註45〕　《相州晝錦堂記》，《歐陽修全集・居士集》卷四十《記》，第281頁。此作撰
　　　　　於治平二年（1065年）。
〔註46〕　《論大理寺斷冤獄不當箚子》，《歐陽修全集・奏議集》卷十《諫院》，第842
　　　　　頁。
〔註47〕　《回皇子辭使相封淮陽郡王書》，《歐陽修全集・表奏書啓四六集》卷七《書》，
　　　　　第759頁。
〔註48〕　曾建林《宋初經學的轉型與歐陽修經學的特點》，《浙江大學學報》（人文社會

往往容易將歐陽修重視的「情」僅僅局限於「情志」、「情感」的層面，從而使經典解說喪失了普遍性和穩定性，也不符合歐陽修將人情事理相提並論的特點〔註49〕。

嘉祐元年（1056年），歐陽修在《議學狀》中對儒者如何融通古今提出自己的看法，認爲「夫儒者所謂能通古今者，在知其意達其理而酌時之宜爾」〔註50〕，而歐陽修「通古今」的基礎正是溝通人情事理。可見，《詩本義》中的兩種方法（詳見第三章《〈詩本義〉的兩大解經方法及影響》）均是有淵源與基礎的。歐陽修在其易學著作《易童子問》中判斷經傳的一些問題，也堅持因文見義和以今論古的原則，溝通古今人情事理。通過這種考察，便於弄清經典解釋的方法與原則的一貫性及發展脈絡，而絕不是空穴來風或偶然舉動。

受歐陽修欽慕的邵雍，有一些關於古今辯證關係及以理溝通古今的精彩論述，可略與歐陽修以人情事理溝通古今關係作以比較，並見二者在學術旨趣上的異曲同工之處。「夫古今者在天地之間猶旦暮也。以今觀今則謂之今矣，以後觀今則今亦謂之古矣。以今觀古則謂之古矣，以古自觀則古亦謂之今矣。是知古亦未必爲古，今亦未必爲今，皆自我而觀之也，安知千古之前萬古之後其人不自我而觀之也？」（《皇極經世書・觀物篇五十五》）「噫！聖人者非世世而效聖焉，吾不得而目見之也。雖然吾不得而目見之，察其心，觀其跡，探其體，潛其用，雖億千萬年，亦可以理知之也。」（《皇極經世書・觀物篇五十二》）「察其心，觀其跡，探其體，潛其用」，在邵雍那裡，自有具體的所指，他將《六經》（主要是《易》、《書》、《詩》、《春秋》）的內容區分爲「心」與「跡」、「用」與「體」，「皇帝王伯者，《易》之體也。虞夏商周者，《書》之體也。文武周召者，《詩》之體也。秦晉齊楚者，《春秋》之體也。意言象數者，《易》之用也。仁義禮智者，《書》之用也。性情形體者，《詩》之用也。聖賢才術者，《春秋》之用也。用也者，心也。體也者，跡也。心跡

科學版）2002年第2期，第158頁；曾建林《歐陽修經學思想研究》，浙江大學博士學位論文，2007年，第127頁。

〔註49〕當然，歐陽修重情，在其詞作中也有集中的表現，但鑒於古代詩文詞各有不同分工，歐陽修承接《花間詞》遺風而「疏雋開子瞻，深婉開少游」（〔清〕馮煦《蒿庵論詞》），展示了歐陽修豐富的情感世界和生活體驗，一生中也有多次變化。這裡不作過多涉及。詳可參閱吳政翰《歐陽修的詞學主張與創作分期淺探》，《修平人文社會學報》第8期，2007年3月，第59～82頁。

〔註50〕《議（原注：一有新字。）學狀》，《歐陽修全集・奏議集》卷十六《翰苑》，第889頁。

之間有權存焉者，聖人之事也。」（《皇極經世書・觀物篇五十四》）就《詩經》
來說，文武周召只是《詩》的載體和形式，而性情形體才是《詩》的關鍵和
根本，當然，邵雍的體用跡心都不是相對獨立的，而是相依相存、不斷變化
的，而「《易》、《書》、《詩》、《春秋》」也是相輔相成的一個系統，「夫意也者，
盡物之性也；言也者，盡物之情也；象也者，盡物之形也；數也者，盡物之
體也。仁也者，盡人之聖也；禮也者，盡人之賢也；義也者，盡人之才也；
智也者，盡人之術也。」（《皇極經世書・觀物篇五十四》）這種論述較歐陽修
等「《六經》一道」的看法要更加細膩精緻，但整體上也是對《六經》相通或
一道觀念的進一步延伸和發展，即使僅就將《詩經》的情性作為重要內容強
調來看，與歐陽修等有近似之處，可作為補充。

歐陽修從情、欲、禮三者的辯證關係出發，肯定儒家禮義文明的積極作
用，即禮義是順應人情的自然流露和表現，「凡養生送死之道，皆因其欲而為
之制。飾之物采而文焉，所以悅之，使其易趣也；順其情性而節焉，所以防
之，使其不過也。然猶懼其未也，又為立學以講明之」〔註 51〕。

歐陽修關於情禮的看法，不僅反映了社會現實的客觀需要，而且也是思
想學術史（具體來說是唐中期以來解經新風）的必然發展。唐代中期經濟與
社會急劇變動，捨傳求經的解經新風悄然形成，在啖助、陸淳等提倡「堯舜
之道」，反抗禮法的基礎上，韓愈《原道》將「堯舜之道」與「周公之禮」
融合起來，便不僅僅出於一種對儒家道統的認同，而且是對庶族與士族、淳
樸無為與禮法清檢的現實與理想矛盾解決的嘗試〔註 52〕，影響波及北宋慶曆
時期。歐陽修正是遙承啖助、陸淳、韓愈、李翱等人的思想，使情（以及性）
與禮的關係探討更加深入，只有在唐宋之際思想學術史變遷的過程中，才能
更加凸現這個理論問題的價值和意義，也愈益能彰顯歐陽修的學術貢獻和影
響。其實，即使一些迂闊、匪夷所思的復古作品（如石介的《原亂》、《復古
制》等）也多襲故彌新、「以復古為解放」〔註 53〕，具有現實主義的基本精
神。

〔註 51〕《本論上》，《歐陽修全集・居士集》卷十七《論》，第 122 頁。此作撰於慶曆
二年（1042 年）。

〔註 52〕可參見朱剛著《唐宋四大家的道論與文學》，北京：東方出版社，1997 年 10
月版。

〔註 53〕梁啟超撰《清代學術概論》，上海：上海古籍出版社，1998 年 1 月版，第 7
頁。

　　僅就歐陽修的《詩本義》而言，他提出「古今人情一也」，在具體詩解中以「情」論「禮」，評判毛《傳》、鄭《箋》、《小序》的得失，獨獲良多，其合乎歷史與邏輯的衍變脈絡也需在這種學術思想發展的鏈環和爭鳴中加以把握。

　　《詩經》「本義」形成的意義啟示我們，「本義」以動態的形式不斷生成，「本義」並不是固定僵化的，但是這樣變動不居、生生不已的「本義」還能不能稱得上「本義」呢？〔註54〕因此，「本義」的探尋最終還只是思想文化重構與創新的過程，經典的研究是返本開新，而不僅僅是作歷史的考古與回溯，這是彰顯經典闡釋文化生成魅力的關鍵。

第二節　歐陽修「道」論思想與《詩經》研究

　　歐陽修因文所見的本義到底是什麼呢？聯繫歐陽修獨特的道論思想，可以見到衡量於古今人情事理，察之於文理脈絡，所得的「本義」實際只是文道相生相應的「道」而已。而這個「道」意義上的「本義」的具體面目則並非如「本義」探尋途徑般簡易，卻與儒釋道三者緊密聯繫，在「理學」思想的形成發展中也有其一席之地。

一、歐陽修「道」論思想的形成、發展與《詩經》研究

　　歐陽修經學研究有一個發展的過程，大略在登第之前與登第之後有所不同，引起人們的譽譏也恰恰相反，自然也是經學新氣象的必然反映。景祐四年（1037 年），歐陽修在書信中曾回憶自己治學經歷的變化：「僕少孤貧，貪祿仕以養親，不暇就師窮經，以學聖人之遺業，而涉獵書史，姑隨世俗作所謂時文者，皆穿蠹經傳，移此儷彼，以爲浮薄，惟恐不悅於時人，非有卓然

〔註54〕臺灣著名《詩經》學學者王禮卿先生將《詩經》的意義分爲三種，即「本義」、「引申義」、「推衍義」，並據此對三家《詩》與毛《詩》詩解進行會通裁決，啟人良深。其中，關於「本義」的界定是「本義者：詩人初造此篇，所爲作之義也。其義具於四家詩序，而三家序多已亡軼，唯見於論說」（王禮卿著《四家詩旨會歸》，上海：華東師範大學出版社，2009 年 8 月版，第 91 頁）。王氏「本義」雖然與歐陽修「詩本義」不完全一致，但因革之處也很明顯，歐陽主張通過上下文、人情事理考求「詩本義」，而三家《詩》解也是其關注的重要內容，具體可詳見第五章《〈詩本義〉與三家〈詩〉的關係》，在這種意義上，王氏踵武歐陽，並不斷發揚光大，自然也是顯而易見的。

自立之言如古人者，然有司過採，屢以先多士。及得第已來，自以前所爲不足以稱有司之舉而當長者之知，始大改其爲，庶幾有立，然言出而罪至，學成而身辱。爲彼則獲譽，爲此則受禍，此明效也。」〔註55〕「大改其爲，庶幾有立」，表面是改變暫時爲應考而流連時文的作風，實際上更含有學術思想的變革，是發生在洛陽遊宦與貶謫夷陵整個歷程中的事情，側面也說明了前文所強調的夷陵經歷對歐陽修經學研究的重要意義，這是歐陽修經學研究中的重要轉折，他自己本人也有自覺的認識。

明道二年（1033），歐陽修二十七歲，但對學術已有基本明確的看法。他在《與張秀才（棐）》書中主張文以明道，平易爲文。《與張秀才第二書》比較集中地論述了「道」的特點、古今關係、衡量的標準以及如何踐履等問題，「君子之於學也務爲道，爲道必求知古，知古明道而後履之以身，施之於事，而又見於文章而發之，以信後世。其道，周公、孔子、孟軻之徒常履而行之者是也；其文章，則《六經》所載至今而取信者是也。其道易知而可法，其言易明而可行。及誕者言之，乃以混蒙虛無爲道，洪荒廣略爲古，其道難法，其言難行。孔子之言道，曰：『道不遠人。』言中庸者，曰：『率性之謂道。』又曰：『可離非道也。』《春秋》之爲書也，以成隱讓而不正之，傳者曰：『《春秋》信道不信邪？』謂隱未能蹈道。齊侯遷衛，書『城楚丘』，與其仁，不與其專封，傳者曰：『仁不勝道。』凡此所謂道者，乃聖人之道也。此履之於身，施之於事而可得者也。豈如誕者之言者邪？」〔註56〕「孔子之後，惟孟軻最知道。然其言不過於教人樹桑麻、畜雞豚，以謂養生送死爲王道之本。夫二典之文，豈不爲文？孟軻之言道，豈不爲道？而其事乃世人之甚易知而近者，蓋切於事實而已。今學者不深本之，乃樂誕者之言，思混沌於古初，以無形爲至道者，無有高下遠近，使賢者能之，愚者可勉而至，無過不及而一本乎大中，故能互萬世可行而不變也。今以謂不足爲而務高遠之爲勝，以廣誕者無用之說，是非學者之所盡心也，宜少下其高而近其遠以及乎中，則庶乎至矣。」〔註57〕清儲欣《六一居士全集錄》卷五稱《與張秀才第二書》爲「高虛者之藥石」，沈德潛《唐宋八大家文讀本》卷一十一，認爲該信「論道切近，

〔註55〕 《與荊南樂秀才書》，《歐陽修全集·居士集》卷四十七《書》，第 321 頁。

〔註56〕 《與張秀才第二書》，《歐陽修全集·居士外集》卷十六《書》，第 481 頁。

〔註57〕 《與張秀才第二書》，《歐陽修全集·居士外集》卷十六《書》，第 482 頁。按：「以謂養生送死爲王道之本」之「謂」、「學者不深本之」之「深」、「今以謂不足」之「謂」，文淵閣《四庫全書》本分別作「爲」、「探」、「爲」。

足以針砭鶩高遠而入虛無者」。嚴傑《歐陽修年譜》加按語：「永叔論文重道，道與事相關，非如理學家之侈談心性。主張『言易明而可行』，所作文章流暢自然，奠定宋文基本特色。」〔註 58〕

景祐二年（1035 年），歐陽修在《答孫正之（原注：侔）第一書》中說：「學者不謀道久矣，然道固不苟廢，而聖人之書如日月，卓乎其可求，苟不為刑禍祿利動其心者，則勉之皆可至也。」〔註 59〕歐陽修將「道」作為士人的理想，《六經》也是謀「道」的途徑，只要不為名利禍福所驅遣，人都可以企及「道」。這個「道」不是玄遠的，也不是悖離人生實際的，所以也不可能違背人情事理。

景祐三年（1036 年），歐陽修《與樂秀才第一書》，強調「然聞古人之於學也，講之深而信之篤，其充於中者足而後發乎外者大以光，譬夫金玉之有英華，非由磨飾染濯之所為，而由其質性堅實而光輝之發自然也」〔註 60〕、「古人之學者，非一家，其為道雖同，言語文章未嘗相似。孔子之繫《易》，周公之作《書》，奚斯之作《頌》，其辭皆不同，而各自以為經。子游子夏子張與顏回同一師，其為人皆不同，各由其性而就於道耳。今之學者或不然，不務深講，而篤信之徒巧其詞以為華，張其言以為大。夫強為則用力艱，用力艱則有限，有限則易竭。又其為辭，不規模於前人，則必屈曲變態，以隨時俗之所好，鮮克自立。此其充於中者不足而莫自知其所守也。」〔註 61〕該書信有「官僅得一縣令，又為有罪之人」、「夷陵水土之氣，比頻作疾，又苦多事」〔註 62〕字樣，當是貶謫夷陵時期的作品無疑。在《與樂秀才第一書》中，歐陽修已經比較清楚地表達了重道的觀念，而經的差異也不過是文的形式不同罷了，繼承韓愈「文以載道」的思想也很明顯。

景祐四年（1037 年），歐陽修《答祖擇之書》，論述文道關係及有關「師經」的觀點：「古之學者必嚴其師，師嚴然後道尊，道尊然後篤敬，篤敬然後能自守，能自守然後果於用，果於用然後不畏而不遷……夫世無師矣，學者

〔註 58〕嚴傑著《歐陽修年譜》，南京：南京出版社，1993 年 11 月版，第 49 頁。
〔註 59〕《答孫正之（原注：侔）第一書》，《歐陽修全集‧居士外集》卷十八《書》，第 496 頁。
〔註 60〕《與樂秀才第一書》，《歐陽修全集‧居士外集》卷十九《書》，第 506 頁。
〔註 61〕《與樂秀才第一書》，《歐陽修全集‧居士外集》卷十九《書》，第 506～507 頁。
〔註 62〕《與樂秀才第一書》，《歐陽修全集‧居士外集》卷十九《書》，第 506 頁。

當師經。師經必先求其意，意得則心定，心定則道純，道純則充於中者實，中充實則發爲文者輝光，施於事者果毅。三代兩漢之學，不過此也。」〔註63〕這種「師經」以把握「道」的思想，朱熹也有，「借經以通乎理耳，理得，則無俟乎經。」（《朱子語類》卷十一）朱子注經目的是把握「理」。某種意義上，朱子的經學成果是其理學思想賴以寄寓與生發的基礎。這些成果，也是「師道」、「師經」的表現。當「道」本身難以獨立呈現時，通過「道」的載體「經」來把握「道」無疑便是一種快捷而確切的途徑。因此，「師經」是「師道」的進一步延伸，通過經典解釋與還原來理解、體認和踐行「道」。歐陽修解經（《詩經》、《周易》、《春秋》等）也是「師經」以「師道」的過程。

景祐年間，歐陽修的「道」論思想已初步形成，並在經典與道的關係方面有進一步探索。

康定元年（1040年），「夫學者未始不爲道而至者鮮，爲非道之於人遠也，學者有所溺焉爾。蓋文之爲言，難工而可喜，易悅而自足，世之學者往往溺之，一有工焉，則曰吾學足矣，甚者至棄百事，不關於心，曰吾文士也，職於文而已，此其所以至之鮮也。昔孔子老而歸魯，《六經》之作數年之頃爾，然讀《易》者如無《春秋》，讀《書》者如無《詩》（原注：一作讀《春秋》者如無《詩》《書》。），何其用功少而至（原注：此字一作自然。）於至也。聖人之文，雖不可及，然大抵道勝者（原注：一有於字。），文不難而自至也」〔註64〕，本段體現了歐陽修重「道」〔註65〕以及《六經》互映的思想，與歐陽修「《六經》一道」的觀念一致。

歐陽修雖是文章大家，但是他並不以文章作爲最終的歸宿，而是更加重視人的才行，如慶曆三年（1043年）所撰箚子中就認爲「才行者人臣之本，文章者乃其外飾耳」〔註66〕，這也是慶曆新風的一個重要表現。

這種「道勝者，（原注：一有於字。）文不難而自至」、「才行者人臣之本，

〔註63〕《答祖擇之書》，《歐陽修全集·居士外集》卷十八《書》，第499頁。按：「施於事者果毅」，原作「施於世者果致」，據文淵閣《四庫全書》本《文忠集》卷六十八改。另，該書本無繫年，嚴傑《歐陽修年譜》根據《龍學文集》卷十二附書及注，繫於景祐四年（嚴傑著《歐陽修年譜》，第77頁）。

〔註64〕《答吳充秀才書》，《歐陽修全集·居士集》卷四十七《書》，第321～322頁。

〔註65〕歐陽修的好友劉敞也有近似的看法：「道者，文之本也。循本以求末易，循末以求本難。」（〔宋〕劉敞著，黃曙輝點校《公是先生弟子記》卷一，上海：華東師範大學出版社，2010年5月版，第3頁）

〔註66〕《論李淑姦邪箚子》，《歐陽修全集·奏議集》卷四《諫院》，第803頁。

文章者乃其外飾耳」的重「道」思想在歐陽修論《詩》的詩文書信中也比較多見。

慶曆二年（1042年），歐陽修《送黎生下第還蜀》云「《黍離》不復雅，孔子修《春秋》」，「聖言簡且直，慎勿迂其求。經通道自明，下筆如戈矛」〔註67〕。「《黍離》不復雅，孔子修《春秋》」，是說「王者之跡熄而《詩》亡，《詩》亡然後《春秋》作」（《孟子·離婁下》），涉及「變風」「變雅」及其在思想學術方面的影響問題。「聖言簡且直，慎勿迂其求。經通道自明」則簡要地概括了歐陽修對經典（特別是《六經》）簡直特點、載道本質及解讀方法的體會，與《詩本義》中的論述一致。該年太原王陶「舉進士甲科，調岳州軍事判官」〔註68〕，歐陽修撰《送王陶序》，云：「《六經》皆載聖人之道，而《易》著（原注：著一作尤明。）聖人之用。吉凶得失動靜進退，《易》之事也。其所以為之用者，剛與柔也。乾健坤順，剛柔之大用也。」〔註69〕。

歐陽修曾向多次主動登門求教的僧人解說關於《詩經》的看法，「《詩》三百五篇，作者非一人。羈臣與棄妾，桑濮乃淫奔。其言苟可取，龐雜不全純」〔註70〕，這首詩約作於慶曆七年（1047年），歐陽修關於「桑濮乃淫奔」的觀點已經形成。「桑濮」即《桑間》、《濮上》。《呂氏春秋·季夏紀》：「鄭衛之聲，桑間之音，此亂國之所好，衰德之所說。」它認為「鄭衛之聲，桑間之音」是敗壞國家、道德腐朽者所喜好的對象。上博簡《弟子問》有句「□風也，亂節而哀聲」，整理者張光裕先生引用《禮記·樂記》「桑間、濮上之音，亡國之音也，其政散，其民流，誣上行私而不可止也」，認為「『亂節而哀聲』云者，蓋亦指此乎？」〔註71〕《樂記·樂本》：「鄭衛之音，亂世之音也，比於慢矣；桑間濮上之音，亡國之音也，其政散，其民流，誣上行私而不可止也。」主張鄭衛之音、桑間濮上之音都是一種音樂形式，以後《通典》等就繼承了這種說法（《通典》卷一百四十一《樂一》）。如果仔細體會，鄭衛是地域名，桑間濮上應也是地域名，互文對稱，是指某地域的民歌樂調。後來，桑間濮上便轉而成為

〔註67〕《送黎生下第還蜀》，《歐陽修全集·居士集》卷二《古詩》，第8頁。

〔註68〕范鎮《王尚書陶墓誌銘》，《琬琰集刪存》卷二。

〔註69〕《送王陶序》（原注：一作剛說送王先輩之岳陽。），《歐陽修全集·居士集》卷四十二《序》，第293頁。

〔註70〕《酬學詩僧惟晤》，《歐陽修全集·居士集》卷四《古詩》，第26頁。

〔註71〕馬承源主編《上博館藏戰國楚竹書》（五），上海：上海古籍出版社，2005年12月版，第269頁。

樂曲或詩歌的名稱了。南朝梁蕭統《文選·序》「《關雎》、《麟趾》，正始之道著；《桑間》、《濮上》，亡國之音表。故風雅之道，粲然可觀」，意思是《關雎》、《麟趾》反映了端正初始的道理，而《桑間》、《濮上》則是亡國之音的流露，這些都折射出可觀的「風雅之道」。這裡，《桑間》、《濮上》已成爲「淫詩」的代稱。當然，《桑間》、《濮上》或許是古代的樂曲，所謂「放鄭聲」、「鄭聲淫」（《論語·衛靈公》），而非僅僅關涉詩歌的內容。但疑《桑間》即《鄘風》中的《桑中》，是一首男女約會的情歌，正是「淫詩說」的寫照。這種觀點與《詩本義》中的相關論述也可相互輔佐。另外，對《詩經》「其言苟可取，龐雜不全純」的觀點，與後來朱熹關於《六經》（包括《詩經》）的評價如出一轍，這是值得反思的，或許朱熹在這一點上也受到了歐陽修的影響，可備一說。

　　歐陽修在經學方面，對經典傳統解釋所帶來的分歧與混亂，深感擔憂，皇祐元年（1049 年），他曾經結合《春秋》學的狀況談到對經學的整體看法，認爲「一從聖人沒，學者自爲師。崢嶸眾家說，平地生嶮巇。相訟益迂怪，各鬥出新奇」〔註 72〕，針對經典被蒙蔽甚至歪曲的現實，他感慨「常患無氣力，掃除浮雲披。還其自然光，萬物皆見之」〔註 73〕，這實際就是一種推陳的過程，也是除蔽的過程，只有這樣，新的經義與解經方法才能誕生。我們在《詩本義》中看到的正是「掃除浮雲披」的努力。他肯定解經的新途徑是一種簡易的途徑，而不是章句之學的崎嶇紛擾，「正途趨（原注：一作常。）簡易，慎勿事嶇崎」〔註 74〕，「讀書趨簡要，害說去雜冗」〔註 75〕。

　　嘉祐四年（1059 年），歐陽修在和詩中說「古今參雅鄭，善惡雜皋共」〔註 76〕，提及以古今方法來閱讀《詩經》詩歌（雅鄭），以善惡混合的觀點來觀照人性賢否（皋共）〔註 77〕。「古今參雅鄭」，形象地揭示了閱讀《詩經》莊正與通俗作品的方法論原則，即溝通古今，這與《詩本義》所提出的「古今人情一也」、論《詩》時重視以今論古的思想是相通的。

〔註 72〕「相訟益迂怪」，「訟」原本從「氵」，於義不通，似應爲「訟」。
〔註 73〕《獲麟贈姚闢先輩》，《歐陽修全集·居士集》卷四《古詩》，第 27 頁。
〔註 74〕《獲麟贈姚闢先輩》，《歐陽修全集·居士集》卷四《古詩》，第 27 頁。
〔註 75〕《送焦千子秀才》，《歐陽修全集·居士集》卷四《古詩》，第 30 頁。該詩亦爲皇祐元年（1049 年）作品。
〔註 76〕《喜定號和禹玉內翰（原注：用其韻，一作和禹玉喜定號。）》，《歐陽修全集·居士集》卷十二《律詩》，第 91 頁。
〔註 77〕按：此句有些人理解爲「有古有今，有大雅，有鄭風，有善有惡，有皋陶，有共工」，似未愜當，且沒有揭示出其中內蘊的思想學術特色和內涵。

　　實際上，歐陽修的這種思想在明道元年（1032 年）就已逐漸形成。《明因大師塔記》〔註78〕撰於景祐元年（1034 年）。明因大師，俗名衛道詮，并州（今山西）文水縣人，卒於「明道癸酉之正月，壽五十有三年」，即明道二年（1033年），據塔記記載歐陽修「始道詮未死時，予過其廬，問其年歲幾何，曰：『五十有二矣。』」〔註79〕則歐陽修造訪明因大師在明道元年（1032 年），交談中探討了關於《詩經》《唐風》的問題，這是保存歐陽修較早關注和研究《詩經》的珍貴資料，當時歐陽修二十六歲。歐陽修「因與語曰：『《詩》《唐風》言晉本唐之俗，其民被堯之德化，且詩多以儉刺，然其勤生以儉嗇，樸厚而純固，最得古之遺風，今能言其土風乎？其民俗何若？信若詩之所謂乎？《詩》去今餘千歲矣，猶若《詩》之時乎？其亦隨世而遷變也。』曰：『樹麻而衣，陶瓦而食，築土而室，甘辛苦，薄滋味，歲耕日積，有餘，則窖而藏之，率千百年不輒發。其勤且儉，誠有古之遺風，至今而不變也。』」〔註80〕明因大師俗家山西，歐陽修就趁機打聽當地是否還保留有《唐風》中所描寫的相傳於堯的勤儉美德，明因給予了肯定的答覆。這段材料顯示了兩點：一是歐陽修對毛《傳》鄭《箋》認為《唐風》多以儉刺產生了懷疑；二是歐陽修此時已經意識到解《詩》中不可避免的古今問題，並試圖通過當時的風俗狀況溝通把握《詩經》時代的情形，由明因大師的回應，可以推斷這種以今論古是有可能的。這兩個方面對探討歐陽修的《詩經》研究都很重要，對後世的影響也很深遠。特別是後者，在《詩經》闡釋中尤為關鍵，在《詩本義》中則得到了比較充分的闡發和運用。

　　歐陽修在評價漢代《詩經》學學術成果以及自己在《詩經》闡釋中，都很注重情理標準。在《出車》詩解中說：「論曰：詩文雖簡易，然能曲盡人事。而古今人情一也，求詩義者以人情求之，則不遠矣。然學者常至於迂遠，遂失其本義。」（《詩本義》卷六《出車》）這反映了歐陽修自覺的解《詩》思想，包含著對詩文功能的認識（曲盡人事）、解釋的歷史性和可能性（古今人情一也）的體認、解釋的途徑與目標（以人情求之與合乎人情，得本義）、解讀的風格（簡近，不迂遠）等方面。聯繫他例，比較系統和一致。以「人情」會通古今與以「性理」會通古今，雖是兩種不同的解釋旨趣和途徑，但其基礎是相近的，即認為古今有相通的方面，《詩經》典籍是一座橋梁，沿著這些相

〔註78〕　《歐陽修全集・居士外集》卷十三《記》，第 452～453 頁。
〔註79〕　《明因大師塔記》，《歐陽修全集・居士外集》卷十三《記》，第 452 頁。
〔註80〕　《明因大師塔記》，《歐陽修全集・居士外集》卷十三《記》，第 452 頁。

同的方面即可獲得本義，或詩意（作者之意），或性理。這也是歐陽修作爲宋代《詩經》學開創者的重要貢獻。孟子闡釋思想有「說詩者，不以文害辭，不以辭害志。以意逆志，是爲得之」，朱熹解爲「言說詩之法，不可以一字而害一句之義，不可以一句而害設辭之志，當以己意迎取作者之志，乃可得之」（《孟子集注》卷九《萬章章句上》）〔註81〕。由此也可以發現，以人情會通古今、以性理會通古今，解決的都是讀者的「意」與作者的「志」之間的矛盾及如何溝通二者的問題。

　　歐陽修懷疑《周禮》，主要出於以下兩個原因：一是官制建構複雜完備，甚至繁瑣周密，與周代井田制及人們的生產與生活實際不符；一是秦後各代統治者基本沿襲秦制，《周禮》「體大而難行」〔註82〕，但他也肯定《周禮》「祭祀衣服車旗似有可採者，豈所謂鬱鬱之文乎？」〔註83〕

　　從康定到嘉祐年間，歐陽修「道」論思想不斷發展，相對景祐時期，他明確提出「六經皆載聖人之道」的說法，並結合具體的經學典籍深入討論了把握經典「道」的原則與方法。這個過程與歐陽修的《詩經》研究與《詩本義》的寫作是相伴的。

　　歐陽修爲洛僧鑒聿撰著《韻總》作序，指出「聖人之道，直以簡，然至其曲而暢之，以通天下之理，以究陰陽天地人鬼事物之變化，君臣父子吉凶生死，凡人（原注：一作禍福。）之大倫，則《六經》不能盡其說，而七十子與孟軻荀楊之徒，各極其辯而莫能殫焉」〔註84〕，似乎隱含著《六經》載道但不能盡道的思想，這對當時及此前的「道論」無疑是一種補充和推進。歐陽修所撰《韻總序》，未著寫作時間，也難覓蹤跡。但根據其思想判斷，似乎是對前述「道」論思想的調整和補充，姑繫於此。而「六經」載道的觀念，

〔註81〕這段材料也能反映朱熹的闡釋思想。「以己意迎」，最後通向「以己意解」，進而認己意爲作者之志，「淫詩」說的看法就很難避免了。
〔註82〕《問進士第三首》，《歐陽修全集‧居士集》卷四十八《策問》，第326頁。嚴傑、劉德清繫於「慶曆二年」（1042年）擔任「別頭試」考官時（嚴傑著《歐陽修年譜》，第101頁；劉德清著《歐陽修紀年錄》，第126頁）。按：《問進士第三首》）原並無繫年，中第者有呂公著、王安石等人。王安石服膺《周禮》，後親著《周官新義》（「《周禮新義》筆跡，猶斜風細雨，誠介甫親書。」（〔宋〕蔡條撰，《鐵圍山叢談》，馮惠民、沈錫麟點校本，北京：中華書局，1983年版，第58頁）），何不聞歐陽《周禮》「體大而難行」之語。或許此三策不當繫於此年，略記疑問，以俟他日。
〔註83〕《問進士第三首》，《歐陽修全集‧居士集》卷四十八《策問》，第326頁。
〔註84〕《韻總序》，《歐陽修全集‧居士集》卷四十二《序》，第289～290頁。

在北宋中期已經成爲儒家學者（包括理學家）的共識，儘管「道」的所指與基本類型還存在著差異〔註85〕，但對《六經》不能盡道之精微還沒有足夠的意識，直到南宋朱熹等人才做了更加充分的論述，從而推動了《四書》的形成與《四書》學的發展。

二、歐陽修論「道」內涵與佛老關係

日本學者土田健次郎在所著《道學之形成》一書第一章《北宋的思想運動》第二節《歐陽修——中央的動向》，探討歐陽修關於「理」、「人情」、「自然與簡易」等問題，並揭示從歐陽修到王安石思想學術變遷的內在規律。土田健次郎沒有停留在一般描述的層面，而是著力發掘歐陽修注重人情與事理考察的思想依據與價值理想，這是很有啟發的。他說：「從前的歐陽修研究，大多陷於條條框框的羅列，如合理性、現實性、近代性，具體來說就是實事求是的精神、對人情的肯定、對簡易的尊重等等，但不用說，問題在於那底下的思想基礎是什麼，它在思想史上的意義又如何。」〔註86〕這種研究的局限，在當前的《詩本義》研究中也有反映。因此，從思想學術史角度，比較系統全面深入地把握歐陽修經學學術思想及其演變脈絡是有必要的，也是迫切的。土田健次郎嘗試將「理」、「人情」、「自然與簡易」納入到一個思想體系中去考察，而不是孤立地分析，這種設想和方法值得肯定。

歐陽修主張「六經簡要」，經典的關鍵是「不盡言之煩而盡其要，言不盡意之委曲而盡其理」，對「書不盡言」「言不盡意」的看法不甚苟同。「妙論精言，不以多爲貴，而人非聰明不能達其義。余嘗聽人讀佛書，其數十萬言謂可數談（原注：一作言。）而盡，而溺其說者以爲欲曉愚下人，故如此爾。然則《六經》簡要，愚下（原注：一有人字。）獨不得曉耶？」「書不盡言，言不盡意，然自古聖賢之意，萬古得以推而求之者，豈非言之傳歟？聖人之意所以存者，得非書乎？然則（原注：一無此字。）書不盡言之煩而盡其要，言不盡意之委曲而盡其理，謂書不盡言、言不盡意者，非深明之論也。予謂

〔註85〕詳可參見林素芬著《北宋中期儒學道論類型研究》，臺北：里仁書局，2008年12月版。該著將北宋中期的道論分爲四大類型，即「法天爲政的行道論」（范仲淹）、「知古求理的爲道論」（歐陽修）、「觀物循理的盡道論」（邵雍）、「道德業俱全的一道論」（王安石）。

〔註86〕〔日〕土田健次郎著，朱剛譯《道學之形成》，上海：上海古籍出版社，2010年4月版，第44頁。

《繫辭》非聖人之作，初若可駭，余爲此論迨今二十五年矣，稍稍以余言爲然也。《六經》之傳，天地之久，其爲二十五年者，將無窮而不可以數計也。予之言久當見信於人矣，何必汲汲較是非於一世哉？」〔註87〕歐陽修的《〈六經〉簡要說》與《〈繫辭〉說》〔註88〕，原本未繫年，疑作於天聖七年（1029年）到天聖八年（1030年），當時歐陽修已與僧人釋秘演、釋惟儼等交往。歐陽修的這些看法與道家、佛教的思想或多或少有些聯繫。《六經》簡要的看法似直接受到禪師解經的啓發；《六經》「盡其要」「盡其理」也是對老莊「言不盡意」理論的反思。

歐陽修排抑佛道思想很強烈，但其中不無微妙之處，如韓愈和後來的程朱理學家那樣，他交往的名道高僧也甚多，對佛學經典略有涉獵，並撰《本論》抑佛，但正如陸九淵等人評「亦只說得皮膚」〔註89〕，遠沒有後來張載、程朱那樣泛濫釋老、入室操戈的。毋庸置疑，整體上，這也是三教融合在經學等思想學術領域中的體現。

歐陽修與道家道教有一定關係。相傳他曾寄詩許昌齡道士《戲石唐山隱者》，云「石唐仙室紫雲深，穎陽眞人此算心。眞人已去升寥廓，歲歲岩華自開落。我昔曾爲洛陽客，偶向岩前坐磐石。四字丹書萬仞崖，神清之洞鎖樓臺。雲深路絕無人到，鸞鶴今應待我來」〔註90〕。這首詩可能寫於熙寧年間，當是晚年之作。「我昔曾爲洛陽客，偶向岩前坐磐石」，可見歐陽修與道士往來，與道家道教接觸，當在天聖九年（1031年）、明道元年（1032年）間就已開始，當時他也就二十五六歲。這首詩被一些詩話、筆記認定爲歐陽修臨終前魂歸道山的作品，並有演繹，如《西清詩話》、《避暑錄話》卷上、《青瑣高議》前集卷八等〔註91〕。《戲石唐山隱者》中的「石唐山隱者」即許昌齡道士，熙寧元年（1068年），歐陽修《贈許道人》，所指同一人，詩有「至人無心不算心，無心自得無窮壽。忽來顧我何殷勤，笑我白髮老紅塵。

〔註87〕《〈六經〉簡要說》，《歐陽修全集·試筆》，第 1052 頁。

〔註88〕元祐四年（1089 年）九月十九日蘇軾以按語評價：「皆文忠公沖口而得，信手而成，初不加意者也，其文采字畫皆有自然絕人之姿，信天下之奇跡也。」（《歐陽修全集·試筆》，第 1052 頁）

〔註89〕陸九淵對歐陽修的評價就多有保留，據他的學生記載，「先生云：『歐公《本論》固好，然亦只說得皮膚。』」（〔宋〕陸九淵著，鍾哲點校《陸九淵集》卷三十四《語錄上》，北京：中華書局，1980 年版，第 408 頁）

〔註90〕《戲石唐山隱者》，《歐陽修全集·居士集》卷九《古詩》，第 65 頁。

〔註91〕參見嚴傑著《歐陽修年譜》，第 39 頁。

子歸爲築巖前室，待我明年乞得身」〔註92〕，領悟也要迥異於常人所理解的
道教長生久視之道，顯係老莊思想。《贈許道人》同時也顯示了歐陽修歸隱
思想在熙寧元年（1068 年）已很強烈，並非是次年王安石干政所致（可參見
前一章）。其他又如治平四年（1067 年）《贈隱者》〔註93〕，熙寧元年（1068
年）《送龍茶與許道人》〔註94〕、《又寄許道人》〔註95〕，《贈潘道士》〔註96〕
等。

　　歐陽修曾對道家的一些思想闡發自己的理解和體會，如「前後之相隨，
長短之相形，推而廣之，萬物之理皆然也，不必更言其餘。然老子爲書，比
其餘諸子已爲簡要也。其於窮見人情，尤爲精爾，非莊周愼到之倫可擬。其
言雖若虛無，而於治人之術至矣」〔註97〕，「道無常名，所以尊於萬物；君有
常道，所以尊於四海。然則無常以應物爲功，有常以執道爲本，達有無之至
理，適用捨之深機，詰之難以言窮，推之不以跡見」〔註98〕，在某種意義上，
歐陽修也將道家思想吸收改造到自己合乎簡要與人情事理的學說中了，並對
「萬物之理」、「有無之至理」有所探討，甚至反以「常無常有」的理論來論
證儒家的綱常名教，這種理路都是開理學先聲的。

　　歐陽修結交了不少對儒家典籍有研究的僧人，僅詩文反映的就有曇穎
〔註99〕、慧勤〔註100〕、惟晤〔註101〕、智蟾上人〔註102〕、秘演〔註103〕、

〔註92〕《贈許道人》，《歐陽修全集·居士集》卷九《古詩》，第 64 頁。
〔註93〕《贈隱者》，《歐陽修全集·居士集》卷十四《律詩》，第 104 頁。
〔註94〕《送龍茶與許道人》，《歐陽修全集·居士集》卷九《古詩》，第 64 頁。
〔註95〕《又寄許道人》，《歐陽修全集·居士集》卷十四《律詩》，第 105 頁。
〔註96〕《贈潘道士》，《歐陽修全集·居士外集》卷七《律詩》，第 403 頁。
〔註97〕《老氏說》，《歐陽修全集·筆說》，第 1043 頁。
〔註98〕《道無常名說》，《歐陽修全集·筆說》，第 1045 頁。
〔註99〕《送曇穎歸廬山》，《歐陽修全集·居士集》卷一《古詩》，第 8 頁。慶曆元年
　　　　（1041 年）。
〔註100〕《送慧勤歸餘杭》，《歐陽修全集·居士集》卷二《古詩》，第 10 頁，慶曆三
　　　　年（1043 年）；《山中之樂（並序）》，《歐陽修全集·居士集》卷十五《雜文》，
　　　　第 113～114 頁。
〔註101〕《酬學詩僧惟晤》，《歐陽修全集·居士集》卷四《古詩》，第 26 頁。
〔註102〕《智蟾上人遊南嶽》，《歐陽修全集·居士集》卷十《律詩》，第 67 頁，天聖
　　　　九年（1031 年）；《送蟾上人遊天台》，《歐陽修全集·居士外集》卷三《古詩》，
　　　　第 361～362 頁。
〔註103〕《釋秘演詩集序》，《歐陽修全集·居士集》卷四十一《序》，第 284～285 頁。
　　　　慶曆二年（1042 年）。

惟儼〔註104〕、鑒聿〔註105〕、知白〔註106〕、淨慧〔註107〕、居訥〔註108〕、淨照〔註109〕、明因〔註110〕等。還撰寫有寺記等，如《河南府重修淨垢院記》〔註111〕、《明因大師塔記》〔註112〕等，具有一定的佛學知識。與他交往最著名的佛僧當是明教契嵩〔註113〕。在北宋佛學界，對心法古今問題向有探討。臨濟宗善昭強調「續佛心燈」、「傳祖師之心」，認爲「雖是一心拈提有異。今古共同，隨機利現，冥應諸緣，運通一切」〔註114〕，具體的心法古今雖不同，但心卻「今古共同」，心法自然可傳授。

歐陽修經學思想，特別是《詩經》學思想中，有「古今人情一也」的論斷，這是歐陽修經學新風的重要理論基礎之一，也是解經新方法的重要體現。但是，關於這個思想的來源，一直鮮有人關注，似乎這是不需討論的問題。實際上，古今之爭，在中國思想學術史上也是有淵源的，將古今溝通、以今衡古則是值得深思的問題。《禮記‧禮運》中有「何謂人情？喜、怒、哀、懼、愛、惡、欲，七者弗學而能」，其中人情還僅是人天生的七種自然的心理感受和機能。戰國中晚期的文獻和出土竹簡中，發端於「性」的「情」逐漸便帶有「情實」、「情理」、「理」的內涵（參見郭店楚簡《性自命出》，上博簡《性情論》與《孔子詩論》等）。歐陽修「求詩本義」的方法受《孟子》「以意逆志」思想的影響，「說詩者，不以文害辭，不以辭害志，以意逆志，是爲得之」

〔註104〕《釋惟儼文集序》，《歐陽修全集‧居士集》卷四十一《序》，第285～286頁。慶曆元年（1041年）。

〔註105〕《韻總序》，《歐陽修全集‧居士集》卷四十二《序》，第289～290頁。

〔註106〕《送琴僧知白》、《歐陽修全集‧居士外集》卷三《古詩》，第361頁。寶元二年（1039年）。

〔註107〕《題淨慧大師禪齋》，《歐陽修全集‧居士外集》卷六《律詩》，第389頁。

〔註108〕《贈廬山僧居訥》，《歐陽修全集‧居士外集》卷六《律詩》，第394頁。

〔註109〕《酬淨照大師說》，《歐陽修全集‧居士外集》卷七《律詩》，第397頁。

〔註110〕《明因大師塔記》，《歐陽修全集‧居士外集》卷十三《記》，第452～453頁。景祐元年（1034年）。

〔註111〕《河南府重修淨垢院記》，《歐陽修全集‧居士外集》卷十三《記》，第451頁。

〔註112〕《明因大師塔記》，《歐陽修全集‧居士外集》卷十三《記》，第452～453頁。景祐元年（1034年）。

〔註113〕〔元〕念常《佛祖歷代通載》卷十九，文淵閣《四庫全書》第1054冊，第630頁。

〔註114〕〔宋〕楚圓等集《汾陽無德禪師語錄》卷上，《大正藏》卷四十七，第606頁。

（《孟子・萬章上》），東漢趙岐作《孟子章句》，爲該句作注：「人情不遠，以己之意，逆詩人之志，是爲得其實矣。」〔註115〕歐陽修對《孟子》很熟悉，在《詩本義》也有引用，對趙岐的看法應該不陌生，「人情不遠」正是「古今人情一也」的一個重要源頭。但是，是否僅此一種淵源呢？畢竟這還不是明確的古今問題，儘管已經有了端倪。筆者認爲，歐陽修簡明的「古今人情一也」的論斷可能也受到佛學理論的啓發。當然，這個問題還需要進一步研究。

北宋時期，在南方一些地方，佞佛風氣已經很熾炎了，「越俗僭宮室，傾貲事雕牆。佛屋尤其侈，眈眈擬侯王」〔註116〕。歐陽修《送慧勤歸餘杭》中提到的僧人慧勤「乃云慕仁義，奔走不自遑。始知仁義力，可以治膏肓」〔註117〕，顯然也是援儒入佛的。在《酬淨照大師說》中說：「佛說我不學，勞師忽款關。吾方仁義急，君且水雲閒。意淡宜松鶴，詩清叩佩環。林泉苟有趣，何必市鄽間。」〔註118〕歐陽修思想品格畢竟還是儒家的，他所感受和理解的佛學志趣，從詩文來看與道家道教似乎相去並不遠。這也是自覺不自覺地融合三教的表徵，只是還遠沒有達到精細精微的程度。

慶曆二年（1042 年），歐陽修《本論》（上）認爲「禮義者，勝佛之本也」〔註119〕，古代學者大多將其與唐代韓愈的《原道》齊論，如清唐介軒《古文翼》卷七主張《原道》與《本論》「辟邪崇正，前後一轍」。實際上，不獨如此，在宋代就已經有學者甚至認爲，歐陽修在某些方面超越了韓愈的認識，但是總體上，二人都沒有深入到佛學內部加以批判，如陳善《捫虱新話》：「退之《原道》闢佛、老，欲『人其人，火其書，廬其居』，於是儒者咸宗其語。及歐陽公作《本論》，謂莫若修其本以勝之，又何必『人其人，火其書，廬其居』也。此論一出，而《原道》之語幾廢。」（《捫虱新話》下集卷四）羅大經《鶴林玉露》：「歐陽公云：『道家乃貪生之論，佛家乃畏死之論。』此蓋未嘗深考二家之要旨也。……韓文公、歐陽公皆不曾深看佛老，故但能攻其皮毛。」（《鶴林玉露》乙編卷四）《本論》撰著，歐陽修時年三十六歲。歐陽修排佛，直至晚年也沒有更易這種基本的思想傾向，至於家人誦佛而不加勸阻

〔註115〕〔清〕焦循撰、沈文倬點校《孟子正義》，北京：中華書局，1987 年 10 月版，第 638 頁。
〔註116〕《送慧勤歸余杭》，《歐陽修全集・居士集》卷二《古詩》，第 10 頁。
〔註117〕《送慧勤歸余杭》，《歐陽修全集・居士集》卷二《古詩》，第 10 頁。
〔註118〕《酬淨照大師說》，《歐陽修全集・居士外集》卷七《律詩》，第 397 頁。
〔註119〕《本論上》，《歐陽修全集・居士集》卷十七《論》，第 123 頁。

則是另一回事。

　　針對北宋中期一些學者奢談「性」的問題，歐陽修認為「性」並不是孔子和《六經》中探討的核心問題，而關鍵是如何做到修身與處世的內在統一，體現了儒學積極入世的精神風貌。大約康定元年（1040 年）前後，李詡以所著《性詮》三篇請益，歐陽修曾兩次回覆。他在《答李詡第二書》詳細地論述了這個問題，並對自己關於「性」的看法作了簡明的解說，其中滲透的古今同一的人情事理的觀念，尤值得關注。特錄如下：

> 修患世之學者多言性，故常為說曰：夫性，非學者之所急而聖人之所罕言也。《易》六十四卦，不言性，其言者動靜得失吉凶之常理也。《春秋》二百四十二年，不言性，其言者善惡是非之實錄也。《詩》三百五篇，不言性，其言者政教興衰之美刺也。《書》五十九篇，不言性，其言者堯舜三代之治亂也。《禮》、《樂》之書雖不完，而雜出於諸儒之記，然其大要治國修身之法也。《六經》之所載，皆人事之切於世者，是以言之甚詳。至於性也，百不一二言之：或因言而及焉，非為性而言也，故雖言而不究。予之所謂不言者，非謂絕而無言，蓋其言者鮮而又不主於性而言也。《論語》所載七十二子之問於孔子者，問孝問忠問仁義問禮樂問修身問為政問朋友問鬼神者有矣，未嘗有問性者，孔子之告其弟子者凡數千言，其及於性者一言而已，予故曰非學者之所急而聖人之罕言也。《書》曰「習與性成」，《語》曰「性相近，習相遠」者，戒人慎所習而言也。《中庸》曰「天命之謂性，率性之謂道」者，明性無常，必有以率之也。《樂記》亦曰「感物而動，性之欲」者，明物之感人，無不至也。然終不言性果善果惡，但戒人慎所習與所感，而勤其所以率之者爾。予故曰因言以及之而不究也。修少好學，知學之難。凡所謂《六經》之所載，七十二子之所問者，學之終身，有不能達者矣；於其所達，行之終身，有不能至者矣。以予之汲汲於此而不暇乎其他，因以知七十二子亦以是汲汲而不暇也，又以知聖人所以教人垂世，亦皇皇而不暇也。今之學者，於古聖賢所皇皇汲汲者學之行之，或未至其一二，而好為性說以窮聖賢之所罕言而不究者，執後儒之偏說，事無用之空言（原注：一作文。），此予之所不暇也。或有（原注：一作者。）問曰：性果不足學乎？予曰：性者，與身俱生而人之所皆有也，為君子者修身治人而已。性之善惡，

不必究也，使性果善邪，身不可以不修，人不可以不治；使性果惡邪，身不可以不修，人不可以不治。不修其身，雖君子而爲小人，《書》曰「惟聖罔念作狂」是也；能修其身，雖小人而爲君子，《書》曰「惟狂克念作聖」是也。治道備，人斯爲善矣，《書》曰「黎民於變時雍」是也；治道失，人斯爲惡矣，《書》曰「殷頑民」，又曰「舊染污俗」是也，故爲君子者，以修身治人爲急而不窮性以爲言。夫七十二子之不問，《六經》之不主言，或雖言而不究，豈略之哉？蓋有意也。或又問曰：然則三子言性，過歟？曰：不過也。其不同，何也？曰：始異而終同也。使孟子曰「人性善」矣，遂怠而不教，則是過也；使荀子曰「人性惡」矣，遂棄而不教，則是過也；使楊子曰「人性混」矣，遂肆而不教，則是過也。然三子者，或身奔走諸侯以行其道，或著書累千萬言以告於後世，未嘗不區區以仁義禮樂爲急，蓋其意以謂善者一日不教，則失而入於惡；惡者勤而教之，則可使至於善；混者驅而率之，則可使去惡而就善也。其說與《書》之「習與性成」、《語》之「性近習遠」、《中庸》之「有以率之」、《樂記》之「愼物所感」皆合，夫三子者推其言則殊，察其用心則一，故予以爲推（原注：一無此字。）其言不過始異而終同也。凡論三子者，以予言而一之，而呶呶（讙讟）者可以息矣。〔註120〕

歐陽修對「性」的認識，受到後來理學家的詬病，北宋王得臣《麈史》卷二（文淵閣《四庫全書》本）記載「永叔卒貽後世之誚者，其在此書矣」，是有道理的。有學者比較了韓愈、李翱、歐陽修「性」論的差異，認爲「唐代韓愈倡『性三品』說，李翱倡『復性』說，實開宋代理學先聲。永叔所論平易質實，而理論上未能有所建樹，故影響不大」〔註121〕。

歐陽修在《贈學者》一詩中闡述了自己關於人性與五常關係的看法，其中某些看法與周敦頤、邵雍比較接近，如果注意到歐陽修與宋初三先生（特別是石介）交往甚密，又曾經派自己的兒子專門看望過邵雍，這首詩歌的思想便不難理解。宋代儒學與理學的鴻溝是否竟如後人研究的那樣截然水火不容，也是值得進一步探討的問題。《贈學者》的寫作時間極有可能在慶曆六年（1046 年）至皇祐元年（1049 年）之間。特別是詩歌結尾，作者提醒：「爾

〔註120〕《答李翊第二書》，《歐陽修全集·居士集》卷四十七《書》，第 319～320 頁。
〔註121〕嚴傑著《歐陽修年譜》，南京：南京出版社，1993 年 11 月版，第 92 頁。

曹宜勉勉，無以吾言輕。」因此，在反映歐陽修學術思想方面，這首詩歌應該是比較重要的，不能忽略。全詩是：「人稟天地氣，乃物中最靈。性雖有五常，不學無由明。輪曲揉而就，木直在中繩。堅金礪所利，玉琢器乃成。仁義不遠躬，勤勤入至誠。學既積於心，猶木之敷榮。根本既堅好，蓊鬱其幹莖。爾曹宜勉勉，無以吾言輕。」〔註122〕周敦頤《太極圖說》「唯人也得其秀而最靈。形既生矣，神發知矣，五性感動，而善惡分，萬事出矣」「君子修之吉，小人悖之凶」，《易通》也主張君子要「乾乾不息於誠」，即「必懲忿窒欲，遷善改過而後至」。邵雍《皇極經世書・觀物篇》對性也有一番類似的論述，如「人之所以能靈於萬物者，謂其目能收萬物之色，耳能收萬物之聲，鼻能收萬物之氣，口能收萬物之味。聲色氣味者，萬物之體也。目耳鼻口者，萬人之用也。體無定用，惟變是用；用無定體，惟化是體。體用交而人物之道於是乎備矣」（《皇極經世書・觀物篇五十二》）等。周、邵論述自然較歐陽修細密深邃的多，但理論旨趣卻也有近似之處，未必有天壤之隔。

　　《公是先生弟子記》卷四記載了歐陽修與劉敞多次問答。二人有關於「性」問題的討論，的確可以看到歐陽修對「性」問題不甚關注，但是《公是先生弟子記》中的記載卻顯示了歐陽修不關注這個問題的深層原因。「永叔曰：『以人性為善，道不可廢；以人性為惡，道不可廢；以人性為善惡混，道不可廢；以人性為上者善、下者惡、中者善惡混，道不可廢。然則學者雖毋言性，可也。』劉子曰：『仁義，性也；禮樂，情也。以人性為仁義，猶以人情為禮樂也。非人情無所作禮樂，非人性無所明仁義。性者仁義之本，情者禮樂之本也。聖人唯欲道之達於天下，是以貴本。今本在性而勿言，是欲導其流而塞其源，食其實而伐其根也。夫不以道之不明為言，而以言之不及為說，此不可以明道而惑於言道，不可以無言而迷於有言者也。』」〔註123〕相較而言，劉敞所見就較歐陽修深刻一些，理學的旨趣更加濃鬱。

　　雖然歐陽修關於「性」的論述後多被理學家等詬病，但通過這個問題亦可觀照歐陽修以儒學為根基應對釋老的初始努力，它是三教融合的典型表現之一。

〔註122〕《贈學者》，《歐陽修全集・居士外集》卷三《古詩》，第367頁。按：「堅金礪所利」之「利」，文淵閣《四庫全書》本《文忠集》卷五十三作「屬」。
〔註123〕〔宋〕劉敞著，黃曙輝點校《公是先生弟子記》卷四，上海：華東師範大學出版社，2010年5月版，第65頁。

三、歐陽修「道」論與理學（或「本義」探求與理學的關係）

歐陽修經學研究開創了宋代「義理解《詩》」的先河。

關於「義理化」解《詩》的爭端，實際上取決於對「義理」內涵和解經風格與方法的綜合把握，而不能僅僅拘泥於「義理」的字面理解。如果僅從「義理」角度考察，兩漢時期已經有人認爲漢代的學術也是注重義理的，那麼，是否也要將「義理化」解《詩》追溯到漢代呢？雖然宋代經學「擺落漢唐，獨研義理」（《四庫全書總目·經部總敘》），但章句訓詁之學與義理之學只是各有側重而已，而並非天壤懸隔，義理之學的「義理」內涵轉變則是考察這一問題的關鍵，從這種意義上說，宋明時期的《詩經》學大略稱爲「義理之學」或者《詩經》宋學也是未嘗不可的。

漢、宋《詩經》學皆是「義理」之學，但旨趣和方法各有千秋，前者側重外在的禮儀規範，後者注重內在的心性修養；前者突出章句訓詁，後者強調涵泳體會；前者以禮和史解《詩》，後者以理和《四書》解《詩》；前者周密繁瑣，後者平易簡約；前者家法森嚴，後者兼收並蓄。漢、宋《詩經》學的演變體現了《詩經》學由外向內、由繁向約的文本復歸傾向，同時在理學及《四書》學的促進下逐步走向注重心性的精微義理闡說。在這種注重「因文見義」或「以詩解詩」、溝通古今人情事理的基礎上，涉及到不少《詩經》學的基本問題，如樂歌和徒歌、孔子是否刪《詩》、淫詩的認定、對漢唐學術的再認識和再評價、詩歌的性質和作者、笙詩的聲和辭以及對詩歌意味的涵泳等，《詩經》文本的不少文學因素和面紗已被有意無意地揭開；同時《詩經》學的文化性和學術性得到增強，成爲把握宋代理學和《詩經》學研究的共同途徑，這也是進一步推進《詩經》學和理學研究的薄弱環節和重要方面〔註124〕。

因此，宋代《詩經》學的特徵也許可以簡略概括爲：「經學屬性的本質、義理之學的內核、簡直明易的風格、注重心性的傾向。」〔註125〕

蕭華榮《試論漢、宋〈詩經〉學的根本分歧》從時代精神衝突和價值取向角度分析漢宋《詩經》學的差異，認爲其中的根本分歧是「以道制勢」與「以道制欲」的不同，也是其他《詩經》學問題歧異的原因，這些問題包括「無邪」與「有邪」、「比興」與「興於詩」、「艱險」與「平易」等〔註126〕。「以

〔註124〕拙著《宋代〈詩經〉學與理學》，第 58 頁。
〔註125〕拙著《宋代〈詩經〉學與理學》，第 61 頁。
〔註126〕受蕭華榮《試論漢、宋〈詩經〉學的根本分歧》一文的啓迪和影響，邵炳軍

道制勢」指用儒家之道（禮）制約君主的行爲，以防止權勢濫用；「以道制欲」針對眾生特別是士子，試圖從根本上改造人心，爲人們指出一條「成聖成賢」途徑。因而，漢宋《詩經》學就分別具有向外、向上和向內、向下的屬性和特點〔註127〕。該文並沒有將漢宋《詩經》學割裂開來，強調了二者的統一性和連續性，認爲「經學與理學是儒家思想發展的兩個階段，漢代《詩經》學與宋代《詩經》學是儒家《詩經》學發展的兩個階段。『儒學』便是二者的統一點。它們對現世人生都抱有極大的熱忱與關注，致力於現世人生的改善與提升，這是任何出世、遁世的思想體系所不可同日而語的。」〔註128〕「具有宋代特色的《詩經》學，與理學的發生發展同步。理學的先驅人物韓愈，也正是疑《序》的嚆矢。」〔註129〕「對於宋儒而言，與其說因爲他們對漢人穿鑿史實的發現引出了《詩經》學的新路向，毋寧說是理學的理路思致引起他們對漢人以史明詩的重新審視。因爲他們注意的重心既然從修齊治平轉移到修心養性，從美刺上政轉移到反身而誠，從以道制勢轉移到以道制欲，從外王轉移到內聖，那麼就必須改變漢儒『逐外』的釋詩方法，破除其扭曲史實的迷障」〔註130〕。在漢宋《詩經》學轉型中解釋了解《詩》方法轉變的必然性及簡易的趨向。至於宋儒解《詩》爲什麼主張簡易、平易，該文以朱熹和楊簡爲例，強調禪學對宋代《詩經》學的影響，這是值得注意的。「理學是儒表佛裏的儒學。在宋代《詩經》學的種種新變中，皆可以看到禪宗的影子，對於『道』的規定也是如此。佛教禪宗宣傳『觸類見道』、『在在處處，皆是道場』、『搬柴運水，無非佛事』，理學也認爲『道』、『理』並不是玄妙高深的

《朱熹〈詩集傳〉所代表的南宋〈詩〉學革新精神的主要成因》將宋代《詩經》學革新精神的基本特徵概括爲：「《詩》學批評方法由『觀世』向『觀道』轉變，內容闡釋由『無邪』向『有邪』轉變，致用方向由『比興』向『興於詩』轉變，解讀方法由『艱險』向『平易』轉變。」（邵炳軍《朱熹〈詩集傳〉所代表的南宋〈詩〉學革新精神的主要成因》，《上海大學學報（社會科學版）》2008年第6期，第96頁）

〔註127〕蕭華榮《試論漢、宋〈詩經〉學的根本分歧》，《文學評論》1995年第1期，第5～14頁。

〔註128〕蕭華榮《試論漢、宋〈詩經〉學的根本分歧》，《文學評論》1995年第1期，第13頁。

〔註129〕蕭華榮《試論漢、宋〈詩經〉學的根本分歧》，《文學評論》1995年第1期，第7頁。

〔註130〕蕭華榮《試論漢、宋〈詩經〉學的根本分歧》，《文學評論》1995年第1期，第12頁。

東西，它就在日用平常之間。……故對於《詩經》中的『道』，也應以『平易』之心，在『平易』之事中體認尋求」〔註131〕，宋儒「意欲捨棄傳注，不借史料，無復依傍地『體會』、『玩味』之法中，也可以看到禪宗不立文字、教外別傳，內發自悟，不向外求之說的影子」〔註132〕。作者雖然沒有涉及到歐陽修，但是這種平易解《詩》實際應發自於歐陽修，而不是該文所提的張載，「北宋理學五子的張載率先向傳統的《詩經》解讀方法發難，提出『平易』的解讀方法」〔註133〕。

　　然而，歐陽修解《詩》是否受到禪宗的啓發和影響？因爲他雖然在《本論》中排佛，但他交往佛教人士甚多，家人多信佛，自己也不加勸阻，那麼，歐陽修平易解《詩》受禪宗的影響是可能的。雖然這並不意味著對「道」的體味和特徵把握僅緣於禪宗，儒家傳統的「道非遠人、遠人非道」（《中庸》）、「易則易知，簡則易從。易知則有親，易從則有功。有親則可久，有功則可大。可久則賢人之德，可大則賢人之業。易簡而天下之理得矣」（《周易·繫辭上》）、「百姓日用而不知」（《周易·繫辭上》）等道論更是一個重要的影響因素，但這的確爲理學家義理解《詩》、簡易把握經典開闢了道路。這個問題還可以進一步探討。當然，蕭華榮《試論漢、宋〈詩經〉學的根本分歧》採用了二元對立的方法，甚至將「知人論世」與「以意逆志」的側重也作爲漢宋《詩經》學的差異，這是我們不敢苟同的。而歐陽修本人恰具有濃鬱的兼具和過渡的特徵，並確立了宋代《詩經》學學術精神的基本面貌和發展方向。

　　當前歐陽修研究，特別是歐陽修與北宋理學思潮的關係，一直是學術界研究的薄弱環節。徐洪興、楊月清《試論歐陽修與北宋理學思潮的興起》認爲「歐陽修是北宋理學思潮的最重要的開創者之一」：歐陽修「不絕天於人，亦不以天參人」的天人觀打破了「天人感應」的理論框架，爲張載、二程等理學家的新的「天人合一」理論掃清道路，充滿了儒家的理性精神，是北宋理學「理本論」的直接理論先導；歐陽修以理性精神爲標準衡量儒家經典傳

〔註131〕蕭華榮《試論漢、宋〈詩經〉學的根本分歧》，《文學評論》1995年第1期，第12頁。
〔註132〕蕭華榮《試論漢、宋〈詩經〉學的根本分歧》，《文學評論》1995年第1期，第13頁。
〔註133〕蕭華榮《試論漢、宋〈詩經〉學的根本分歧》，《文學評論》1995年第1期，第11頁。

注，奠定了經學義理之學的基礎；歐陽修「修本勝之」的排擊佛道的思想，雖無法眞正戰勝佛道二教的影響，但卻爲稍後的理學家們加強儒家心性之學建設提示了方向〔註134〕。筆者也曾結合歐陽修的《詩經》學揭示其理學思想的萌芽〔註135〕。王國良、郭蕾《歐陽修與北宋儒學復興運動》從歐陽修主張文道合一角度倡揚孔孟之道，研讀經典而不惑傳注，「修本」主張推動儒家學說不斷理論化、思辨化、本體化，爲儒家（包括理學家）克服與戰勝佛教開闢了新的方向〔註136〕。歐陽修的排佛思想與影響，也有專門的學位論文予以集中探討，甚至提出「歐陽修提出的儒家區別於佛教的『修本說』，開啓了宋代理學的先河，成爲了中國哲學史上由佛學鼎盛到理學興起的關鍵性人物，對中國思想史的發展產生了極大的影響」〔註137〕。這都可見近多年人們對歐陽修與理學思想研究的關注和推進。

歐陽修《詩經》學不信讖緯，歷來多爲人稱道，這種觀念不僅在經學領域有所體現，而且也表現在史學領域，體現了歐陽修穩定而自覺的認識和處理辦法，「至爲災異之學者不然，莫不指事以爲應，及其難合，則旁引曲取而遷就其說」（《新唐書》卷三十六《五行志》），但是最終歐陽修在經學的道德研究與歷史的事實研究的矛盾中採取了折中的路線，「蓋世人不絕天於人，亦不以天參人。絕天於人，則天道廢；以天參人，則人事惑。故常存而不究」（《新五代史》卷五十九《司天考》）。「蓋古人於興亡之際，必推天以爲言者，尊天命也。」（《詩本義》卷十《文王》）這種理性主義和人文主義兼具的作風使歐陽修經學呈現出複雜生動的面貌。《維天之命》「論曰：《維天之命》者，謂天命文王爾，鄭以命爲道，謂天道動而不止、行而不已者，以詩下文考之，非詩人之本義也」（《詩本義》卷十二《維天之命》），歐陽修將「天命」解爲「天命於」或「天降命於」，更重要的是考慮到詩文意義完整通暢，並非自覺宣傳「天命」意識，雖然在思想意義上似較鄭玄的「天道」解釋後退了一步，但有助於理解上下詩文。這種「天命於」的解釋和理學家對「天命之謂性」的「命」解釋也相吻合（《中庸章句》）。

〔註134〕徐洪興、楊月清《試論歐陽修與北宋理學思潮的興起》，《復旦學報》（社會科學版）1997 年第 6 期，第 41～48 頁。

〔註135〕詳見拙著《宋代〈詩經〉學與理學》，第 192～196 頁。

〔註136〕王國良、郭蕾《歐陽修與北宋儒學復興運動》，《安徽大學學報》（哲學社會科學版）2007 年第 6 期，第 45～48 頁。

〔註137〕崔路明《歐陽修排佛思想研究》，山東大學碩士學位論文，2010 年，第 34 頁。

　　歐陽修注重理性的精神，反對讖緯神學的觀念，也被以後的理學家繼承了下來，當然少數學者（如楊簡等）例外。《生民》「論曰：妄儒不知所守而無所擇，惟所傳則信而從焉。而曲學之士好奇，得怪事則喜附而為說，前世以此為『六經』患者，非一也。后稷之生，說者不勝其怪矣，不可以遍攻，攻其一二之尤者，則眾說可從而息也」（《詩本義》卷十《生民》），「夫以不近人情、無稽臆出、異同紛亂之說，遠解數千歲前神怪人理必無之事，後世其可必信乎？然則《生民》之詩，孔子之所錄也，必有其義。蓋君子之學也不窮遠以為能，闕所不知，慎其傳以惑世也，闕焉而有待可矣。毛鄭之說，余能破之不疑；《生民》之義，余所不知也，故闕其所未詳」（《詩本義》卷十《生民》），不信怪誕虛妄之說，表現出強烈的理性精神，但囿於聖人刪錄之見，堅信其必有意義，儘管不能釋解。歐陽修的理性精神和闕疑態度都很可貴。

　　歐陽修也重視「天理之自然」，「凡物極而不變，則弊。變則通，故曰吉也。物無不變，變無不通，此天理之自然也」〔註138〕。雖然如此，歐陽修所說的「理」還只是事理、規則，即「所以然」〔註139〕之理，還沒有完全上昇到理學家的本體論的高度。「凡物有常理，而推之不可知者，聖人之所不言也。磁石引針，蟛蜞甘帶，松化虎魄。」〔註140〕歐陽修雖然反對讖緯附會之風，但認為事物也存有客觀的「常理」，這種常理可能是人們思維無法企及的，但並不能否定其真實存在，因此聖人不言，這種看法具有一定的哲學內涵，是對其排擊讖緯學風的有益補充。《詩本義》中的「理」一般也作事理、道理解，如「雖古今不同，其必不然，理不待論」「茲理亦有所不通矣」（《詩本義》卷一《汝墳》），「無不濡之理」（《詩本義》卷二《匏有苦葉》）等。

　　歐陽修不僅注意到事物各有其特殊的理，「萬物生於天地之間，其理不可以一概」〔註141〕，即理學家所說的「分殊」，而且也隱約意識到萬物背後又有制約和主宰者，「萬物各有役，無心獨浮雲」〔註142〕，類似於理學家所說的「理一」，但畢竟後者論述不發達，妨礙了理論在本體論意義上的建構。但歐陽修的「理」學思想的豐富性和啟發性自然也不能輕易被人忽略。

〔註138〕　《明用》，《歐陽修全集‧居士集》卷十八《經旨》，第131頁。
〔註139〕　《怪竹辯》，《歐陽修全集‧居士集》卷十八《經旨》，第136頁。
〔註140〕　《物有常理說》，《歐陽修全集‧筆說》，第1045頁。按：「物有常理說」，文淵閣《四庫全書》本《文忠集》卷一百二十九《筆說》作「物有常理者」。
〔註141〕　《怪竹辯》，《歐陽修全集‧居士集》卷十八《經旨》，第136頁。
〔註142〕　《送朱生》，《歐陽修全集‧居士外集》卷四《古詩》，第370頁。

　　土田健次郎發現，「歐陽修把『理』當作自明的東西來提出，或者更準確地說，只有自明的『理』才是重要的。萬物必然都有各自的『理』，與萬物的多樣性相應，這『理』也是多樣的」〔註143〕，「『理』是日常生活中可以體驗到的，容易得到萬人贊同的東西，因此也是黨派性淡薄的語詞。他求之於『理』的是共同的理解和贊同」〔註144〕，「他說的『理』是以各種各樣的形態融入在日常生活中」〔註145〕，「歐陽修並不主張走向『一』，他在分殊上停留下來」〔註146〕，「『人情』是歐陽修經常使用的另一個詞語，這一點也已知者甚多。『人情』帶有一種濃厚的特點，就是對『理』的具體說明，這與道學將『情』『理』對置的做法不同。（原注：道學本來也不是一概地否定『情』，它只在妨礙『理』之發現的情況下才成為惡的原因，由此常被置入否定性的言說。至於『情』本身，既不善也不惡，是一種非價值性的存在。）對歐陽修而言，『人情』才是可知的極限，因為『人情』被直感所支持，是一切類推活動的基礎。『人情』應該是容易得到眾人認可的東西，時而被當作與常識相等的概念來使用」〔註147〕，「採取簡易的形態，就能順著自然的動向不斷得以調和，由此產生建立在認同基礎上的毫無勉強的一致」〔註148〕，因此，「自然」與「簡易」便是歐陽修的「理」與「人情」的基本特徵和存在形態。

　　但是，土田健次郎在分析時也有未愜人意的地方，如他結合《詩本義》卷六《出車》「詩文雖簡易，然能曲盡人事，而古今人情一也。求詩義者，以人情求之，則不遠。然學者常至於迂遠，遂失其本義」，認為：「按『人情』去探求經義，是歐陽修時代的心情的絕對化，其結果表現為，經書的存在似乎只為顯示『人情』的權威，它擔當的作用似乎是增強人們對於『人情』的

〔註143〕〔日〕土田健次郎著，朱剛譯《道學之形成》，上海：上海古籍出版社，2010年4月版，第45頁。

〔註144〕〔日〕土田健次郎著，朱剛譯《道學之形成》，上海：上海古籍出版社，2010年4月版，第45頁。

〔註145〕〔日〕土田健次郎著，朱剛譯《道學之形成》，上海：上海古籍出版社，2010年4月版，第53頁。

〔註146〕〔日〕土田健次郎著，朱剛譯《道學之形成》，上海：上海古籍出版社，2010年4月版，第53頁。

〔註147〕〔日〕土田健次郎著，朱剛譯《道學之形成》，上海：上海古籍出版社，2010年4月版，第55頁。

〔註148〕〔日〕土田健次郎著，朱剛譯《道學之形成》，上海：上海古籍出版社，2010年4月版，第67頁。

信賴。」〔註149〕實際上，《詩本義》的文字原本很清楚，遠沒有這樣迂曲複雜。在歐陽修看來，《詩經》也是載「道」（或「理」）的憑藉，但是它並不遠離或違背人情，根據人情來把握和判斷詩意是比較準確、簡易和有效的途徑，但人情並不僅是詩意本身。因此，在歐陽修那裡，《詩經》詩篇及其蘊含的「理」的多樣性和豐富性得到了保存，而不是像後來在「《六經》一道」思路下走向極致的理學家那樣，抹煞了經典和篇章的個性（如楊簡等）。自然，關注人生、現實無疑是歐陽修經學的根本出發點和歸宿，他明確地說：「《六經》之所載，皆人事之切於世者。」〔註150〕二程也有相近的看法，「凡解文字，但易其心，自見理。理只是人理，甚分明，如一條平坦底道路。《詩》曰：『周道如砥，其直如矢。』此之謂也。」（《河南程氏遺書》卷十八）

歐陽修解《詩》中多有對人倫的議論和闡發。

「論曰：……宣公烝父妾，淫子婦，皆是鳥獸之行，悖人倫之理。詩人刺之，宜為甚惡之辭也」（《詩本義》卷二《匏有苦葉》），「昔魯叔孫穆子賦《匏有苦葉》，晉叔向曰：『苦匏不才，供濟於人而已。』蓋謂要舟以渡水也。《春秋》、《國語》所載諸侯大夫賦詩多不用詩本義，第略取一章或一句，假借其言以苟通其意，如《鵲巢》、《黍苗》之類，故皆不可引以為詩之證，至於鳥獸草木諸物常用於人者則不應繆（謬）妄。苦匏為物，當毛鄭未說《詩》之前，其說如此，若穆子去《詩》時近，不應繆（謬）妄也。今依其說以解詩，則本義得矣。毛鄭又謂『飛曰雌雄，走曰牝牡』，然《周書》曰『牝雞無晨』，豈為走獸乎？古語通用無常也」（《詩本義》卷二《匏有苦葉》）。歐陽修對宣公無人倫的舉動的評價，表面似與毛鄭沒有太大的區別，而實際上，既諷刺鄭氏妄分夷宣二姜而認為「獨刺夷姜」，又嘲弄其以「男女才性賢不肖長幼宜相當」的「婚姻之禮」為「深厲淺揭」的比喻義，認為「毛鄭二家不得詩人之意，故其說失之迂遠也」（《詩本義》卷二《匏有苦葉》）。同時，對春秋引《詩》以言志的本質和意義有較辯證的認識，難能可貴。歐陽修評價有理學傾向，而「理」還不是完全的理學概念，還未達到「《詩》所以明天理也」〔註151〕的地步。

〔註149〕〔日〕土田健次郎著，朱剛譯《道學之形成》，上海：上海古籍出版社，2010年4月版，第59頁。
〔註150〕《答李詡第二書》，《歐陽修全集·居士集》卷四十七《書》，第319頁。
〔註151〕〔宋〕王應麟撰《困學紀聞》卷三《詩》，第364頁。

　　歐陽修已接觸到一些心性天命問題。「夫政化之行，可使人顧禮義而不敢肆其欲，不能使人盡無情慾，心也」（《詩本義》卷一《漢廣》）。《考槃》「論曰：《考槃》本述賢者退而窮處。鄭解永矢弗諼，以謂誓不忘君之惡；永矢弗過，謂誓不復入君之朝；永矢弗告，謂誓不告君以善道。如鄭之說，進則喜樂，退則怨懟，乃不知命之很人爾，安得為賢者也？孔孟常不遇矣，所居之國，其君召之以禮，無不往也。顏子常窮處矣，人不堪其憂，而不改其樂也。使詩人之意果如鄭說，孔子錄詩必不取也」（《詩本義》卷三《考槃》），援先儒事跡以說理，已初步具備宋代義理之學的特徵。但主要還是辨析和整理前人的研究成果，歐陽修自己也並未完全擺脫漢唐儒者重禮義、美刺正變的先見，但能自覺地根據上下文探求詩歌的本義，已有體悟涵泳的傾向。這裡提出的「命」的問題，與理學家「命」的概念比較接近，滲透著知命、樂命的中道意識。

　　《思齊》「本義曰：文王幼育於賢母，長得賢妃之助，以成其德。其德廣被，由內及外，由近及遠，自親者始，故曰刑於寡妻至於兄弟以御於家邦。……毛謂性與天合者，是也。詩人既述文王修身之善，能和敬於人神，而出處有常度，又述其遇事之聰明，所為皆中理」（《詩本義》卷十《思齊》），值得注意的是，這種觀念在宋代逐漸成為佔主導的觀念，並和《大學》「三綱領」、「八條目」聯繫起來，至朱熹等人將其提到《詩經》首篇《關雎》釋義中，成為理解《詩經》的基礎和指導，這使《詩經》闡釋由注重外在的禮義規範而轉向更強調內在的心性修養，而這種風氣和旨趣在歐陽修解《思齊》中已充分顯露了出來，其語句表達形式對朱熹也有直接的影響。

　　《伐木》「論曰：……出自幽谷，遷於喬木……考詩之意，是為鳥在木上，聞伐木之聲，則驚鳴而飛，遷於他木」（《詩本義》卷六《伐木》），歐陽修解的是詩的字面義，並未賦予道德意味，這一句後來經過理學家闡發而轉化成道德境界提升的標誌。而早在《孟子》中已有此解，陳相見許行，「盡棄其學而學焉」，孟子批評「吾聞用夏變夷者，未聞變於夷者也」，「吾聞出於幽谷遷於喬木者，未聞下喬木而入於幽谷者也」（《孟子集注》卷五《滕文公章句上》），兩句可互文，以比喻的方式進行道德說教。理學家進而光大之，也與「四書」學的興起同步。《十月、雨無正、小旻、小宛》「又勸勉之云，中原有菽，庶民皆可採，往者無不得也；世有善道，凡人皆可為，為則得之矣，王何獨不為也？又言人性雖惡，可變而為善，譬如螟蛉之子，教誨之則可使變其形而

為螟蠃子也」(《詩本義》卷七《十月、雨無正、小旻、小宛》)，這裡除過一些一般的科學常識(寄生現象)錯誤外，從思想角度分析前半部分似孟子，後半部分似荀子。

《抑》「本義曰：……『人亦有言，靡哲不愚』云者，謂哲人不自修慎，則習陷為昏愚矣，如《書》云『惟聖罔念作狂』也。『庶人之愚，亦職維疾』云者，謂眾人性本善而初不明，不能勉自開發而終為昏愚者，譬人之疾，是其不幸爾。『哲人之愚，亦維斯戾』云者，言哲人性明而本善，惟不自修慎而習陷於過惡，終為愚人者，自戾其性爾。此雖泛論人之善惡在乎自修慎與不修慎，以譏王而勉之，亦以自警其怠忽也」(《詩本義》卷十一《抑》)，「『荏染柔木，言緡之絲。溫溫恭人，維德之基』云者，泛言人必先觀其質性之如何也，謂木必柔忍(韌)然後可以緡絲，人必溫恭然後可以修德」(《詩本義》卷十一《抑》)，雖然歐陽修並未像程朱解《詩》以示人修養心性之道，而是從義理上貫通詩文本身。但他的解釋，增添了不少思想內涵，交織有孟荀兩種思想因素與「修慎」的工夫，儘管不如程朱等人明顯，但已有萌芽。《抑》本身詩文中就含有修養磨礪道德的意思，宋代學者在闡發心性義理時對這首詩很重視，不是沒有道理的。

整體上，歐陽修的《詩經》學貢獻主要是對漢唐學術成果的反思，以及「據文求義」和「古今人情一也」論《詩》新主張的提出，對宋代《詩經》學產生了深遠的影響。但從思想或義理角度而言，雖然還不夠細緻精微，達不到成熟理學家要求的高度，但歐陽修「道」論思想的形成和發展、豐富的哲學內涵及肇創理學先聲的影響和脈絡依然很明顯。

歐陽修在《詩經》研究中涉及到部分理學問題，既表現了自己受孟荀學術影響的思想痕跡，同時也在一定程度上體現出與理學相近的旨趣，對理學家的解《詩》不無影響。歐陽修治學的理性精神和闕疑態度在宋代《詩經》學發展以及理學家的解《詩》原則上都有突出的反映。宋代陳亮《書歐陽文粹後》，認為歐陽修「文根乎仁義而達之政理，蓋所以翼《六經》而載之萬世者也」〔註152〕，從側面強調歐陽修的文道統一，文學與經學自然也是統一的。

〔註152〕《書歐陽文粹後》，〔宋〕陳亮著、鄧廣銘點校《陳亮集》(增訂本)，北京：中華書局，1987年8月版，第245頁。

第三章 《詩本義》的兩大解經方法及影響

　　宋代思想學術包括《詩經》學學術新風氣的形成肇始於慶曆之際，已基本是學術界的共識。就《詩經》學而言，比較系統的研究者和奠基者不能不追溯至歐陽修。當然，同一時期「學問廣博、無書不通」〔註1〕的劉敞（字原父）懷疑諸儒之說，所著《七經小傳》等，陳振孫《直齋書錄解題》認為「以己意言經」「自敞倡之」，晁公武《郡齋讀書志》認為他對王安石有直接影響，《四庫》館臣也將「好以己意改經字」的風氣追溯至劉敞，並多有譏評〔註2〕。

　　宋代《詩經》學有自己獨特的學術方法，肇端於歐陽修。今人研究歐陽修大多集中在其對毛鄭、《詩序》的態度以及解《詩》的方法上。有人認為他在《詩本義》中重文本、尚人情、裁事理，以三分的方式研究其治《詩》方法。實際上，歐陽修所稱的人情事理是一致的，至於後來在理學的影響下，「義理」（或「理」或「心」等）成為解《詩》的觀念和標準，則是漸起的事。而「據文求義」（或「以詩解詩」）、「古今人情一也」（或「以今論古」）則是貫穿整個宋代《詩經》學的方法論。理學家通過涵泳文本體會而得的所謂亙古不變的「理」或「心」，則與這兩個方面緊密相連，甚至可以說，這兩個方面是理學思想在《詩經》研究中得以寄寓、抽繹的基礎。

〔註1〕《三朝名臣言行錄》卷四「劉敞」條。

〔註2〕劉毓慶：《歷代詩經著述考（先秦──元代）》，北京：中華書局，2002年，第133頁。

清代李慈銘評胡承珙《毛詩後箋》「取義興觀，多涉議論，後人之見，未必果得古人之心。此紬繹經文，體玩自得，乃宋歐陽氏以後之法。唐以前家法皆重訓詁，而不爲《序》外之說，所以可貴也」〔註3〕，總括漢宋兩種不同的學術方法，並意識到典籍理解中的「古今」問題，尤其是以「紬繹經文，體玩自得」概括宋代《詩經》學的方法特徵，頗中肯綮。李慈銘將這種方法溯至歐陽修，與《四庫全書》編者的看法相同。

第一節 「據文求義」和「以今論古」方法的成熟

「據文求義」見於歐陽修《詩本義》，並有多種近似的表達方式，如「以文考義」、「考文求義」等。「古今人情一也」也出自《詩本義》，可稱爲「以今論古」（或「以情理論詩」），有時用「古今人之常也」（《詩本義》卷十二《烈祖》）等作置換性表達。

汪惠敏《宋代經學之研究》注意到宋代《詩經》學方法的意義和影響，她認爲：「宋人往往以『己之心與古人同』，揣度『詩』旨，或以文學之情性，溫柔之『詩』旨，以觀『詩』，對漢以來守章句、遵『詩序』之研究，頗有微詞，故說『詩』多有新解。」〔註4〕所言即歐陽修「古今人情一也」在《詩經》新解中的價值和反響。「宋人研究『詩經』另有一番新風貌，蓋重新檢查『詩經』，舉凡『詩序』、作者、『詩』說，乃至『毛傳』、『鄭箋』，皆有所考訂，雖紛紜眾說，未成定論，間或有矯枉過正，失經本旨，然皆本尊經之旨，期能重見聖人之本心。且脫離『鄭箋』、『詩序』之束縛，以人情度詩，更予『詩經』平易近人之活潑生命，時至於今，吾人能以多重角度以觀『詩經』，或作民歌諷詠，或作經世之教，或識鳥獸名物，宋人發端之功，實不可沒。」〔註5〕在概括宋代《詩經》學的功績與影響方面比較準確扼要，「多重角度」正是當前研究《詩經》的特點和方向，《詩經》「具有文學的、語言學的、歷史和文化學的多重價值」，「多元的、多學科、跨

〔註3〕〔清〕李慈銘：《越縵堂讀書記》（經部：詩類「《毛詩後箋》，清胡承珙撰」條），由雲龍輯本，上海：世紀出版集團上海書店出版社，2000 年版，第 39 頁。

〔註4〕汪惠敏著《宋代經學之研究》，臺北：師大書苑有限公司，1989 年 4 月版，第 176 頁。

〔註5〕汪惠敏著《宋代經學之研究》，臺北：師大書苑有限公司，1989 年 4 月版，第 213 頁。

學科和跨文化的、全方位、多層面、多種模式的研究，是《詩經》研究轉型期的特徵」〔註6〕。

重視情理，南宋一些受程朱理學思想影響的學者就已經用發揮理趣的說法來評價歐陽修《詩經》學及其貢獻。黃震（1213～1281）就是一個典型的例子。黃震為自己的作品《讀詩一得》（一卷）撰序，提到：「《毛詩》注釋簡古，鄭氏雖以《禮》說《詩》，於人情或不通，及多改字之弊，然亦多有足以裨《毛詩》之未及者。至孔氏《疏》義出，而二家之說遂明。本朝伊川與歐、蘇諸公，又為發其理趣，《詩》益煥然矣。」（《經義考》卷一百一十）

宋樓鑰《跋歐陽公與張直講帖》：「公發明經學，於《詩》最詳，《易》道難言，公亦自言不敢以己意為準也。」〔註7〕與其他學者不同的是，樓鑰更加強調歐陽修在《詩經》學上的發明，與司馬光等所稱的「排《繫辭》」（見《困學紀聞》等）不同。在某種意義上，《易童子問》雖然在易學史上有其重要性，但作為歐陽修經學研究的有機構成部分，《詩本義》等《詩經》學成果在歐陽修一生經學成就中佔據著重要的地位，自不容爭辯；將《詩本義》等作為歐陽修經學研究的代表，也有其內在理據。即使到今天，往往在觀照歐陽修經學研究時，將其《易》學及《春秋》學作為代表，顯然不如以《詩經》學為著，而且在概括歐陽修經學研究的整體特色和思想方法方面，特別是在歐陽修整體經學思想與研究方法方面，還有深入的餘地。

歐陽修儘管十分注意「因文見義」的方法，但是他卻極力反對「執文害意」、牽強附會的解《詩》現象。因此，在方法論意義上，歐陽修對「文」和「義」（「意」）的辯證關係有比較自覺的把握，這使他在裁斷前賢《詩經》研究成果時往往有新人耳目而又合情合理的見解。歐陽修的解經方法（包括解讀《詩經》）受到後人稱頌。晁公武（1105～1180）認為：「歐陽公解《詩》，毛鄭之說已善者，因之不改，至於質諸先聖則悖理，考於人情則不可行，然後易之，故所得比諸儒最多，但平日不信符命。」（《郡齋讀書志》卷一上）葉適也強調歐陽修閱讀經書的方法特質是：「以經為正，而不汨於章讀箋注。」（《習學記言》卷四十七）

〔註6〕夏傳才《現代詩經學的發展與展望》，《文學遺產》1997年第3期。
〔註7〕《攻媿集》卷七十五，洪本健編《歐陽修資料彙編》，北京：中華書局，1995年5月版，第341頁。

　　歐陽修質疑《繫辭》是聖人所作，也是根據「人情」和「文本」作出的結論，發現《繫辭》中含有自相牴牾的觀點〔註8〕，目的也是為了避免《繫辭》「害經惑世」〔註9〕，歐陽修雖然沒有將《繫辭》與孔子聯結在一起，但他並沒有否認《繫辭》的思想學術意義，而是將其作為後學的易學作品來看待，具有一定的歷史眼光，這極為可貴。在方法論上，歐陽修在《易童子問》中所採用的學術方法與《詩本義》有近似之處，如《易童子問》卷三就明確有多處「考其文義」、「豈近於人情」等表述，乃至提出「以常人之情而推聖人」〔註10〕的觀點，自然也符合「古今人情一也」、「因文見義」的《詩經》學研究方法，因此，筆者主張這兩種經學的基本原則與方法在歐陽修《詩經》學、《易》學研究中是貫通的，也是歐陽修經學研究的基本特色，對後世經學研究的影響也比較深遠。一些學術繫年作品將《易童子問》與歐陽修早年的《詩經》學作品列於同一年（參見《歐陽修年譜》與《歐陽修紀年錄》等），作這樣的比較研究自然具有其可比性和關聯性。

一、兩種方法的內涵及關係

　　歐陽修《詩經》學的鮮明特點，也是歷來研究史不甚注意的，是注重詩歌的具體語境、上下文，我們可以用「據文求義」來作概括，還有具體「求」的方法，主要是溝通古今、推於人情的「古今人情一也」的方法及理論，強調人情事理的相同相近。這兩個方面儘管更多側重的是方法論層面，但對宋代的《詩經》學研究有深遠的影響，既是衡量此前漢唐傳注研究成果的方法，也是自鑄新義、建構新解的方法，也就是說同時兼有破和立的意義。《詩本義》中有大量的表述，可以認為這兩種方法是歐陽修解釋《詩經》的根本方法。

　　這裡，試對歐陽修《詩本義》「據文求義」和「以情理論詩」的方法作以統計，以窺這兩種方法的概貌，詳見表1與表2。

〔註8〕詳見《易童子問》卷三，《歐陽修全集·居士外集》卷二十五《策》，第569～570頁。
〔註9〕《易童子問》卷三，《歐陽修全集·居士外集》卷二十五《策》，第570頁。
〔註10〕《易童子問》卷三，《歐陽修全集·居士外集》卷二十五《策》，第571頁。

表1：《詩本義》「據文求義」不同表述比較簡表

	所出《詩本義》詩篇名稱舉例	備　注
據文求義	《靜女》、《竹竿》、《十月、雨無正、小旻、小宛》	典型的因文見義表述
以文考義	《皇矣》	
考文求義	《黃鳥》、《假樂》、《長發》	
考詩本義	《天作》	
以文義考之	《鴻雁》	側重作品意義
以義考之	《擊鼓》	
以文意考之	《采苓》	側重作者意圖
考詩之意	《采苓》、《鹿鳴》	
推其意理	《何人斯》	
以文理考之	《柏舟》、《九罭》	側重作品文理
推其文理	《氓》	
以詩文考之	《東方之日》	側重作品語境
今考詩文	《沔水》	
以上下文考之	《皇矣》、《抑》	
考上下經文	《鹿鳴》	
以詩下文考之	《維天之命》	

表2：《詩本義》評價《詩經》研究的情理標準比較簡表

	所出《詩本義》詩篇名稱舉例	備　注
豈成文理	《北風》、《氓》、《皇皇者華》、《鴻雁》、《巧言》、《菀柳》、《酌》	側重文理
文理易明	《柏舟》	
於理通也；於理近是	《九罭》	側重事理
在理已無	《丘中有麻》、《生民》	
理不然也	《假樂》	
理豈得通	《那》	

爲說汗漫而無指歸	《大東》	
汗漫而不切	《漸漸之石》	
爲說汗漫，理不切當	《破斧》	
其說汗漫，不切於理	《防有鵲巢》	
於義豈安	《節南山》	側重文義
於義不通	《皇皇者華》	
初無義理	《皇皇者華》、《斯干》	側重義理
此古今人之常也	《烈祖》	
不近人情	《丘中有麻》、《生民》	
非人情也	《葛覃》、《十月、雨無正、小旻、小宛》	側重人情
不近人情之甚	《節南山》	
豈近於人情	《有駜》	
推於人情，決無此理	《四月》	側重人情事理

表1《〈詩本義〉「據文求義」不同表述比較簡表》中除過「以文意考之」、「考詩之意」涉及到一定的作者意圖，其餘十三項皆與作品（準確說可稱爲文本）自身特點相關，雖然各有側重，如意義、文理、語境等；即使涉及作者創作意圖的這兩項，在歐陽修那裡，也和作品意義很難明晰區分。所以，側重文本自身特點，因文見義，是歐陽修很自覺的解《詩》方法，儘管還不能說他完全實現了這個方法。

表2《〈詩本義〉評價〈詩經〉研究的情理標準比較簡表》，可以較集中地反映歐陽修評價《詩經》研究的標準特點，當然，主要針對毛、鄭對《詩經》的研究成果毛《傳》、鄭《箋》而言。這個標準更多側重文義、文理、事理、人情等，而歐陽修分析文義、文理的依據也是是否符合人情與事理，所以可以說這個標準的關鍵是人情事理。「理」還不是理學所指的全部意義上的「理」，還僅局限於「事理」層面，但並不排除歐陽修涉及到理學的命題（參見第二章《〈詩本義〉的「本義」問題與歐陽修「道」論思想》），儘管歐陽修還不能算嚴格意義上的理學家。

歐陽修的詩論除集中見於《六一詩話》之外，在一些書序、贈序中也有反映。如《梅聖俞詩集序》，感慨梅堯臣壯志難酬，徒懷有滿腹詩情，只能「發於蟲魚物類羈愁感歎之言」，而不能「作爲雅頌，以歌詠大宋之功德，薦之清廟，而追商周魯頌之作者」，由這種感慨來看，歐陽修的詩學觀點中其實也包括著《詩經》學的觀點，因此，他在這篇贈序開端的議論就很重要了，儘管所涉及問題也是詩人處境的「窮」與文學藝術的「工」的關係問題，但卻並不僅僅著眼於形式，而是強調內容與眞情實感。他說：「蓋世所傳詩者，多出於古窮人之辭也。凡士之蘊其所有而不得施於世者，多喜自放於山顚水涯（原注：一有之字。）外，見蟲魚草木風雲鳥獸之狀類，往往探其奇怪，內有憂思感憤之鬱積，其興於怨刺，以道羈臣寡婦之所歎，而寫人情之難言，蓋愈窮則愈工。然則非詩之能窮人，殆窮者而後工也。」〔註 11〕這段論述化用了不少《詩經》中題材，尤其值得人們注意的是，他對詩歌所傳達的人情的重視，正是《詩本義》在解詩取向與方法上與眾不同的一個地方，顯示了歐陽修詩論觀點的內在統一和一致。

歐陽修對《詩經》的語言風格作了簡明的概括，「古者《詩》三百篇，其言無所不有，惟其肆而不放，樂而不流，以卒歸乎正，此所以爲貴也」〔註 12〕，對《詩經》詩篇語言風格的多樣性與中和的特點有深切的體會，從表情達意角度把握語言的魅力，超出一般的關於語言功能的評價，頗中肯綮，這段材料不晚於《禮部唱和詩序》寫作的時間即嘉祐二年（1057 年）春，而《詩本義》的初稿也大約與此相前後。

歐陽修提出「詩者，樂之苗裔」的看法，從詩歌發展歷史角度比較準確地揭示了詩與歌的相互關係。他認爲「古者登歌清廟，太師掌之，而諸侯之國亦各有詩以道其風土性情。至於投壺饗射，必使工歌，以達其意而爲賓樂。蓋詩者，樂之苗裔與！」〔註 13〕「問：古之人作詩，亦因時之得失，鬱其情於中，而發之於詠歌而已。一人之爲詠歌，歡樂悲瘁，宜若所繫者，未爲重矣。然子夏序《詩》，以爲動天地感鬼神莫近於《詩》者，《詩》之言果足以動天地感鬼神乎？」〔註 14〕實際上，這道策題已經蘊含著對子夏序《詩》，主

〔註 11〕　《梅聖俞詩集序》，《歐陽修全集・居士集》卷四十二《序》，第 295 頁。
〔註 12〕　《禮部唱和詩序》，《歐陽修全集・居士集》卷四十三《序》，第 299 頁。
〔註 13〕　《書梅聖俞稿後》，《歐陽修全集・居士外集》卷二十三《雜題跋》，第 531 頁。
〔註 14〕　《問進士策題五道》，《歐陽修全集・居士外集》卷二十《策問》，第 508 頁。

要是《大序》的懷疑了。

這些《詩經》研究成果的取得和歐陽修自覺的因文見義、以情理論詩的《詩經》研究方法分不開。南宋慶元二年（1196年）周必大刻本《歐陽文忠公集》載羅泌（1131～1189）校正歐陽修《近體樂府》所撰按語：「情動於中而形於言，人之常也。《詩》三百篇，如俟城隅、望復關、摽梅實、贈芍藥之類，聖人未嘗刪焉。……公性至剛而與物有情，蓋嘗致意於《詩》，爲之《本義》，溫柔寬厚，所得深矣。」〔註15〕羅泌評價詩歌重視人情，並以《詩經》中《邶風・靜女》（俟城隅）、《衛風・氓》（望復關）、《召南・摽有梅》（摽梅實）、《鄭風・溱洧》（贈芍藥）爲例，這些詩歌基本是與羅氏同時代而稍後的王柏所擬刪的詩篇（《召南・摽有梅》除外）；評價《詩本義》也重視從「有情」的角度出發，揭示了《詩本義》在詩學上的獨到見解與貢獻。

歐陽修的「據文求義」，並非拘泥於文字，在理學家那裡，如二程，甚至認爲即使文義解釋錯了，但無礙於義理傳達，不算眞正有損於文義，「善學者要不爲文字所梏，故文義雖解錯而道理可通者，不害也」（《二程外書》卷六），於此可略睹一端，宋代學者重「得其大者」（道）〔註16〕，從慶曆之際已基本是學者們的共識，至理學家而成爲主體。宋人經典解釋更注重理通，所以解讀經典而得理就有兩種情況，即「得文義而理通者」與「不得文義而理通者」。

二、歐陽修對兩種方法的運用及意義

「據文求義」和「以今論古」，是相互結合，相輔相成，重視以情理論詩。歐陽修在解《小雅・節南山之什・何人斯》時，「論曰：古詩之體，意深則言緩，理勝則文簡，然求其義者，務推其意理，及其得也，必因其言、據其文以爲說，捨此則爲臆說矣」（《詩本義》卷八《何人斯》），「今直以詩言文義，首卒參考，以求古人之意，於人情不遠，則得之矣」（《詩本義》卷八《何人斯》），涉及到「因文求義」和「合乎人情」之間的關係，主張二者是相輔相成的，不能截然分開。當然，在指導思想上儘管還不能算完全的理學思想，但受儒家的「無邪」「詩教」觀念影響很深，至少還在經學的範圍內。

〔註15〕《歐陽修全集・近體樂府》卷三，第1085頁。
〔註16〕《易或問三首》（第一首），《歐陽修全集・居士集》卷十八《經旨》，第129頁。

　　雖然歐陽修對《序》不無批評，但因循的地方依然很多，而其依據也主要是詩文本身。「論曰：草蟲、阜螽異類而交合，詩人取以爲戒，而毛鄭以爲同類相求，取以自比。大夫妻實已嫁之婦，而毛鄭以爲在塗（途）之女，其於大義既乖，是以終篇而失也。蓋由毛鄭不以《序》意求詩義，既失其本，故枝辭衍說，文義散離，而與《序》意不合也。《序》意止言大夫妻能以禮自防爾，而毛鄭乃言在塗（途）之女，憂見其夫而不得禮，又憂被出而歸宗，皆詩文所無，非其本義」（《詩本義》卷二《草蟲》），並重新確認其本義，「本義曰：……此大夫之妻能以禮義自防，不爲淫風所化，……指以爲戒，而守禮以自防閑，以待君子之歸」（《詩本義》卷二《草蟲》），還歸於《序》的意思。

　　通過對詩文內在依據的重視，歐陽修嘗試對一些詩篇的命名作出新解，跳出拘泥於文字的藩籬，《小明》「論曰：……《大雅》『明明在下』謂之《大明》，《小雅》『明明上天』謂之《小明》，自是名篇者偶爲志別爾，了不關詩義。苟如鄭說，則《小旻》、《小宛》之類有何義乎？」（《詩本義》卷八《小明》）

　　正是因爲對詩文本身的重視，歐陽修體味到《詩經》作者表情達意方式的細微差異和結構特點：「論曰：……《詩三百篇》大率作者之體不過三四爾。有作詩者自述其言以爲美刺，如《關雎》、《相鼠》之類是也。有作者錄當時人之言以見其事，如《谷風》錄其夫婦之言，《北風其涼》錄去衛之人之語之類是也。有作者先自述其事，次錄其人之言以終之者，如《溱洧》之類是也。有作者述事與錄當時人語雜以成篇，如《出車》之類是也。然皆文意相屬以成章，未有如毛鄭解《野有死麕》文意散離，不相終始者」（《詩本義》卷二《野有死麕》），但是他反對過分拘泥於文字，「執文害意」的解釋傾向，「論曰：《詩序》失於《二南》者多矣。孔子曰：『三分天下有其二，以服事殷。』蓋言天下服周之盛德者過半爾。說者執文害意，遂云九州島之內奄有六州，故毛鄭之說皆云文王自岐都豐建號稱王行化於六州之內，此皆欲尊文王而反累之爾。」（《詩本義》卷二《野有死麕》）

　　又如《邶風·擊鼓》詩解：「論曰：《擊鼓》，五章。自『爰居』而下三章，王肅以爲衛人從軍者與其室家訣別之辭，而毛氏無說，鄭氏以爲軍中士伍相約誓之言。今以義考之當時，王肅之說爲是，則鄭於此詩一篇之失大半矣。州吁以魯隱四年二月弑桓公而自立，至九月如陳見殺，中間惟從陳、蔡伐鄭

是其用兵之事，而謂其阻兵安忍眾叛親離者，蓋衛人以其有弒君之大惡，不務以德和民，而以用兵自結於諸侯，言其勢必有禍敗之事爾。其曰眾叛親離者，第言人心不附爾，而鄭氏執其文，遂以爲伐鄭之兵軍士離散。案：《春秋左傳》言，伐鄭之師，圍其東門五日而還。兵出既不久，又未嘗敗衄，不得有卒伍離散之事也。且衛人暫出從軍，已有怨刺之言，其卒伍豈宜相約偕老於軍中？此又非人情也。由是言之，王氏之說爲得其義。」（《詩本義》卷二《擊鼓》）

從詩文自身角度分析，歐陽修注意到詩歌修辭與語言的特色，「詩句無長短之限，短或一二言，長至八九言，取其意足而已。『罔敷求先王克共明刑』，當以九言爲一句也。」（《詩本義》卷十一《抑》）。《破斧》「本義曰：斨刃可缺，斧無破理，蓋詩人欲甚其事者，其言多過，故孟子曰『不以辭害志』者，謂此類也」（《詩本義》卷五《破斧》），指出毛鄭穿鑿，以斧斨比禮義，歐陽修則解爲斧破喻征討之難，還綜合運用了誇張的修辭手法，歐陽修的解釋雖不一定就是詩歌本義，但已較毛鄭更加易於爲人接受，重要的是，它體現了因文釋義、注重文辭的方法，爲以後由文本釋義進而恢復《詩經》的文學闡釋提供了可能。如果說「六經皆史」是經學中史學性質的突顯，經學向文學的轉變則不如說是混雜在經學中的文學屬性的突顯和獨立。

因爲注重詩文本身，所以歐陽修經常將若干詩篇結合起來加以比較，從而得出較一貫和有說服力的結論，這也是《詩經》學研究注重回歸文本（可以稱爲文本化）的必然結果。如「詩人刺讒，常以積少成多爲患，《采葛》之義如是而已，至於《采苓》、《防有鵲巢》、《巷伯》、《青蠅》，其義皆然」（《詩本義》卷三《采葛》），《唐風·揚之水》「論曰：……《詩》《王風》、《鄭風》及此有《揚之水》三篇，其《王》、《鄭》二篇皆以激揚之水力弱不能流移束薪，豈獨於此篇謂波流湍疾、洗去垢濁。以意求之，當是刺昭公微弱，不能制沃，與不流束薪義同，則得之矣」（《詩本義》卷四《揚之水》）。「經有其文，猶有不可知者。經無其事，吾可逆意而謂然乎？」（《詩本義》卷十四《閟宮》）歐陽修對魯有《頌》的解釋，也主要是從文本角度進行的，考察其與他《頌》語言形式的不同，不無新意，魯《頌》「非頌也，不得已而名之也，四篇之體，不免變風之例爾，何頌乎？頌惟一章，而魯《頌》章句不等，頌無『頌』字之號，而今四篇皆有其《序》」，「先儒謂名生於不足，宜矣。然聖人所以列爲頌者，其說有二：貶魯之強，一也；勸諸侯之不及，二也」（《詩本義》卷十

五《魯頌解》)。在對「比興」的認識上也是如此,「詩之比興,必須上下成文,以相發明,乃可推據。今若獨用一句,而不以上下文理推之,何以見詩人之意?」(《詩本義》卷七《斯干》)這種在上下文中理解比興的看法直接啓示了朱熹,程頤未說得清楚,而朱熹「興者,先詠他物以引起所詠之辭也」「比者,以此物比彼物也」,較程頤更明確,但未出歐陽修「上下成文,以相發明」的範圍。

　　歐陽修已經注意到《詩經》中的「叶韻」問題,這早於吳棫《詩補音》、《韻補》及朱熹《詩集傳》。「諏、謀、度、詢,其義不異,但變文以叶韻爾,詩家若此,其類甚多。」(《詩本義》卷六《皇皇者華》)這種「叶韻」的認識,雖然不無一定的學術淵源(肇至魏晉時期),但對後來影響很大,直至南宋時期,漸有集大成的作品出現。尤其可貴的是,歐陽修的「叶韻」說,並沒有輕易根據時音改變某些字的讀音,注意到音變的歷史性與歷時性,而這種求實的做法正開啓了明代陳第及清代顧炎武等人反思《詩集傳》「叶韻」改音弊端的先聲。

　　《詩本義》卷十二《魯頌·那》「論曰:詩云『寘(置)我鞉鼓』,毛、鄭皆讀『寘』爲『植』,謂三代之鼓異制,夏足鼓,殷植鼓,周縣鼓,湯伐桀,定天下,作《濩》樂,始用植鼓,故詩人歎美之者,非也。如毛、鄭之說,鞉貫而搖之,非植鼓,則『寘』不讀爲『植』,已可知矣。」(《詩本義》卷十二《那》)〔註17〕「『命不易哉』,當爲『難易』之易,毛、鄭以爲『變易』之易者,非也。」(《詩本義》卷十二《敬之》)這些都是通過考求語音來推斷本字及讀音,爲釋義奠定基礎。

　　但更多的是,歐陽修通過歸納以及聯繫上下文的方法來推求字詞本義,爲探尋詩歌本義提供可能。

　　《詩本義》解《曹風·候人》,「論曰:《候人》,《箋》、《傳》往往得之。至『維鵜不濡其翼』,則毛、鄭各自爲說,然皆不得詩之本義,而鄭猶近之。毛云:『鵜在梁,可謂不濡其翼乎?』詳其語,謂在梁則濡翼矣,此非詩人意也。鄭謂當濡翼,而不濡爲非常。考詩之意,謂鵜不宜在梁,如小人竊位爾,豈但不濡其翼爲非常邪?『不遂其媾』,毛、鄭訓『媾』爲『厚』,鄭又以『遂』爲『久』。今遍考前世訓詁,無『厚』、『久』之訓,訓釋既乖,則失之遠矣。

〔註17〕按:《四部叢刊》本,「寘」作「置」,據後文「置,當讀如『置器』之置」當統一爲「置」。後同。

鄭又謂天無大雨，歲不熟，則幼弱者飢，此尤迂闊之甚也。據詩本無天旱歲饑之事，但以南山朝隮之雲不能大雨，假設以喻小人不足任大事爾，安有幼弱者飢之理？況歲凶饑人不止幼弱也。《鄭箋》『朝隮』，其說是矣，至『幼弱者飢』則何其迂哉？媾，婚媾也。馬融謂重婚爲媾，不知其何據而云也。鄭於注《易》又以『媾』爲『會』，大抵『婚』『媾』，古人多連言之，蓋會聚合好之義也。」（《詩本義》卷五《候人》）〔註18〕

《詩本義》解《小雅·斯干》，「《鄭箋》不詳詩之首卒，隨文爲解，至有一章之內，每句別爲一說，是以文意散離，前後錯亂，而失詩之旨歸矣；又復差其章句，章句之學，儒家小之，然若乖其本旨，害於大義，則不可以不正也。鄭謂『秩秩斯干』者，喻宣王之德，流出無極已也；『幽幽南山』者，喻國富饒民取足，如取於山；『如竹苞矣』者，喻時人民之殷眾；『如松茂矣』者，喻民佼好。又以『兄及弟矣』已下三句，謂時人骨肉相愛好，無相詬病，斷此爲一章。且詩之比興，必須上下成文以相發明，乃可推據。今若獨用一句，而不以上下文理推之，何以見詩人之意？且如鄭說，則一章都無考室之義。」（《詩本義》卷七《斯干》）〔註19〕

《詩本義》解《大雅·假樂》，「『燕及朋友』，非謂『燕飲』之『燕』也。《語》曰：『子之燕居。』則『燕私』之『燕』也。三者皆爲小失，然既汨詩義，則不可以不明。『燕及朋友』與『以燕翼子』義同。」（《詩本義》卷十《假樂》）〔註20〕，「燕」訓義爲確。

《詩本義》解《大雅·文王》，「詩曰：『於緝熙敬止。』詩屢言『緝熙』，毛、鄭嘗以爲光明，不知其何據也。《爾雅》云：『緝熙，光也。』《爾雅》非聖人之書，考其文理，乃是秦、漢之間學《詩》者纂集說《詩》博士解詁之言爾。凡引《爾雅》者，本謂旁取他書，以正說《詩》之失；若《爾雅》止是纂集說《詩》博士之言，則何煩復引也？《頌》《敬之》云：『學有緝熙於光明。』毛、鄭說以爲學有光明於光明，謂賢中之賢，此穿鑿之尤甚者。許

〔註18〕 按：「維鵜不濡其翼」，詩文有「維鵜在梁，不濡其翼」句；「豈但不濡其翼爲非常邪」，《四部叢刊》本作「其謂不濡其翼爲非常耶」。

〔註19〕 《四部叢刊》本「流出」下無「無極已也」四字。考，築也。考室，築室也。

〔註20〕 按：「子之燕居」見於《論語·述而》，原作：「子之燕居，申申如也，夭夭如也。」「燕」，通「晏」，即「平居」。「以燕翼子」，出自《大雅·文王有聲》：「詒厥孫謀，以燕翼子。」此外，《四部叢刊》本無「燕及朋友與以燕翼子義同」十一字，察其上下文，《四部叢刊》本似長。

慎《說文》:『熙，燥也。』孔安國傳《尚書》:『熙，廣也。』他書或訓爲『安』，
或訓爲『和』，隨文義各自不同。而此『熙』訓『廣』，近是矣。緝，績也。
績者，接續而成功也。『緝熙』云者，接續而增廣之也。駿命不易，當音難易
之易。」（《詩本義》卷十《文王》）〔註21〕解《大雅・瞻卬》，「『匪教匪誨，
時維婦寺』者，謂婦人與寺人皆王所親近者，其日相親近則不待教誨而習成
其性爾。言婦、寺者，舉類而言爾。而毛訓『寺』爲近，鄭謂近愛婦人，『寺』
無訓『近』之義，且詩所刺婦人本不謂疏遠者，不暇更言『近』也。『婦無公
事，休其蠶織』者，謂婦人不當與外事，苟無公事則但當樂其蠶織爾。『休』
之義，當如『心逸日休』之『休』，而毛、鄭以爲休息也。謂婦止不蠶而幹公
事，考詩之文，義不如此也。公事者，王后以下所治宮中之內政及共祭祀之
事也。」（《詩本義》卷十一《瞻卬》）

　　歐陽修嘗試通過比較歸納的方法來尋求詩文字詞的本義，具有科學的價
值與方法論意義。

　　《詩本義》繼承了傳統的訓詁學方法，但行文更加簡潔明暢，同時在訓
詁中也夾雜有評論和比較，使人們容易把握詩歌字詞的意義。大體上可分爲
以下幾種類型：

1. ××，××，××爾。表判斷。如：

　　「螽蟴，蝗類，微蟲爾。」（《詩本義》卷一《螽斯》）

2. ××，××貌。一般用來描寫物態情狀，形象生動。這種格式也可疊
　　加套用，形成表達中的排比語氣，並伴有評價與比較。如：

　　「振振，群行貌；繩繩，齊一貌；蟄蟄，眾聚貌，皆謂子孫之
　　多。而毛訓仁厚、戒慎、和集，皆非詩意。」（《詩本義》卷一《螽
　　斯》）

　　「肅肅，嚴整貌，而《毛傳》以爲敬。且布置椓杙，何容施敬，
　　亦其失也。」（《詩本義》卷一《兔罝》）

3. ××，××也。一般用來表陳述或判斷。如：

　　「流，求也。」（《詩本義》卷一《關雎》）

　　「黃鳥，栗留也。」（《詩本義》卷一《葛覃》）

〔註21〕「毛、鄭嘗以爲光明」之「嘗」，《四部叢刊》本作「常」，義似長；「或訓爲
　　　　『和』」，《四部叢刊》本無「訓」字。

「『不顯亦臨，無射亦保』，……保，守也。『肆戎疾不殄，烈假不瑕』，戎，眾也；烈，光也；假，大也。……『不聞亦式，不諫亦入』者，式，法也。」（《詩本義》卷十《思齊》）

「在沙、在渚、在渶、在亹，皆水旁爾。」（《詩本義》卷十《鳧鷖》）

「黎，眾也。」（《詩本義》卷十一《桑柔》）

「『薄言震之，莫不震疊』者，……『莫不』者，非一之辭也。」（《詩本義》卷十二《時邁》）

4. ×（者），×也，××也。反覆闡釋，以達到明晰酣暢的效果。如：

「吉者，宜也，求其相宜者也。今者，時也，欲及時也。謂者，相語也，遣媒妁相語以求之也。」（《詩本義》卷二《摽有梅》）

「射，厭也，厭怠也。」（《詩本義》卷十一《抑》）

「『天作高山，大王荒之』，……荒，奄也，謂奄有之爾。」（《詩本義》卷十二《天作》）其中「荒，奄也，謂奄有之爾」應也是這種形式的變形。

5. 不××者，××也。表達形式相反，實際上意義一致。如：

「且『不韡韡』者，韡韡也，古詩之語如此者多，何煩改字。」（《詩本義》卷六《常棣》）

「本義曰：不尚，尚也。」（《詩本義》卷九《菀柳》）

「不遐，遐也，詩人語常如此。」（《詩本義》卷十一《抑》）

6. ×，×也。×，×也。××，××也。先分別訓釋，然後綜合闡述，使表義層次更加清楚。如：

「膚，體也。碩，大也。碩膚，猶言膚革充盈也。」（《詩本義》卷五《狼跋》）

上述這些語音、語義、語法成果的出現與影響，與歐陽修在《詩經》研究中注重因文見義的方法是分不開的，同時也使因文見義（或「據文求義」）方法具有了更強的信度與效度，在一定程度上避免了空洞臆說的弊端。

三、歐陽修對待《詩序》、毛《傳》、鄭《箋》的學術態度

歐陽修在《春秋或問》中回答關於《春秋》經傳關係問題，曾說：「經不

待傳而通者十七八，因傳而惑者十五六。日月，萬物皆仰，然不爲盲者明，而有物蔽之者，亦不得見也。聖人之意，皎然乎經，惟明者見之，不爲他說蔽者見之也。」〔註22〕這段論述也同樣適用於關於《詩經》的經傳關係的考察上，並對經學研究具有一般的普遍的意義。

前文已提到，歐陽修在《詩本義》中辨駁毛《傳》、鄭《箋》、《詩序》的做法，實際還是出於尊經的需要，所以回歸《詩》本文，彰顯《詩》本義，便是經學發展與壯大的新途徑和新出路。如他所說，「孟子豈好非六經者，黜其雜亂之說，所以尊經（原注：一有也字。）」〔註23〕。但他對《詩序》、毛《傳》、鄭《箋》的學術態度卻是不盡相同的。

表3：歐陽修對待《詩序》、毛《傳》、鄭《箋》的學術態度比較簡表

	《詩本義》所見篇目舉例	備　　注
駁《序》	《鵲巢》、《節南山》《漸漸之石》《皇矣》	《鵲巢》「失自《序》始，而鄭氏又增之爾」；《皇矣》微駁，指責《序》言未盡括詩文。
駁鄭	《考槃》《蒹葭》《鴻雁》《菀柳》《梟鷩》《時邁》《桑柔》《常棣》	《桑柔》據《國語》、《史記》《大小雅》序《常棣》據《史記》《小戎》序。
尊《序》斥毛鄭	《漢廣》《汝墳》《草蟲》《行露》《靜女》《牆有茨》《唐風·揚之水》	《唐風·揚之水》解「白石鑿鑿然見」句，認爲「毛鄭之說亦通」；《抑》側重鄭氏。

〔註22〕《春秋或問》，《歐陽修全集·居士集》卷十八《經旨》，第135頁。
〔註23〕《易或問三首》，《歐陽修全集·居士集》卷十八《經旨》，第130頁。

	《裳裳者華》	
	《角弓》	
	《白華》	
	《抑》	
據《序》駁鄭	《氓》	《賓之初筵》暗應《序》；《烈祖》以鄭為
	《女曰雞鳴》	重點。
	《鳲鳩》	
	《狼跋》	
	《湛露》	
	《大東》	
	《小明》	
	《賓之初筵》	
	《采菽》	
	《思齊》	
	《假樂》	
	《烈文》	
	《烈祖》	
駁毛鄭	《采葛》	《丘中有麻》「此詩失自毛公而鄭又從之」；
	《叔于田》	《斯干》主要駁鄭；
	《丘中有麻》	《敬之》、《酌》側重鄭；
	《鄭風・羔裘》	《有駜》兼及「為義疏者廣鄭之說」，
	《東方之日》	即孔穎達等。
	《破斧》	
	《天保》	
	《斯干》	
	《正月》	
	《巧言》	
	《四月》	
	《文王》	
	《皇矣》	
	《生民》	
	《蕩》	
	《瞻卬》	
	《天作》	
	《思文、臣工》	
	《敬之》	
	《酌》	
	《有駜》	

駁毛	《伐柯》 《桑柔》等	《桑柔》，毛以昊天爲上帝，鄭以爲上天， 「鄭既不從，可知毛說非矣」
肯定《序》、毛鄭	《黃鳥》等	
肯定毛鄭	《南山》等	
肯定鄭	《青蠅》等	
肯定毛	《湛露》等	

　　歐陽修以求《詩》的本義爲旨歸，評判毛鄭，雖不迷信《序》，多揭其失，但也不完全否定它。歐陽修恢復《詩》本義的努力，爲《詩》的重新闡釋開拓了空間，一掃古人權威傳注的籠罩氣息，爲理性解《詩》、自由解《詩》、以詩解詩開闢了道路。但是歐陽修對前人分析，是有側重點的，一般認爲是駁「二家」（指毛鄭），由《四庫全書總目提要》以來直至今天幾乎是一貫的看法。實際上，略作比較，歐陽修的確多數將毛鄭並提，但評毛更是爲突出鄭的淵源，獨立批駁鄭的地方很多，而且集中歸納出鄭玄解《詩》的幾種弊端，《兔爰》「論曰：鄭氏於《詩》，其失非一，或不取《序》文，致乖詩義，或遠棄詩義專泥《序》文，或《序》與詩皆所無者時時自爲之說」（《詩本義》卷三《兔爰》），《斯干》「論曰：毛於《斯干》，詁訓而已，然與他詩多不同。鄭《箋》不詳詩之首卒，隨文爲解，至有一章之內，每句別爲一說，是以文意散離，前後錯亂，而失詩之旨歸矣。又復差其章句，章句之學，儒家小之，然若乖其本者，害於大義，則不可以不正也」（《詩本義》卷七《斯干》）。《十月、雨無正、小旻、小宛》「毛氏當漢初興，去《詩》猶近。後二百年而鄭氏出，使其說有可據，而推理爲得，從之可矣。若其說無據，而推理不然，又以似是之疑爲必然之論，則吾不得不捨鄭而從毛也」（《詩本義》卷七《十月、雨無正、小旻、小宛》），能體現出一定的理性精神和取捨標準，評價鄭有兩個因素，一是依據，一是推理（即以人情事理求之），否則則捨近從遠，棄鄭從毛。有些學者認爲歐陽修宗《序》，未敢疑之，實際上似不完全是這樣的〔註24〕。略作比較，以示概貌，見表3。

〔註24〕如《鴻雁》「本義曰：……或謂據《序》言美宣王，而此詩之說但述使臣，疑非本義。且使離散之民還定安集者，由宣王能遣人以恩意勞來之也。天子之尊，必不自往，作《序》者，不言遣使，以不待言而可知也，復何疑哉？」（《詩本義》卷六《鴻雁》）按：「恩意」，疑爲「恩義」之訛；儘管此例表面似結合具體詩文護《序》，而實際上是爲了義理解釋的圓滿或合乎人情事理，並不能證明他恪守《序》或尊《序》。

　　這裡通過比較強調歐陽修的批駁重點在鄭，即成熟的典型的漢代《詩經》研究成果，從這種意義上視歐陽修爲宋代《詩經》學研究的開創者和奠基者是不過分的。《四庫》館臣將宋代《詩經》學開創之功歸於歐陽修，「自唐以來，說《詩》者莫敢議毛鄭，雖老師宿儒亦謹守《小序》。至宋而新義日增，舊說幾廢，推原所始，實發於修」（《四庫全書總目・詩本義提要》），「後之學者或務立新奇，自矜神解，至於王柏之流乃並疑及聖經，使《周南》、《召南》俱遭刪竄，則變本加厲之過，固不得以濫觴之始歸咎於修矣」（《四庫全書總目・詩本義提要》）。

　　歐陽修關於《詩序》、毛、鄭學術態度差異的原因略有說明，如《麟之趾》詩解：

　　　　論曰：孟子去《詩》世近而最善言《詩》，推其所說詩義，與今《序》意多同，故後儒異說爲《詩》害者常賴《序》文以爲證。然至於《二南》，其《序》多失，而《麟趾》、《騶虞》所失尤甚，特不可以爲信。疑此二篇之《序》爲講師以己說泪之，不然，安得繆（謬）論之如此也？據詩直以國君有公子如麟有趾爾，更無他義也。若《序》言《關雎》之應，乃是《關雎》化行，天下太平，有瑞麟出而爲應，不惟怪妄不經，且與詩意不類。《關雎》、《麟趾》作非一人，作《麟趾》者了無及《關雎》之意，故前儒爲毛鄭學者自覺其非，乃爲曲說，云：「實無麟應，太史編詩之時，假設此義，以謂《關雎》化成，宜有麟出，故藉此《麟趾》之篇列於最後。」使若化成而麟至爾，然則《序》之所述乃非詩人作詩之本意，是太史編詩假設之義也。毛鄭遂執《序》意以解詩，是以太史假設之義解詩人之本義，宜其失之遠也。如毛言麟以足至者，鄭謂角端有肉示有武而不用者，尤爲衍說。此篇《序》既全乖，不可引據，但直考詩文，自可見其意。

　　　　（《詩本義》卷一《麟之趾》）

這段文字能集中反映歐陽修的解釋學思想及其對兩種意義——作者之意和編者之義的區分。對《序》與毛鄭的態度也有代表性，疑《序》而未爲激烈，斥毛鄭不遺餘力，但較平和公允，如《四庫全書總目》所言。解《詩》多直據詩文本身，使宋代《詩經》學煥然而有一新的途徑，不拘泥於古人，有除「蔽」之意。同時，表現出較強的理性精神，反對天人感應的神學解說。區分兩種意義尤有貢獻，即使今人也多有繼承和發展，如陳子展《詩經直解》

就將其擴充為三種意義。

「孔子刪《詩》，並錄其功過者，所以為勸誡也，俾後世知大功盛德之君，雖小過不免刺譏爾。」（《詩本義》卷六《黃鳥》）「雖為小失，不可不正。」（《詩本義》卷四《叔于田》）歐陽修《詩本義》具有貫穿前後的學術原則，即使很小的失誤，也絕不放過。正因為如此，在人情古今與文本依據的基礎上，歐陽修才有可能對此前的《詩經》解讀做出重新的評判，而已經完全擺脫了拘泥門戶之見的討論。他對《詩序》（《小序》）、毛《傳》、鄭《箋》均有一定的批評，但也有些地方有所肯定，相較而言，對鄭玄「改經就注」的做法批評尤烈。所以，如果說《詩本義》在學術傾向上是在反思毛鄭的得失，還不如說他的重點在於批駁鄭玄所形成的一系列附會、混亂的觀點。

歐陽修反對附會，特別是將自然與人事牽強解釋的做法。如：「（鄭）又云『原隰以相與聚居之故，故能定高下之名』者，亦非也。且原也，隰也，乃土地高下之別名爾。土地不動，無情之物，或高，或下，不相為謀，安有相與聚居之理？此尤為曲說也。」（《詩本義》卷六《常棣》）「考詩之意，文王有酒食，以與群臣燕飲，如鹿得美草，相呼而食爾，其義止於如此。而《傳》云『懇誠發於中』者，衍說也。聖人不窮所不知，鳥獸之類，安能知其誠不誠？考上下經文，初無此意，可謂衍說也。」（《詩本義》卷六《鹿鳴》）「《書》稱『后稷播時百穀』者，蓋其為舜教民耕殖以足食爾，如後世有勸農之官也，非謂堯、舜已前地無百穀而民不粒食，待天降種與后稷而後有也。然則百穀草木其有固已久矣，安知四穀之種為后稷而降也？使天有顯然之跡，特為后稷降此四穀，其降在於何地？自周、秦、戰國之際，去聖遠而異端起，奇書怪說不可勝道，而未嘗有『天為后稷降種』之說。詩又無明文，但云『誕降』，則毛、鄭何據而云天為后稷降種也？可謂無稽之言矣。」（《詩本義》卷十二《思文、臣工》）「論曰：『有駜』之義，毛以為馬肥強貌，又謂馬肥強則能升高進遠，臣強力則能安國，據詩但述乘馬肥強爾，毛以喻臣能強力，已為衍說。而鄭又謂喻僖公用臣，必先足其祿食則莫不盡忠，意謂畜馬者必先豐其養飼，養飼豐則馬肥強，馬肥強則能盡力，以喻養臣者必先豐其祿食，祿食足則臣盡忠者，皆詩文所無，此又妄意詩人而委曲為說，故失詩之義愈遠也。」（《詩本義》卷十二《有駜》）〔註25〕批評《毛傳》牽強附會。

歐陽氏對《生民》與《玄鳥》詩的解釋尤為典型，也是學者常引用的資

〔註25〕《四部叢刊》本，「馬肥強貌」之「貌」作「皃」。

料，此不具列。

　　《詩本義》解《周頌・烈祖》，「論曰」云：「《左傳》魯昭二十年，晏子爲齊侯陳和同之異，云『和如羹焉』者，其意本譏齊侯與子猶同欲，不得爲和也，因引『和羹』爲喻，以謂和者鹹酸異味相濟爲和，以喻君臣以可否相濟爲和，故曰君臣亦然，因引此頌云『亦有和羹』，但謂羹當以五味相和爾。古人引詩喻事，多不用詩本義，但取其一句足以曉意而已，如《鵲巢》本述后妃而魯穆叔引以喻晉君有國而趙孟治之之類是也。」（《詩本義》卷十二《烈祖》）〔註26〕對「亦有和羹」的附會解釋進行辨正。「本義」則曰：「『亦有和羹』者，言調和此羹之人，謂膳夫也。」解釋平易而合乎情理。

　　重視合乎情理，在歐陽修對詩文的訓解上也有深刻的影響。如他反對毛、鄭將《召南・甘棠》中的「蔽芾」解爲「小」，就從詩文出發，做出合乎人情的推斷，終將「蔽芾」解爲「茂盛」，成爲今天被人們廣泛採用的見解。《一義解》：「『蔽芾甘棠，勿翦勿伐，召伯所茇。』毛、鄭皆謂：蔽芾，小貌；茇，舍也。召伯本以不欲煩勞人，故舍於棠下。棠可容人，舍其下則非小樹也。據詩意，乃召伯死後，思其人，愛其樹而不忍伐，則作詩時益非小樹矣。毛、鄭謂蔽芾爲小者失詩義矣。蔽，能蔽風日，俾人舍其下也。芾，茂盛貌。蔽芾，乃大樹之茂盛者也。」（《詩本義》卷十三《一義解》）

　　歐陽修的一些文賦也可以作爲研究其《詩經》學思想的參考，如學者關於《詩本義》對《青蠅》的解讀，在辨別毛鄭得失上有不同看法（參見裴普賢《歐陽修〈詩本義〉研究》、曾建林《歐陽修經學思想研究》等）。但《憎蒼蠅賦》〔註27〕強調蒼蠅「其在物也雖微，其爲害也至要」〔註28〕，根據文末「止棘之詩，垂之《六經》，於此見詩人之博物，比興之爲精，宜乎以爾刺讒人之亂國，誠可嫉而可憎」〔註29〕，則所稱「止棘之詩」當爲《小雅・青蠅》，詩文第二章即有「營營青蠅，止於棘。讒人罔極，交亂四國」，歐陽修所說的「刺讒人之亂國」正是該詩詩旨，是毛《詩》的看法。但《詩本義》在探討取「青蠅」意象比興側重的方面時，辨析就很細緻，認爲「論曰：青

〔註26〕　「齊侯與子猶同欲」之「子猶」，《四部叢刊》本作「子猷」。
〔註27〕　《憎蒼蠅賦》，《歐陽修全集・居士集》卷十五《賦五首》，第 112～113 頁。
　　　　　按：「青蠅」是否即「蒼蠅」，《齊風・雞鳴》「匪雞則鳴，蒼蠅之聲」，稱「蒼蠅」不稱「青蠅」。今人在辯論時，將二者視爲同物。
〔註28〕　《憎蒼蠅賦》，《歐陽修全集・居士集》卷十五《賦五首》，第 112 頁。
〔註29〕　《憎蒼蠅賦》，《歐陽修全集・居士集》卷十五《賦五首》，第 113 頁。

蠅之污黑白，不獨鄭氏之說，前世儒者亦多見於文字，然蠅之爲物，古今理無不同，不知昔人何爲有此說也？今之青蠅所污甚微，以黑點白猶或有之，然其微細不能變物之色，詩人惡讒言變亂善惡，其爲害大，必不引以爲喻。至於變黑爲白，則未嘗有之，乃知毛義不如鄭說也。《齊詩》曰：『匪雞則鳴，蒼蠅之聲。』蓋古人取其飛聲之眾可以亂聽，猶今謂聚蚊成雷也。本義曰：青蠅之爲物甚微，至其積聚而多也。營營然往來，飛聲可以亂人之聽，故詩人引以喻讒言漸漬之多能致惑爾。其曰『止於樊』者，欲其遠之，當限之於藩籬之外，鄭說是也。棘、榛，皆所以爲藩也。」（《詩本義》卷九《青蠅》）這種觀點對後來《詩》解影響很大，如朱熹《詩集傳》在注解《青蠅》時就特別強調「營營，往來飛聲，亂人聽也。青蠅，污穢能變白黑。樊，藩也」，「棘，所以爲藩也」，「詩人以王好聽讒言，故以青蠅飛聲比之」（《詩集傳》卷十四《青蠅》），朱《傳》中雖然融合有毛鄭的看法，但也明顯吸收了歐陽的觀點。因此，我們認爲，相較《憎蒼蠅賦》來說，《詩本義》闡發自然更加深入細微〔註30〕，畢竟《憎蒼蠅賦》作於治平三年（1066 年），或許《詩本義》辨析該詩時前後觀點略有變化（參見第四章《今本〈詩本義〉主要卷次內在關係及意義考論》）。但重視情理的契合則是一貫原則，「蠅之爲物，古今理無不同」（《詩集傳》卷十四《青蠅》）。

　　經歐陽修解釋後，基本解決了鄭玄等解《詩》的乖舛支離問題，而是根據詩文本身，尋求一貫的詩義，使《詩經》解釋更簡明，不受前人僵化傳注的約束，反對衍義爲說，「論曰：……度、明、類、長、君、順、比七者，皆古今常言。毛鄭曲爲訓義，雖未害文理，然於義爲衍，去之可也」（《詩本義》卷十《皇矣》），可見針對兩大問題：害文理，生衍義。

　　《詩本義》解《小雅·白華》：「今考詩意，言『之子』者，棄妻斥其夫也。所謂『碩人』者，乃刺幽后爾。又《序》言以妾爲妻，以孽代宗，雖爲兩事而其實一也，蓋妾子爲孽，妻子爲宗，既升妾爲妻，則自然其孽子爲嫡矣。今考詩但述妻妾之事，而無及嫡庶之語，乃作《序》者因言及之爾。」（《詩本義》卷九《白華》）在重點考察詩文本身的基礎上，指出《序》「因言及之」

〔註30〕當然，關於這篇賦與《青蠅》詩解的細微差異以及變化，也有學者認爲反映了歐陽修認識的深化，「從歐陽修的《憎蒼蠅賦》來看，……表明其對《青蠅》之害比《詩本義》中的『詩人惡讒言變亂善惡，其爲害大，必不引以爲喻』有了更深的認識」（曾建林《歐陽修經學思想研究》，浙江大學博士學位論文，2007 年，第 87 頁）。

的特點，實際上，已經揭示了《序》與詩文的不一致之處，即《序》的闡釋學的特徵。這爲反思「尊序」提供了方法論的依據。

這兩種方法直接促成了歐陽修簡直明易的解經風格，對宋代《詩經》學研究風格的形成有奠基作用，反對迂遠衍義爲說，「論曰：經義固常簡直明白，而未嘗不爲說者迂迴汨亂而失之彌遠也」（《詩本義》卷三《相鼠》）。他正面強調簡明原則的地方很多，略舉數例：

> 論曰：……其忠信爲周，訪問爲咨，意謂大夫出使，見忠信之賢人，就之訪問。今詩文乃曰「周爰咨諏」，是出見忠信之賢人，止一周字，豈成文理？若直以周爲周詳周遍之周，則其義簡直，不解自明也。（《詩本義》卷六《皇皇者華》）

> 一篇之義，簡易而通明。（《詩本義》卷七《斯干》）

> 論曰：《無羊》之義，簡而易明。（《詩本義》卷七《無羊》）

如果沒有「據文求義」與「以今論古」方法的相互輔助與作用，這種簡明的解經理想與特色是難以出現的。而這兩種方法對宋代學者的深遠影響，則使有宋一代《詩經》學（以及其他經典研究）解經風氣一變，爲經學的義理研究奠定了堅實的基礎。

第二節　「據文求義」和「以今論古」方法的影響

「據文求義」和「以今論古」（古今人情一也）方法的系統確立始於歐陽修，對此後宋代《詩經》學學者產生了深遠影響，其中包括相當一部分理學家，並逐步突顯「義理」解《詩》的學術特徵和發展方向。

一、宋代《詩經》學學者對「據文求義」的繼承述略

王安石（1021～1086）繼承歐陽修注重對文本的體會。《常棣》，《詩傳通釋》「胡庭芳曰：王氏云，文武以來，宴兄弟，亦必有詩。然《鹿鳴》、《四牡》等篇，詞多和平，唯《常棣》一篇，詞多激切，意若有所懲創。則周公因管蔡之事，其後更爲此詩無疑」〔註31〕。這種以詩詞語氣推及作者及詩旨的方法對朱熹也有很大的影響。以語言特點和道德高下區分《周頌》和《魯頌》，

〔註31〕《詩義鉤沈》卷九《鹿鳴之什義第十六》，〔宋〕王安石著，邱漢生輯校《詩義鉤沈》，北京：中華書局，1982年版，第126頁。

兼顧了內容和形式兩個因素。《閟宮》,《李黃集解》(李)「王氏曰:《周頌》之辭約,約所以爲嚴,所美盛德故也。《魯頌》之辭侈,侈所以爲誇,德不足故也」〔註32〕,繼承了歐陽修注重文本考察的方法,但又和「德「聯繫起來,顯示重新解釋義理的傾向。

《六月》,《詩序》作「宣王北伐也。《鹿鳴》廢則和樂缺矣。《四牡》廢則君臣缺矣。《皇皇者華》廢則忠信缺矣。《常棣》廢則兄弟缺矣。《伐木》廢則朋友缺矣。《天保》廢則福祿缺矣。《采薇》廢則征伐缺矣。《出車》廢則功力缺矣。《杕杜》廢則師眾缺矣。《魚麗》廢則法度缺矣。《南陔》廢則孝友缺矣。《白華》廢則廉恥缺矣。《華黍》廢則蓄積缺矣。《由庚》廢則陰陽失其道理矣。《南有嘉魚》廢則賢者不安,下不得其所矣。《崇丘》廢則萬物不遂矣。《南山有臺》廢則爲國之基墜矣。《由儀》廢則萬物失其道理矣。《蓼蕭》廢則恩澤乖矣。《湛露》廢則萬國離矣。《彤弓》廢則諸夏衰矣。《菁菁者莪》廢則無禮儀矣。《小雅》盡廢則四夷交侵,中國微矣」,《李黃集解》(李)「王氏又從而爲之說曰:序詩者,進《由庚》於《南有嘉魚》之前,而退《南山有臺》於《崇丘》之後,何也?蓋其說以爲:陰陽失其道理,則是人君不能用道。人君不能用道,則賢者亦必不安,下亦必不得其所。萬物不遂,則是人君不能成物。人君不能成物,則必無賢者以立邦家之基矣」〔註33〕,發揮和補充《詩序》的見解,實際上將《詩經》中的詩歌與歷史、治國聯繫起來,形成義理解說,王安石則通過理性的推理使這個義理更加的完整和鮮明。這種方法起自歐陽,至南宋而盛,演變過程比較明顯。

《洞酌》,《李黃集解》(李)「王氏徒見序言皇天親有德而饗有道,遂於詩中求其所謂道德。『民之父母』,德也;『民之攸墍』,道也。又其甚曰:周道於是爲盛,故稱皇天焉」〔註34〕,將王安石以道德解《詩》、闡發《詩序》、穿鑿體會義理的研究方法揭示了出來,但這種方法也開闢出了一種較自由的研究《詩經》的新途徑,注重文本依據和讀者體會是它的兩個鮮明特徵。

以「義理」解《詩》至張載(1020～1077)漸趨明朗。

　　《靈臺》,民始附也,先儒指以爲文王受命之年,此極害義理。
　又如司馬遷稱文王自羑里歸,與太公行陰德以傾紂天下,如此,則

〔註32〕　《詩義鈎沈》卷二十《駉義第二十九》,第300頁。
〔註33〕　《詩義鈎沈》卷十《南有嘉魚之什義第十七》,第142～143頁。
〔註34〕　《詩義鈎沈》卷十七《生民之什義第二十四》,第249頁。

> 文王是亂臣賊子也。惟董仲舒以爲文王閔悼紂之不道，故至於日昃
> 不暇食；至於韓退之亦能識聖人，作《羑里操》，有「臣罪當誅兮，
> 天王聖明」之語。文王之於紂，事之極盡道矣，先儒解經如此，君
> 臣之道且不明，何有義理哉？如《考槃》之詩「永矢弗過」、「弗告」，
> 解以永不復告君過君，豈是賢者之言！〔註35〕

此處的「義理」與歐陽修注重文義的「義理」已不同，標準是倫理綱常，宋代解《詩》由王安石至張載亦可見明顯的轉向痕跡，張載已自覺地以這種倫理意義上的「義理」來評價闡釋的合理性。他側重文義、因文見義的部分因素，與王安石從整體解析相似，有時也揭示了個別詩篇本文的特點，「《甘棠》初能使民不忍去，中能使民不忍傷，卒能使民知心敬而不瀆之以拜，非善教浸明，能取是於民哉？」〔註36〕

張載既以讀書作爲維持「此心」的手段，又以「此心」「不誤」作爲讀書的條件，他認爲「觀書必總其言而求作者之意」，讀書「以維持此心」，「讀書則此心常在，不讀書則終看義理不見」〔註37〕，「蓋所以求義理，莫非天地、禮樂、鬼神至大之事，心不弘則無由得見」，「遊心經籍義理之間」，「心解則求義自明，不必字字相校」〔註38〕，重「了悟」〔註39〕，「發源端本處既不誤，則義可以自求」〔註40〕。這些顯示張載已逐漸重視心性義理。

程頤（1033～1107）並不完全恪守《詩序》，也很重視詩文自身所傳達出來的意義。他解《周南‧麟之趾》「自『衰世公子』以下，《序》之誤也。以詩有公子字，故誤耳。『麟趾之時』，不成辭。麟趾言之時，謬矣」〔註41〕，

〔註35〕《經學理窟‧詩書》，〔宋〕張載著《張載集》，北京：中華書局，1978年版，第257～258頁。

〔註36〕《正蒙‧樂器篇第十五》，〔宋〕張載著《張載集》，北京：中華書局，1978年版，第56頁。

〔註37〕《經學理窟‧義理》，載〔宋〕張載著《張載集》，北京：中華書局，1978年版，第275頁。

〔註38〕《經學理窟‧義理》，載〔宋〕張載著《張載集》，北京：中華書局，1978年版，第276頁。

〔註39〕《經學理窟‧學大原下》，載〔宋〕張載著《張載集》，北京：中華書局，1978年版，第283頁。

〔註40〕《經學理窟‧義理》，載〔宋〕張載著《張載集》，北京：中華書局，1978年版，第277頁。

〔註41〕〔宋〕程頤《詩解‧國風‧麟之趾》，載《二程集‧河南程氏經說卷第三》（第四冊），第1049頁。標點略改。

《唐風・葛生》「此詩思存者，非悼亡者，《序》爲誤矣。好攻戰則多離闊之恨，葛之生託於物，蘞之生依於地，興婦人依君子。『誰與？獨處！』誰與乎？獨處而已。獨且，獨處至且也。晝夜之永時，思念之情尤切，故期於死而同穴，乃不相離也」〔註42〕，這裡，程頤既批評《序》「悼亡詩」的解釋，這種看法至今依然有影響〔註43〕。同時自出機杼，運用體味及因文見義的方法，認爲這首詩是「懷人詩」，爲一新解，能給人以啓發，同時，可見在學術方法上與歐陽修有一致處〔註44〕。《小雅・常棣》「此燕樂兄弟，親睦宗族之詩，不因管、蔡而作也」〔註45〕，「窮究是理，圖念是事，信其然乎？言信然。此詩句少而章多，章多所以極其鄭重，句少則各陳一義故也」〔註46〕，重視對詩文的涵泳體會。

　　鄭樵（1104～1162）「以文解詩」的傾向與歐陽修相似，「鄭子曰：以《芣苢》爲婦人樂有子者，據《芣苢》，詩中全無樂有子意，彼之言此者何哉？蓋書生之說，例是求義以爲所，此語不徒然也，故以爲樂有子爾。且《芣苢》之作，興採之也，如後人之採菱則爲《采菱》之詩，採藕則爲《采藕》詩，以述一時所採之興爾，何它義哉？」〔註47〕鄭樵之說爲勝，尤其末一句接近瞭解詩歌創作的緣起與本質，即文學創作起源於勞動，爲文藝理論眾家之說的一種，難能可貴；且以今時溝通古代，與「古今人情一也」有內在的承繼關係和相同的方法理論。同時，聯繫鄭樵「聲樂之說」，更加透露出他「主樂說」而反對「主義說」的觀點，批評在詩文中尋覓「它義」的行爲。鄭樵認爲「詩主聲樂」，「鄭子曰：凡制文字，必依形依象而立。風、雅、頌，皆聲，無形與象，故無其文，皆取他文而借用。如風本風雨之風，雅本烏鴉之鴉，頌本頌容之容。奈何敘《詩》者於借字之中求義也」〔註48〕，在鄭樵看來，《詩》

〔註42〕〔宋〕程頤《詩解・國風・葛生》，載《二程集・河南程氏經說卷第三》（第四冊），第1059～1060頁。按：「誰與？獨處！」原注標「是兩句」。

〔註43〕參見陳子展《詩經直解》、程俊英《詩經今注》、《詩經注析》及費振剛等的《詩經詩傳》等。

〔註44〕又如解《秦風・晨風》、《小雅・白華》等。

〔註45〕〔宋〕程頤《詩解・小雅・常棣》，載《二程集・河南程氏經說卷第三》（第四冊），第1071頁。

〔註46〕〔宋〕程頤《詩解・小雅・常棣》，載《二程集・河南程氏經說卷第三》（第四冊），第1072頁。

〔註47〕〔宋〕周孚《非詩辨妄》，《叢書集成初編》本，第3頁。

〔註48〕〔宋〕周孚撰《非詩辨妄》，《叢書集成初編》本，第4～5頁。

主聲樂，不關乎義，原因是《詩經》風雅頌本為假借之字，表聲而不表義，因此，在這些文字中探索意義，區別詩篇次第，正是南轅北轍，愈求愈遠，總之，反對在聲樂之《詩》中求義。如果從廣闊的視角來看，聲樂也許是《詩經》的本義，而義理則是《詩經》的解讀義，不是同一個範疇，因此，鄭樵接續歐陽修恢復《詩經》本義的努力，歐陽修側重義理，而鄭樵側重聲樂，自然，鄭樵走得更遠，將這項工作向前推進了一步，也就更加接近《詩經》的本來面貌。

但是鄭樵並沒有將「因文求義」的方法貫徹到底。「鄭子曰：《周頌》之《敘》，多非依仿篇中之義為言，乃知所傳為眞」，鄭樵失於輕率，反被周孚抓住破綻，巧護《序》說，「且六亡詩已失，秦漢儒何所依仿而能序是也？無所依仿而有《序》」，則諸《序》不出於漢儒明矣。此吾就鄭子所言而言者也」〔註49〕。

即使尊崇《詩序》的周孚也不反對「以詩解《詩》」、「因文求義」的方法。他在批評鄭樵重複鄭康成以禮解《詩》的方法，區分「燕」、「饗」的意義，「是於《詩》之外求義也。訓《詩》而不本《詩》，吾未見其能《詩》也」〔註50〕，似對解《詩》的文本化有寬容甚至認可的態度。聯繫蔡卞（1058～1117）《毛詩名物解》，解名物時，多附以道德、禮法之理，即「於《詩》之外求義」，反覆申述自己的思想，有宋學的特點。鄭樵雖主張《詩》為聲樂之作，但並不是全部否定和漠視詩作的意義，而是多以己意裁奪，引起了恪守《毛詩》學者的不滿。

王質（1127～1188）重視解《詩》「即辭求事，即事求意」，也即「據文求義」的意思，不過更細緻一些。《葛覃》「《總聞》曰：說《詩》當即辭求事，即事求意，不必縱橫曼衍，若爾將何時而窮，一若稽古，至三萬言，無足訝也。……遺本旨而生他辭，竊取其美以覆苴其不知，此談經之大病也」〔註51〕。在《詩總聞》中，「尋詩」、「尋文」的字眼很多，如《假樂》、《菁菁者莪》、《泂酌》、《漸漸之石》、《蓼莪》等詩解，主要就是體會探尋文字文義，是「因文見義」的置換表達。《假樂》「《總聞》曰：此詩皆媚上之辭，反覆（復）尋之，非苟為媚者也」〔註52〕，《泂酌》「聞事曰」「此則言皇天親有德，饗有道，尋

〔註49〕〔宋〕周孚撰《非詩辨妄》，《叢書集成初編》本，第12頁。
〔註50〕〔宋〕周孚撰《非詩辨妄》，《叢書集成初編》本，第8頁。
〔註51〕〔宋〕王質撰《詩總聞》卷一，《叢書集成初編》本，第6頁。
〔註52〕〔宋〕王質撰《詩總聞》卷十七，第281頁。按：此句「媚」，鄭玄解為「愛」，許慎解為「悅」，無貶義。

詩蓋無見」〔註53〕。有些體會就涉及情景關係，《菁菁者莪》「《總聞》曰：諸
侯喜見王者，凡經歷覽觀，皆樂事賞心也。大率主明時泰與主暗時否，山川、
草木皆一等，而人情、物態自兩種，尋詩可見也」〔註54〕，《漸漸之石》「《總
聞》曰：東南夷見於《詩》者，淮夷荊舒。得人則有喜江山之心，不得人則
有懼山川之怒，亦各繫其人也。觀此詩及《東山》、《江漢》諸詩可見。尋詩，
其人非不冒難盡瘁，亦時節不嘉，人情少舒，觸境皆非美氣象爾」〔註55〕，
既繼承了「因文見義」的解詩方法，同時體貼入微，突出了心物之間的微妙
關係，「寫氣圖貌，既隨物以宛轉；屬采附聲，亦與心而徘徊」（《文心雕龍·
物色》），不是常見的「情以物遷」（見《物色》篇），而是更深入的「物以心
染」。

　　朱熹（1130～1200）解《詩》，注重文本義，繼承了歐陽修「據文求義」
的方法，同時又考以義理，務使《詩》義平正合理。如《抑》，《詩序》作「《抑》，
衛武公刺厲王，亦以自警也」，朱子《詩序辨說》作：

> 　　此詩之《序》，有得有失。蓋其本例以爲非美非刺，則詩無所
> 爲而作；又見此詩之次，適出於宣王之前，故直以爲刺厲王之詩；
> 又以《國語》有左史之言，故又以爲亦以自警。以詩考之，則其曰
> 刺厲王者失之，而曰自警者得之也。夫曰刺厲王之所以爲失者，史
> 記衛武公即位於宣王之三十六年，不與厲王同時，一也；詩以小子
> 目其君而爾汝之，無人臣之禮，與其所謂敬威儀愼出話者自相背
> 戾，二也；厲王無道，貪虐爲甚，詩不以此箴其膏肓，而徒以威儀
> 詞令爲諄切之戒，緩急失宜，三也；詩詞倨傲，雖仁厚之君，有所
> 不能容者，厲王之暴，何以堪之，四也；或以史記之年不合，而以
> 爲追刺者，則詩所謂「聽用我謀，庶無大悔」，非所以望於既往之
> 人，五也。曰自警之所以爲得者，《國語》左史之言，一也；詩曰
> 「謹爾侯度」，二也；又曰「曰喪厥國」，三也；又曰「亦聿既耄」，
> 四也；詩意所指，與《淇奧》所美、《賓延》所悔相表裏，五也。
> 二說之得失，其佐驗明白如此，必去其失而取其得，然後此詩之義
> 明。今序者乃欲合而一之，則其失者固已失之，而其得者亦未足爲

〔註53〕　〔宋〕王質撰《詩總聞》卷十七，《叢書集成初編》本，第283頁。
〔註54〕　〔宋〕王質撰《詩總聞》卷十，《叢書集成初編》本，第173頁。
〔註55〕　〔宋〕王質撰《詩總聞》卷十五，《叢書集成初編》本，第253頁。

全得也，然此猶自其詩之外而言之也，若但即其詩之本文而各以其一說反覆（復）讀之，則其訓義之顯晦疏密、意味之厚薄淺深，可以不待考證而判然於胸中矣，此又讀《詩》之簡要直訣，學者不可以不知也。〔註56〕

朱子破立依據各5條，以詩文爲論據的，破者占4條，即二、三、四、五條；立者占 3 條，即二、三、四條，可見對詩文自身的重視。同時，又認爲「即其詩之本文而各以其一說反覆讀之」爲「讀《詩》之簡要直訣」，與《朱子語類》載其讀《詩》四五十過、反覆揣摩體會同，可見重視的是「據文求義」的簡約途徑。

他如《商頌》,《駉》,《詩序》作「《駉》,頌僖公也。僖公能遵伯禽之法，儉以足用，寬以愛民，務農重穀，牧於坰野，魯人尊之，於是季孫行父請命於周，而史克作是頌」，朱子《詩序辨說》作「此《序》事實皆無可考，詩中亦未見務農重穀之意，《序》說鑿矣」；又如《有駜》,《詩序》作「《有駜》,頌僖公君臣之有道也」，朱子《詩序辨說》作「此但燕飲之詩，未見君臣有道之意」〔註57〕，皆是以詩文自身爲據作出判斷。

今有學者高度評價朱熹《詩經》學研究方法，「朱熹實現了對《詩》與『史』和《詩》與『論』（教化）的整合與超越，成功地建構起了以《詩》說《詩》的基本原則，朱熹『以《詩》說《詩》』原則不僅是《詩經》詮釋學史上的一次重大變革，同時也是中國古典美學的一個具有普遍意義的思維方式，是對中國『以物觀物』審美精神的繼承和發揚，具有重大的理論意義」〔註 58〕。這裡對朱熹解《詩》原則評價很高，而且將「以《詩》解《詩》」與源於《莊子》的「以物觀物」思想和精神聯繫起來，使這個方法有了更濃鬱的哲學色彩和現代意義，即反思研究方法和研究對象之間的關係。但朱熹是否對所有詩篇都貫徹了這個原則？在多大程度上貫徹了這個原則？這些問題都值得不斷的反思和研究。「因文見義」或「以詩解詩」自從歐陽修以來就很普遍，影響深遠，不獨朱熹一人。

〔註56〕〔漢〕毛萇傳述,〔宋〕朱熹辨說《詩序》,《叢書集成初編》本，第 40～41頁。

〔註57〕〔漢〕毛萇傳述,〔宋〕朱熹辨說《詩序》,《叢書集成初編》本，第 46 頁。

〔註58〕鄔其昌：《「以〈詩〉說〈詩〉」與「以〈序〉解〈詩〉」——朱熹〈詩經〉詮釋學美學基本原則研究之二》，載中國詩經學會編：《詩經研究叢刊》（第六輯），北京：學苑出版社，2004 年版，第 143 頁。

　　《小雅·鹿鳴之什·出車》，呂祖謙（1137～1181）通過反覆體會認爲「『喓喓草蟲』以下六句，說者以《草蟲》之詩有之，遂亦以爲室家之語。觀其斷句，曰『赫赫南仲，薄伐西戎』，其辭奮張，豈室家思望之語乎？『毋逝我梁，毋發我笱，我躬不閱，遑恤我後』，兩見於《谷風》、《小弁》之詩，其一夫婦也，其一父子也」〔註59〕，分析透徹，抓住文字本身，聯繫詩句語境進行體味。關於《王風·君子于役》，《小序》稱「大夫思其危難以風焉」，呂祖謙指出「考經文不見『思其危難以風』之意」〔註60〕。既能看到呂祖謙並非一味維護《小序》，又反映了他受歐陽修「考文見義」的明顯影響，諸如「以文義考之」〔註61〕、「以詩之所敘考之」〔註62〕等類似表達。

　　即使多借《詩經》來闡發心學思想的楊簡（1141～1226）也很注意文本的重要。「《毛詩序》曰：『《葛覃》，后妃之本也。后妃在父母家，則志在於女功之事，躬儉節用，服澣濯之衣，尊敬師傅，則可以歸安父母，化天下以婦道也。』夫人善心，即道心，婦人志於女功，躬節儉，服澣濯，念父母而歸寧。方是心，油然而興，互見錯出，無非神用，何本何末？而爲《詩序》者判本末而裂之，且曰則可。以是詩，初無是情，不省詩情，贅立己意，使天下後世平夷純正質直之心，鑿而穿之，支而離之」〔註63〕，《殷之雷》「閔其君子勤勞之心，自是正心，道心。衛宏強起其說，曰勸以義，詩中無此情也」〔註64〕。反對《詩序》本末論的方法和觀點，進一步揭示了《詩序》支離、蒙蔽詩義的弊端，深化了自歐陽修以來「據文求義」的解《詩》方法，「以是詩，初無是情，不省詩情，贅立己意，使天下後世平夷純正質直之心，鑿而穿之，支而離之」，儘管最終導向了心學解釋，但注重「詩情」卻是不言而喻的。楊簡認爲解《豳風·東山》爲「民忘其死，

〔註59〕　《呂氏家塾讀詩記》卷十七《出車》，第 312～313 頁。按：此句兩「毋」字《叢書集成初編》本誤作「母」。

〔註60〕　〔宋〕呂祖謙撰《呂氏家塾讀詩記》卷七《君子于役》，《叢書集成初編》本，第 129 頁。

〔註61〕　〔宋〕呂祖謙撰《呂氏家塾讀詩記》卷二十六《行葦》，《叢書集成初編》本，第 576 頁。

〔註62〕　〔宋〕呂祖謙撰《呂氏家塾讀詩記》卷二十六《行葦》，《叢書集成初編》本，第 578 頁。

〔註63〕　〔宋〕楊簡撰《慈湖詩傳》卷一《葛覃》，文淵閣《四庫全書》（第 73 冊），第 10 頁。

〔註64〕　〔宋〕楊簡撰《慈湖詩傳》卷二《殷之雷》，文淵閣《四庫全書》（第 73 冊），第 25 頁。

乃詩外之義」〔註65〕，從反面強調了「詩情」的重要。

戴溪解《狼跋》，與《詩序》、《傳》、《箋》多相左，別出新義，以「狼」為三監，有豺狼之暴〔註66〕，「美周公」的題旨並無變化，但釋義方式不同，自出心思，雖未必準確，但可見風氣。他比較風雅之體，認為同是刺讒或聽讒之詩，「《青蠅》之詩，與《采苓》不同。風主於諷，故其辭緩；雅有直體，故其辭切」〔註67〕，比較兩種體裁語言風格的不同，依然是以對詩歌文本的解讀與體味為根據的。黃震《黃氏日抄》「永矢忽諼，程子以為弗忘君，但後章弗過弗告處難通，不如戴氏之說為長」，由此可見，戴溪「說此詩者，以弗諼為不忘其君，故下文多說不通。既不忘其君矣，又誓不過其君而告之，何其舛也。其怨若此，既非忠臣，亦不可以為碩人矣」〔註68〕，針對程子，解《詩》方法注重文本內部的依據和上下文。根據《詩序》，《魯頌》四篇詩作中涉及到魯僖公的就有三篇，因此戴溪認為《魯頌》是一種僭越，「比於他頌，其體失矣」，而且繼承歐陽修「以詩文考義」的傳統，由詩文內部發掘證據，認為「蓋是詩，首章特言姜嫄生后稷，未嘗言群公也，敘后稷文武而不及周公，言大王始剪商，文武致於牧野，辭不密察，皆下國大夫之故也。《春秋》書效始於僖公，前此群公豈無失禮者，獨始於僖公何耶？意者僖公始僭郊禮，與作頌之意類耶？」〔註69〕「《魯頌》非聖人意也？刪《詩》何取焉？存舊章以示訓戒，未必皆記其德也」〔註70〕，曲為解說。

雖然這些學者繼承了歐陽修「據文求義」的方法，但具體落實的範圍和程度不同，大多因自己的學術思想和背景而有差異，並導致新的見解和義理解《詩》的產生，如戴溪解《騶虞》作「備禮不殺，又何其仁也，仁心感人」

〔註65〕 〔宋〕楊簡撰《慈湖詩傳》卷十《東山》，文淵閣《四庫全書》（第73冊），第137頁。

〔註66〕 〔宋〕戴溪撰《續呂氏家塾讀詩記》卷一《讀豳詩‧狼跋》，《叢書集成初編》本，第41頁。

〔註67〕 〔宋〕戴溪撰《續呂氏家塾讀詩記》卷二《讀小雅‧青蠅》，《叢書集成初編》本，第67頁。

〔註68〕 《續呂氏家塾讀詩記》卷一《讀衛風‧考槃》，第14頁。按：「永矢忽諼」的「忽」，疑為「弗」之訛。

〔註69〕 〔宋〕戴溪撰《續呂氏家塾讀詩記》卷三《讀魯頌‧閟宮》，《叢書集成初編》本，第98頁。

〔註70〕 〔宋〕戴溪撰《續呂氏家塾讀詩記》卷三《讀魯頌‧閟宮》，《叢書集成初編》本，第98～99頁。

〔註71〕就不是詩中的文本義。

二、宋代《詩經》學學者對「以今論古」的繼承述略

宋代《詩經》學對「以今論古」（或「古今人情一也」）的繼承，不僅表現在《詩經》學中涉及一定「情」的探討〔註72〕，而且反映出溝通古今人情、重鑄新解的嘗試和努力。在此僅側重後者，即作為方法層面；前者，即作為思想層面，則已見於第二章《〈詩本義〉的「本義」問題與歐陽修「道」論思想》。

王安石的《詩經》學見解主要保存在人們對《詩經新義》的輯佚著作中，但已不完整了。僅就可見的資料分析，關於「古今人情一也」的內容似不十分明顯，儘管不乏對「情」的看法，如《載馳》，《詩傳通釋》引「王介甫曰」條〔註73〕；《采薇》、《杕杜》，《詩傳通釋》分別引「胡庭芳曰」條〔註74〕等。

張載大略也近乎此。涉及「情」的如解《召南・殷其雷》，《小雅・南有嘉魚之什・蓼蕭》、《小雅・甫田之什・裳裳者華》〔註75〕，《小雅・鹿鳴之什・常棣》〔註76〕。他論及《小雅・鴻雁之什・斯干》和《二南》時說：

> 《斯干》詩言「兄及弟矣，式相好矣，無相猶矣」，言兄弟宜相好，不要廝學。猶，似也。人情大抵患在施之不見報則輟，故恩不能終，不要相學，己施之而已。（《詩說》。）
>
> 人不為《周南》、《召南》，其猶正牆面而立，常深思此言誠是，不從此行，甚隔著事，向前推不去。蓋至親至近莫甚於此，故須從此始。（《詩說》。）〔註77〕

這兩則是否出自今已不見的一卷本《詩說》，還不能貿然裁斷。但其蘊含的古

〔註71〕〔宋〕戴溪撰《續呂氏家塾讀詩記》卷一，《叢書集成初編》本，第6頁。

〔註72〕多和「禮」相聯繫，「發乎情，止乎禮義」；後漸漸集中在與「情」相關的「性」上。

〔註73〕《詩義鉤沈》卷三《鄘柏舟義第四》，第50頁。

〔註74〕《詩義鉤沈》卷九《鹿鳴之什義第十六》，第132、134頁。

〔註75〕《正蒙・樂器篇第十五》，載〔宋〕張載著《張載集》，北京：中華書局，1978年版，第56頁。

〔註76〕《正蒙・樂器篇第十五》，載〔宋〕張載著《張載集》，北京：中華書局，1978年版，第57頁。

〔註77〕《拾遺・近思錄拾遺》，載〔宋〕張載著《張載集》，北京：中華書局，1978年版，第377～378頁。

今人情相通的理論前提，則很明顯，「人情大抵患在施之不見報則輟」，「蓋至親至近莫甚於此，故須從此始」。

程大昌（1123～1195）則明確地用「古今人情，不甚相遠也」來表達對古今的看法，與「古今人情一也」相扣合。他說，「中國有事於北狄，惟漢人為力，故中國已不為漢，而北虜猶指中國為漢，唐人用事於西，故羌人至今以中國為唐，從其稱謂熟者言之。古今人情，不甚相遠也」〔註78〕，與歐陽修相近，唯以史相證罷了。但在回答對有美刺的雅詩能否入樂的問題時，「或曰：頌則有美無刺，可以被之管絃矣。雅之辭，且具譏怨，親出其時，而可明播無忌歟？」又反對以常情簡單化對待古事，「其可悉用常情而度古事哉？」〔註79〕雖不無謹慎，但也透露出一定的矛盾性。

王質在解《衛風·谷風》時說，「大率論古，當以人情推之」〔註80〕，與歐陽修「古今人情一也」如出一轍。《式微》「《總聞》曰：中露，泥中，言行役冒犯之苦，語法如此，未必是地名也。鄭氏所謂衛公以二邑處黎侯，或說衛公者，宣公也。宣公父子夫婦其亂不可勝言，何暇及人？能以二邑處黎侯，蓋亦過厚，而黎之臣子責以不修方伯連率之職，似非人情。故旄丘之叔伯，若以人情推之，當為黎之親族，而非衛之臣子也」〔註81〕，《中谷有蓷》「《總聞》曰」「今古雖異，人情不遠也」〔註82〕，認為古今人情相差不遠，與歐陽修同。他根據人情推斷，認為《行露》「總聞曰：暴男侵貞女，亂世容或有之，而召公之分壤，被美教，成雅俗，不應如此。女固可尚，男為何人？豈文王之化獨及女而不及男耶？」〔註83〕從而巧妙地否定了《詩序》的解釋。

在這種今古「人情不遠」的指導下，王質對一些歷來有爭議的問題作出了合乎情理、比較科學的解釋。其中最鮮明的莫過於對「吞卵生商」的解釋，他在《玄鳥》第一章的釋文中說：

> 玄鳥紀節，而紀節之間，又自有說。《禮》：「仲春玄鳥至，以是祠高禖。」當是此年，玄鳥至而有字，此年玄鳥至而生契，是十三月而始誕也，故知其有天命。吞卵之事，不惟誕，又且猥。漢高猶

〔註78〕 〔宋〕程大昌撰《詩論·詩論十四》，《叢書集成初編》本，第17頁。
〔註79〕 〔宋〕程大昌撰《詩論·詩論十七》，《叢書集成初編》本，第19頁。
〔註80〕 〔宋〕王質撰《詩總聞》卷二，《叢書集成初編》本，第34頁。
〔註81〕 〔宋〕王質撰《詩總聞》卷二，《叢書集成初編》本，第35頁。
〔註82〕 〔宋〕王質撰《詩總聞》卷四，《叢書集成初編》本，第66頁。
〔註83〕 〔宋〕王質撰《詩總聞》卷一，《叢書集成初編》本，第17頁。

龍種，商契乃燕種乎？〔註84〕
王質將「玄鳥」解爲節氣的標誌，頗合情理，反對神秘化的荒誕解釋。如楊簡
就認爲「呑卵生商」、「履帝武敏歆」體現了道的變化〔註85〕，反不客觀理性，
是其心學思想無限膨脹的必然結果。對名同詩異現象，王質在《王風・揚之水》
「《總聞》曰：《詩》有三《揚之水》、三《羔裘》、兩《黃鳥》、兩《谷風》，非
相祖述也，有此曲名，故相傳爲之，如樂府一種名而多種辭，辭雖不同，而聲
則同也。今諸曲亦然」〔註86〕，王質視《詩》爲「樂歌」，論證的基礎和方法是
古今的相似比較。在解《鼓鐘》時認爲「雅、南，凡二音」，「《儀禮》，歌者《關
雎》、《鹿鳴》等，今存；笙者《南陔》、《由儀》，管者《新宮》等，今亡。歌有
辭，今伊州、渭州之類是也。笙管無辭，有腔，今四六句合之類是也。有辭者
多存，有腔無辭者多亡，蓋無辭故難傳」〔註87〕。這樣，王質實際上是認爲六
首笙詩有腔無辭，將「存其義而亡其辭」（《毛詩正義》）的「亡」解爲有無的「無」
了，而古代「亡」「無」相通，這樣的解釋也是有訓詁學依據的。值得注意的是，
這裡的理解和闡釋是建立在古今比附和比較上的，其基礎是「古今一也」的相
通觀念。有些詩歌用辭相同，王質又以生活環境相似來解釋，非常可貴，《鄭風・
揚之水》第一章，王質解爲「此與周《揚之水》，其辭多同，當是同居此水之旁，
故平常諷道之語多習傳也」〔註88〕。

　　朱熹也承繼了歐陽修「古今人情一也」的論斷，《朱子語類》載：「問：
以《詩》觀之，雖千百載之遠，人之情僞只此而已，更無兩般。曰：以某看
來，須是別換過天地，方別換一樣人情，釋氏之說固不足據，然其書說盡百
千萬劫，其事情亦只如此而已，況天地無終窮，人情安得有異？」〔註89〕黃
震在給章叔平的《讀詩私記》（此書《經義考》作「佚」）作的《序》中說「王

〔註84〕〔宋〕王質撰《詩總聞》卷二十，《叢書集成初編》本，第 347 頁。
〔註85〕《大雅・生民》、《商頌・玄鳥》關於姜嫄「履帝武敏歆」、簡狄呑玄鳥卵而生
　　　　商的傳奇記載，楊簡根據「道無所不通」、「變化無窮」作出寬容以至肯定的
　　　　解釋，「《生民》、《玄鳥》之詩，孔子取焉，諸儒則穿鑿爲說，強使之無，孔
　　　　子未必如此。諸儒爲說，終不若詩文之明白坦夷。道無所不通，故變化無所
　　　　不有，惟知道者信之，特難於言」（《慈湖詩傳》卷二十，文淵閣《四庫全書》
　　　　（第 73 冊），第 315 頁），較歐陽修、王質等人不能不算是倒退。
〔註86〕〔宋〕王質撰《詩總聞》卷四，《叢書集成初編》本，第 65 頁。
〔註87〕〔宋〕王質撰《詩總聞》卷十三，《叢書集成初編》本，第 221～222 頁。
〔註88〕〔宋〕王質撰《詩總聞》卷四，《叢書集成初編》本，第 81 頁。
〔註89〕〔宋〕黎靖德編《朱子語類》卷八十，王星賢點校本，第 2083～2084 頁。

雪山、鄭夾（浹）漈始各捨《序》而言《詩》，朱晦庵因夾（浹）漈而酌以人情天理之自然而折衷之，所以開示後學者，已明且要」〔註90〕，朱熹解《詩》「酌以人情天理之自然而折衷之」的治學特點與理學之間的關係早在南宋已有學者點明。

重人情對呂祖謙也有影響。呂祖謙說「諸姬非必俱嫁於此國，蓋有所思而欲與思者謀，乃人情之常，亦非必眞得相見也」〔註91〕。如《衛風‧碩人》，針對《小序》，指出「美反正，刺淫泆（佚），此兩語煩贅。見棄而悔，乃人情之常，何美之有？」〔註92〕《唐風‧綢繆》，呂祖謙解爲「三星見（現）則非昏（婚）姻之時，在天在隅在戶，隨所見而互言之，不必以爲時之先後。方束薪而見三星，慨然有感於男女失時，而其不期而見，又似於男女適然相遇也。故歎息而言曰：『是夕也，男女倘相見，其樂當如何？』曰『良人』，曰『粲者』，蓋互爲男女之辭，以極其思望之情耳」〔註93〕，根據除過對本文的體味外，還有合乎人情的原則。

雖然楊簡解《詩》多本心學思想，指認「本心至善」，闡明「無邪」之旨，但可以發現，他重視體味涵泳，對一些詩篇的意味情感體會得很眞切、細膩，對清代以姚際恒、崔述、方玉潤爲代表的「獨立思考派」的解《詩》方法有啓示，對今天的文學解《詩》依然有一定的幫助。楊簡解《邶風‧柏舟》「詩情憂鬱不通」〔註94〕，《王風‧兔爰》「憂苦無聊，雖有隱怨，無敢著明」〔註95〕，《王風‧采葛》「熟觀《采葛》之詩，朋友相好有如此者，人情相愛相念之篤」〔註96〕，解《鄭風‧將仲子》「『無折我樹杞』、『無折我樹桑』、『無折我樹檀』，我云者，親愛之眞情也。曰『豈敢愛之』，其情實愛也。今人實愛而曰『不敢愛』者，每有是言。曰『畏父母』、『畏諸兄』、『畏人之多言』，此

〔註90〕〔清〕朱彝尊編，朱昆田校《經義考》卷一百一十，乾隆四十二年（1777年）本，第2頁。

〔註91〕〔宋〕呂祖謙撰《呂氏家塾讀詩記》卷四《泉水》，《叢書集成初編》本，第83頁。

〔註92〕〔宋〕呂祖謙撰《呂氏家塾讀詩記》卷六《碩人》，《叢書集成初編》本，第115頁。

〔註93〕〔宋〕呂祖謙撰《呂氏家塾讀詩記》卷十一《綢繆》，《叢書集成初編》本，第200頁。

〔註94〕〔宋〕楊簡撰《慈湖詩傳》卷三，文淵閣《四庫全書》（第73冊），第31頁。

〔註95〕〔宋〕楊簡撰《慈湖詩傳》卷六，文淵閣《四庫全書》（第73冊），第71頁。

〔註96〕〔宋〕楊簡撰《慈湖詩傳》卷六，文淵閣《四庫全書》（第73冊），第72頁。

畏忌之心，非慢易之心也」〔註97〕。

　　楊簡繼承歐陽修「以人情論詩」的方法，將是否合乎人情事理作爲判斷對《詩》理解是否合適的標準，「此人情事理之常」〔註98〕。解《小雅・四月》「大抵詩多出於常情之所習用」〔註99〕，認爲該詩運用「夏曆」曆法，合乎常情，另《豳風・七月》也是如此。又如解《東山》「詳考詩情，不合」〔註100〕，《鹿鳴》「然考本詩，初無此情」〔註101〕等。

　　嚴粲在《詩緝》的《自序》中說「《詩》之興幾千年於此矣，古今性情一也，人能會孟氏說《詩》之法，涵詠《三百篇》之性情，則悠然見詩人言外之趣。毛鄭以下且束之高閣，此書覆瓿可也」，又在《條例》中說「要在以意逆志，優而柔之，以求吟詠之情性而已」〔註102〕，可見受《孟子》影響之深，並明標「古今性情一也」。

　　戴溪《讀邶風・燕燕》「睹物興懷，人情然也。相勉以正，非賢者不能也」〔註103〕。《讀鄘風・桑中》認爲「惟鄭與衛多淫風，《桑中》、《溱洧》是也，古人所以惡鄭衛之聲，有以也夫」，但又聯繫「今之樂府，道閨閫之情，未必有是事也」，而認爲「《桑中》之詩亦然」，「豈必盡要桑中，盡期上宮，盡送淇之上。詩人傷其眾多云爾」〔註104〕，就是以人情來衡量和重解詩義。

　　王應麟在《詩地理考》的《自序》中也認爲，「夫詩由人心生也。風土之音曰風，朝廷之音曰雅，郊廟之音曰頌，其生於心一也。人之心與天地山川流通，發於聲，見（現）於辭，莫不係水土之風而屬三光五嶽之氣，因詩以求其地之所在，稽風俗之薄厚，見政化之盛衰，感發善心而得性情之正，匪

〔註97〕　〔宋〕楊簡撰《慈湖詩傳》卷六，文淵閣《四庫全書》（第73冊），第74頁。
〔註98〕　〔宋〕楊簡撰《慈湖詩傳》卷十一，文淵閣《四庫全書》（第73冊），第146頁。
〔註99〕　〔宋〕楊簡撰《慈湖詩傳》卷十三，文淵閣《四庫全書》（第73冊），第207頁。
〔註100〕　〔宋〕楊簡撰《慈湖詩傳》卷十，文淵閣《四庫全書》（第73冊），第137頁。
〔註101〕　〔宋〕楊簡撰《慈湖詩傳》卷十一，文淵閣《四庫全書》（第73冊），第144頁。
〔註102〕　《經義考》卷一百零九，乾隆四十二年本，第6頁。按：「束之高閣」的「束」原作「柬」，當爲誤。
〔註103〕　〔宋〕戴溪撰《續呂氏家塾讀詩記》卷一，《叢書集成初編》本，第7頁。
〔註104〕　《續呂氏家塾讀詩記》卷一，第12頁。按：「道閨閫之情」的「閫」初編本用了「閫」的俗字「　」，已改。

徒辨疆域云爾。世變日降，今非古矣；人之性情，古猶今也，今其不古乎？……讀《詩》者，觀乎此亦升高自下之助云」〔註105〕，雖多受理學的影響，有心性義理的因素，但認為古今人的性情也應是相通的，「人之性情，古猶今也，今其不古乎？」

為了便於敘述，筆者姑且將「據文求義」與「以今論古」（或「古今人情一也」）分開作歷史歷時的考察，旨在表明這兩種方法貫穿宋代《詩經》學的重要地位，如本章第一節所分析，它們本是相輔相成的關係，不能簡單地分裂開來。茲再舉一例，並重申此義。王質解《邶風·燕燕》：

> 《總聞》曰：君夫人出遠郊送歸妾，既違妻妾尊卑之禮，又違婦人迎送之禮。莊姜，識禮者也。鄭氏以歸妾為戴媯，歸宗也。戴媯既生桓公，烏有絕其母子之理？莊姜，亦識義者也，以桓公為己子，而絕戴媯使不母桓公，人情斷矣，又烏有瞻望泣涕不可勝忍之情？且有大可疑者，使桓公幼稚，戴媯隔離，容或有之，既稱先君，則莊公已沒（歿），桓公已立，尤非人情也。尋詩，差池，若有一前一後之意；頡頏上下，若有一低一昂之意，當是女子往適人君，子來迎婦，故即燕取興，兼其末，皆非婦人稱謂之辭。〔註106〕

先破後立，破則指出鄭玄解《詩》不合人情，辨析周密細微；立則側重詩歌意象意味，因文以見義，體貼細膩深入。從而將傳統認為的衛莊姜送歸妾的理解解釋為迎婦的情景，既合情理，又與語境相符，是對「據文求義」與「以人情解詩」方法的綜合運用。當然，這兩種原則與方法在解《詩》的過程中，會不會帶來一些弊端，也是值得進一步研究的問題〔註107〕。

這兩種方法與義理解《詩》注重性理緊密相關。

「六經」雖有《詩》、《書》、《禮》、《樂》、《易》、《春秋》名目的不同，

〔註105〕〔宋〕王應麟撰《詩地理考·敘》，《叢書集成初編》本，第1頁。

〔註106〕〔宋〕王質：《詩總聞》卷二，《叢書集成初編》本，第26頁。按：「瞻望泣涕」的「瞻」原誤作「膽」。

〔註107〕皮錫瑞《論以世俗之見解詩最謬毛詩亦有不可信者》，認為「後世說經有二弊：一以世俗之見測古聖賢，一以民間之事律古天子諸侯。各經皆有然，而《詩》為尤甚」，最終易流為「於近人情而實非者，誤信所不當信；不近人情而實是者，誤疑所不當疑」（〔清〕皮錫瑞著《經學通論》二《詩經》，北京：中華書局，1954年10月版，第19、20頁），從方法論上反思以人情解《詩》、以今論古的可能弊端和不足，這是發人深思的，也是對歐陽修以來解《詩》原則與方法自覺反思的表現。

似各有側重，言志、文誥、禮儀、樂教、通變不易之理、史鑒褒貶，而實則
並不如此清晰，如「六經」皆含有禮樂的因素，因此也可以禮讀，如漢人所
做；也有修齊治平之理，如宋人所解；甚至可以以史讀，因含有歷史的因素，
如清人所為。因此，「六經」的包容性給後人提供了廣闊的解讀空間和多種可
能。宋代解《詩》，由恢復文本義肇端，溝通古今人情，「以人情解《詩》」，
進而發展至「以義理解《詩》」，二者相承而有區別。至清姚際恒依然繼承「以
人情解《詩》」的傳統，主張「涵泳篇章，尋繹文義」〔註108〕，但卻極力反對
「義理解《詩》」的傾向，顯示了兩者的悖離和分化，但二者在宋代的因承是
不容否定的。恢復文學本義，只是一種理想和對既有解釋的超越和突破，人
們可以嘗試各種可能途徑，採取各種方法，如古人用的三種舊的讀法（經學
的、史學的、文學的方法），聞一多先生用的社會學方法，現當代其他學者使
用的神話學、民俗學的方法，但也只是就某一側面而論，只是有限度有特色
地接近而不能完全達到。文本一旦形成，其作品意義的誕生，除文本自身的
符號因素外，更多取決於讀者的閱讀視野、解讀途徑和閱讀期待〔註109〕。理
學背景下的《詩經》學能體現這個特點。而恢復文本本義的真正用意是除蔽，
即重新評估古人的解讀成果，從而為新的解讀奠定基礎，如宋人批評漢代學
者的支離，就是為簡易、實用〔註110〕的宋學開闢道路。

〔註108〕〔清〕姚際恒著《詩經通論》之《自序》，顧頡剛標點本，北京：中華書局，
　　　　1958 年 12 月版，第 9 頁。
〔註109〕此看法也許受接受美學的影響更大一些，儘管也有哲學解釋學注重文本和讀
　　　　者相互對話的因素。
〔註110〕此處的「實用」指對心性的重要價值，不是物質利益意義上的有用。

第四章　今本《詩本義》主要卷次
內在關係及意義考論

　　歐陽修《詩本義》是《詩經》學史上的重要作品之一，影響深遠。《詩本義》是歐陽修晚年的重要著作，在其《年譜》中有集中的反映，其成書有一個不斷增益的過程。根據歐陽修的陳述，特別是對自己身體狀況（長年困於目疾）的描述，以及結集的過程記錄來看，《詩本義》應在歐陽修生前已經全部完成。這樣，北宋學者多稱《詩本義》爲「十四卷」（如歐陽發《先公事跡》、韓琦《故觀文殿學士太子少師致仕贈太子太師歐陽公墓誌銘》、蘇轍《歐陽文忠公修神道碑》等），應是歐陽修改定的《詩本義》的原初面貌，時間則在熙寧三年（1070 年）〔註1〕。接著，晁公武《郡齋讀書志》卷一上稱「歐陽《詩本義》十五卷」，陳振孫《直齋書錄解題》卷二載「《詩本義》十六卷、《圖譜》附」，南宋末年王應麟撰《玉海》卷三十八《藝文·〈詩〉》則說「歐陽修爲《毛詩本義》十六卷，凡百十四篇」，是有將《詩本義》目爲《毛詩本義》的舉動，元托克托等修《宋史》卷二百二《藝文志》稱「歐陽修《詩本義》十六卷，又補注《毛詩譜》一卷」，如此，《詩本義》的卷次增益已昭然若揭〔註2〕。元

〔註1〕歐陽修《與顏直講（長道）》中說：「某衰病如昨，幸得閒暇偷安，但苦病目，不能看書，無以度日。《詩》義未能精究，第據所得，聊且成書，正恐眼目有妨，不能卒業，蓋前人如此者多也。今果目視昏花，若不草草了之，幾成後悔。所以未敢多示人者，更欲與二三君講評其可否爾。」（《歐陽修全集·書簡》卷九《與顏直講（長道）》，北京：中國書店，1986年6月版，第1319頁）該信簡作於熙寧三年。

〔註2〕這也説明，《詩本義》原本十四卷，題名應爲「詩本義」，「毛詩本義」爲後來用法，大約在宋元之際；即使有人將《詩本義》稱作《毛詩本義》時，還有典籍保留了原來的名稱（如《宋史·藝文志》、《文獻通考》等）。

代馬端臨《文獻通考》一百七十九《經籍考六》作十六卷，清紀昀等《四庫全書總目》卷十五俱作十六卷，其羨出一卷蓋《詩譜》、《補亡》，卷數殆從《直齋書錄解題》。可見，《詩本義》單行於世，原本十四卷，後世學者踵事增華，遂有十五卷、十六卷的歧異。

目前，學術界對這種歧異依然存有不同看法。比較早並有代表性的觀點是裴普賢的研究成果，她認爲：「《詩本義》原爲十四卷，其後蜀本增加《詩解》八首並加《統序》爲九篇，遂成十五卷。據華孳亨《增訂歐陽文忠公年譜》，定歐公《詩本義》撰於嘉祐四年五十三歲時，則此九篇，或者是其早年所撰，故棄而不用，未入《詩本義》中。這樣，《詩本義》十四卷爲正文，第十五卷爲後人輯補。而《圖》、《序》、《詩譜》，則爲附錄耳。」〔註3〕裴氏將《詩解統序》九篇的存無作爲《詩本義》卷次歧異的關鍵，雖多不刊之論，而其中似還有更複雜微妙的地方。也有學者懷疑今本前十四卷爲原始的《詩本義》而其餘爲後人所補，《詩本義》「十四卷」具體包括《詩本義》十二卷和《一義解》、《取捨義》和「三問」等兩卷〔註4〕。還有學者注意到《詩本義》前十二卷與後幾卷的差異，相較前十二卷後幾卷更具有「散論」的性質，並認定其爲補充關係〔註5〕；或者主張《詩本義》更像一部《詩經》研究叢書，尤其重視前十二卷本義說解（主體）和卷十四的《時世論》、《本末論》、《豳問》、《魯問》、《序問》（專題討論），認爲它們最能反映歐陽修關於《詩經》的基本觀點〔註6〕。當然，將《詩本義》十六卷等量齊觀、視作爲一個整體，也是相關研究中比較多見的做法〔註7〕。但是這種「整體」的意義並不局限於「補充」與「被補充」的關係，其間經歷了複雜的歷史演變和增刪的過程，如果有可能，盡力考察和把握其中的演變脈絡，以期對《詩本義》及價值有更深入的理解，將是一項有意義的工作。筆者不揣淺陋，試從今本十六卷《詩本義》主要卷次內在關係比較中彰顯《詩本義》十四卷的遺跡與版本演變的

〔註3〕裴普賢著《歐陽修詩本義研究》，臺北：東大圖書有限公司，1981年7月版，第7頁。按：標點略有改動。

〔註4〕顧永新著《歐陽修學術研究》，北京：人民文學出版社，2003年8月版，第224頁。

〔註5〕詳見戴維著《〈詩經〉研究史》，長沙：湖南教育出版社，2001年9月版，第272、274頁。

〔註6〕洪湛侯編著《詩經學史》，北京：中華書局，2002年版，第299頁。

〔註7〕劉德清著《歐陽修論稿》，北京：北京師範大學出版社，1991年9月版，第137～138頁。

過程和意義，以進一步凸現今本《詩本義》在經典形成與傳播過程中的歷史性特徵與學術價值。

　　需要說明的是，這裡的今本《詩本義》（有些本子名《毛詩本義》，顯係宋元時期所列，如王應麟等，只是名稱差異，對內容並無實質性影響，可不予考慮），包括直接標明「十六卷」，和雖標「十五卷」、但附錄又有一卷兩種形式。今本《詩本義》《四部叢刊》本、《通志堂經解》本、文淵閣與文津閣《四庫全書》本，應都屬於宋版系統〔註8〕。另有關於明版系統及其判斷的標準以及與宋版系統的關係考察，詳可參見車行健等的相關論述〔註9〕。明版系統首冠《小序》，分列經文、《毛傳》、《鄭箋》、《論》與《本義》（清張金吾《愛日精廬藏書志》卷三），已非《詩本義》之舊，雖或有宋版系統的遠緣，可作參考，但最主要的今本《詩本義》依然是宋版系統〔註10〕。

第一節　關於《一義解》、《取捨義》等與《詩本義》前十二卷的關係

　　《詩本義》所選論詩篇114首，這是從《四庫全書總目》等以來的傳統看法，也是諸《詩經》學史作品沿用的觀點，但是否真的如此呢？如果僅選了一部分詩作，《詩本義》是否是一部不全的書呢？

　　《詩本義》卷一至卷十二已經涵蓋《詩經》風雅頌三體，除《魏風》未有一首選入外，其他均程度不同有所選入，因此，此十二卷應視為一個有機的整體（詳見附錄一《〈詩本義〉卷一至卷十二所選錄詩篇及分佈統計總表》）。而卷十三《一義解》、《取捨義》則是對前十二卷的補充（詳見下文），在內容上沒有重合的地方，因此，傳統認為《詩本義》涉及114首詩是不準確的。全面地總結分析，至少應該包括今本前十三卷（見表4），對《四庫全書總目》以來的看法或有所矯正，同時也可印證朱熹等宋人的基本評價。

〔註8〕可參見裴普賢著《歐陽修詩本義研究》，臺北：東大圖書有限公司，1981年7月版，第5～7頁；車行健著《詩本義析論——以歐陽修與龔橙詩義論述為中心》，臺北：里仁書局，2002年2月版，第132～138頁。

〔註9〕車行健著《詩本義析論——以歐陽修與龔橙詩義論述為中心》，臺北：里仁書局，2002年2月版，第139～144頁。

〔註10〕這裡所引《詩本義》文字，以文淵閣《四庫全書》本為底本，校以《通志堂經解》本與《四部叢刊》本。

表4：《詩本義》選錄《詩經》詩篇總計

卷　　次	選錄《詩經》詩篇數目	備　　註
卷一至卷十二	114	
卷十三	32	《一義解》20 首、《取捨義》12 首
合計	146	

　　當然，前人對 114 篇詩與整個《詩經》311 首詩的關係，也有精彩的論述。開禧三年（1207 年）張璕跋《詩本義》便強調「一篇之文自有本書，亦猶三百五篇之文自有本書也」、「大儒著作之體如此，不知者以是爲不全之書，其知者爲歐陽氏全書也」（《經義考》卷一百四），鑒於《詩本義》針對毛鄭議論、辯駁、補充，其實正是「不全之全」。讀者也可觸類旁通，獨獲新知。

　　關於《一義解》、《取捨義》等與《詩本義》前十二卷的關係，還需要深入細緻地辨析。《一義解》、《取捨義》被視爲歐陽修「學習《詩經》的隨筆札記」〔註 11〕，這可能源於這兩部分文字簡約、內容寡少、一詩一題的特點。但如果據此判斷《一義解》、《取捨義》是歐陽修早期的作品，並未被收錄到《詩本義》中，今本《詩本義》收錄這兩篇是後人的舉動，則是需要斟酌的。

　　如果從前十二卷與第十三卷的關係來分析，特別是第十三卷《一義解》中所涉及的詩篇基本是前十二卷沒有涉及到的，雖然我們還沒有足夠的證據否定《一義解》早出，但至少可以考察出《一義解》與前十二卷是一種互補的關係，《取捨義》也具有這種互補的功能與特徵，但最典型的莫過於《一義解》。如果作竭澤而漁的考察，可以下表作形象地反映（見表 5、表 6）。

表5：《一義解》所涉 20 首詩與《詩本義》前十二卷的關係圖表

《一義解》所涉詩篇名稱	《詩經》類別	是否見於《詩本義》前十二卷	備　　註
《甘棠》	《召南》	卷二未及	
《日月》	《邶風》	卷三未及	
《谷風》	《邶風》	卷三未及	
《簡兮》	《邶風》	卷三未及	

〔註 11〕 劉德清著《歐陽修論稿》，北京：北京師範大學出版社，1991 年 9 月版，第137 頁。

《木瓜》	《衛風》	卷三未及	
《蘀兮》	《鄭風》	卷四未及	
《野有蔓草》	《鄭風》	卷四未及	
《伐檀》	《魏風》	卷四未及	
《羔裘》	《唐風》	卷四未及	
《七月》	《豳風》	卷五未及	
《南山有臺》	《小雅·南有嘉魚之什》	卷六未及	
《菁菁者莪》	《小雅·鴻雁之什》	卷六未及	
《采芑》	《小雅·鴻雁之什》	卷六未及	
《頍弁》	《小雅·魚藻之什》	卷八、九未及	
《魚藻》	《小雅·魚藻之什》	卷八、九未及	
《板》	《大雅·生民之什》	卷十、十一未及	
《雲漢》	《大雅·蕩之什》	卷十一未及	
《召旻》	《大雅·蕩之什》	卷十一未及	《一義解》曰:「其義與《瞻卬》同,而毛、鄭常以爲斥王者,皆非也。」按:《瞻卬》見於《大雅·蕩之什》,《詩本義》卷十一有「論曰」。
《有客》	《周頌·臣工之什》	卷十二未及	《一義解》曰:「《詩》言『亦』者多矣,若《抑》曰『哲人之愚,亦維斯戾』者,似因上文先述庶人之愚,然庶人之愚自云『亦職維疾』,則又無所因,以此知其不然也;《卷阿》曰『鳳凰(按:《四部叢刊》本,「凰」作「皇」。)於飛,亦集爰止』,鄭以爲亦眾鳥,其義不通,已見別論。至其(按:《四部叢刊》本,「其」作「於」。)下章又云『亦傅於天』,則鄭更無所說。《菀柳》曰:『有鳥高飛,亦傅於天。』鄭亦無所說。蓋其義不通,不能爲說也。」按:《抑》見於《大雅·蕩之什》,《詩本義》卷十一有詳論;《卷阿》見

			於《大雅・生民之什》，《詩本義》卷十一有「論曰」，也即「已見別論」；《菀柳》見於《小雅・魚藻之什》，《詩本義》卷九有詳論。
《閟宮》	《魯頌・駉之什》	卷十二未及	《一義解》曰：「毛謂『上帝是依』依其子孫，鄭謂依其身也。天依憑（按：《四部叢刊》本，「憑」作「馮」。）而降精氣，鄭之此說是用『履帝武敏歆』之說也，其言怪妄，《生民》之『論』詳之矣。」按：「《生民》之『論』詳之矣」即《詩本義》卷十《生民》「論曰」。

　　《一義解》所涉 20 首詩具有這樣兩個特點：一是詩序均按《毛詩》順序先後排列；二是這些詩歌均是《詩本義》前十二卷沒有涉及的詩篇。《一義解》在《召旻》、《有客》、《閟宮》的詩解中，顯示其與《詩本義》前十二卷有相互映照的關係，因爲前十二卷已有論述，所以在《一義解》中從略。這說明《一義解》與《詩本義》前十二卷是互補關係，並且《一義解》可能完成於《詩本義》前十二卷之後。如果要堅持《一義解》爲歐陽修早期作品的話，至少必須承認，在選入《詩本義》的時候，歐陽修對其作了修改，並使其與前十二卷成爲一個有機的整體。

表 6：《取捨義》所涉 12 首詩與《詩本義》前十二卷的關係圖表

《取捨義》所涉詩篇名稱	《詩經》類別	是否見於《詩本義》前十二卷	備　註
《綠衣》	《邶風》	卷三未及	
《旄丘》	《邶風》	卷三未及	
《出其東門》	《鄭風》	卷四未及	
《敝笱》	《齊風》	卷四未及	
《載驅》	《齊風》	卷四未及	
《園有桃》	《魏風》	未及	《詩本義》前十二卷未及一首；如有，似當置於卷四。

《椒聊》	《唐風》	卷四未及	
《綢繆》	《唐風》	卷四未及	
《蜉蝣》	《曹風》	卷五未及	
《下泉》	《曹風》	卷五未及	
《楚茨》	《小雅・甫田之什》	卷八未及	
《玄鳥》	《商頌》	卷十二未及	

　　《取捨義》所涉 12 首詩，雖然在表面上是對這些詩歌涉及毛、鄭解釋優長的取捨判斷，但更爲重要的是，這些詩歌既不見於《詩本義》前十二卷，也不見於同卷《一義解》所列的詩歌，在客觀上，《詩本義》前十二卷與《一義解》、《取捨義》所列詩篇沒有重出現象，呈現出一種互補的有機的結構，而且在學術方法、基本的學術觀點上也具有內在的一致性。這樣，在將《一義解》、《取捨義》與《詩本義》前十二卷比較的基礎上，我們基本可以明瞭《詩本義》（至少前十三卷）結撰的匠心所在，對那些在它們之間分別高下、前後的意圖作一撥正，也是有意義的學術努力。

　　在上述考察的基礎上，我們認爲，今本《詩本義》第十三卷《一義解》、《取捨義》與前十二卷具有內在的聯繫，呈現互補態勢，共涉及詩歌 146 首，它們是歐陽修研究《詩經》互補互現、突出重點的方法的體現。歐陽修在陳述與《詩序》、毛、鄭觀點的差異時，也多列出差異的部分，而相同的則敘述簡略，甚至略而不提，也具有這樣的特點。因此，在較早期的十四卷的《詩本義》中，結構本是經過細緻考慮和安排的。這種結構特點，促使我們在閱讀和研究《詩本義》時，不能將前十二卷與第十三卷割裂開來，而是要作爲一個相輔相成的有機整體對待。至於《一義解》、《取捨義》與前十二卷在具體學術觀點上是否存有細微的變化，還可作進一步考察和分辨。

第二節　《詩本義》「二論」、「三問」的後出問題

　　今本《詩本義》卷十四包括「二論」、「三問」，即《時世論》、《本末論》、《豳問》、《魯問》、《序問》五篇。它們又分別見於《歐陽修全集》卷六十一《居士外集》卷十一《經旨十八首》〔註12〕的相關內容，《通志堂經解》本、

〔註12〕〔宋〕歐陽永叔著《歐陽修全集》，北京：中國書店，1986 年 6 月版（據世界書局 1936 年版影印）。

文淵閣《四庫全書》本、《四部叢刊》本等與《居士外集》卷十一《經旨十八首》的文字出入並不大，基本一致。而且，這些「二論」「三問」在結構與內容上也並非與《詩本義》前十三卷有內在的照映關係。如果考慮到《歐陽修全集》（包括《居士外集》）等在宋代擁有多種版本，以及《詩本義》獨立於《歐陽修全集》印行的事實，可以發現，「二論」「三問」應是從《居士外集》卷十一《經旨十八首》採擷並後續到《詩本義》中。具體編選、續接的過程則難以清楚知曉，這些內容待考〔註13〕。下面擇要略作考察。

　　《詩本義》卷十四《本末論》，其中有關《詩經》研究中的「本末」問題的討論：

　　　　吾之於《詩》，有幸，有不幸也。不幸者，遠出聖人之後，不得質吾疑也；幸者，《詩》之本義在爾。《詩》之作也，觸事感物，文之以言，（美）〔善〕者（善）〔美〕之〔註14〕，惡者刺之，以發其愉揚怨憤於口，道其哀樂喜怒於心，此詩人之意也。古者國有采詩之

〔註13〕　《困學紀聞》多處引用《詩本義》，包括王應麟在正文中明標的《時世論》：「《昊天有成命》『二后受之。成王不敢康。』所謂『二后』者，文、武也，則『成王』者，成王也，當是康王以後之詩。《執競》曰：『不顯成康』，所謂『成康』者，成王、康王也，當是昭王已後之詩。《噫嘻》曰『噫嘻成王』者，亦成王也。」（《困學紀聞》卷三《詩》，第406～407頁）王氏並說「朱子《集傳》與歐、范之說合」，可見此段論析對朱熹的影響。《詩本義》作「《昊天有成命》曰：『二后受之。成王不敢康。』所謂『二后』者文、武也，則『成王』者成王也，猶『文王』之為文王，『武王』之為武王也。然則《昊天有成命》當是康王已後之詩，而毛、鄭之說以《頌》皆是成王時作，遂以『成王』為『成此王功，不敢康寧』。《執競》曰：『執競武王，無競維烈。不顯成康，上帝是皇。自彼成康，奄有四方。』所謂『成康』者，成王、康王也，猶文王、武王謂之文武爾。然則《執競》者當是昭王已後之詩，而毛以為成大功而安之，鄭以為成安祖考之道，皆以為武王也。據詩之文，但云『成康』爾，而毛、鄭自出其意，各以增就其己說，而意又不同，使後世何所適從哉？《噫嘻》曰『噫嘻成王』者，亦成王也。」（《詩本義》卷十四《時世論》）「成此王功，不敢康寧」實解詩句「成王不敢康」。「不敢康寧」，《四部叢刊》本作「不敢康」。《歐陽修集》卷六十一《居士外集》卷十一《經旨十八首》之《時世論》，作「不敢康寧」，與文淵閣《四庫全書》本同。古人引書多有節略，兩相比較，《困學紀聞》所引《時世論》與今本《詩本義·時世論》基本一致，足證《時世論》已經被編入《詩本義》。

〔註14〕　按：「美者善之」，疑為「善者美之」之訛，下文「善則美，惡則刺」、「事之善惡，言之美刺」、「察其美刺，知其善惡」等可作為旁證。《四部叢刊》本正作「善者美之」，當據改。《歐陽修集》卷六十一《居士外集》卷十一《經旨十八首》之《本末論》，作「美者美之」。

官，得而錄之，以屬太師播之於樂。於是考其義類，而別之以爲風、雅、頌，而比次〔註15〕之以藏於有司，而用之宗廟朝廷，下至鄉人聚會，此太師之職也。世久而失其傳，亂其雅、頌，亡其次序，又採者積多而無所擇，孔子生於周末，方修禮樂之壞，於是正其雅頌，刪其繁〔註16〕重，列於《六經》，著其善惡以爲勸誡，此聖人之志也。周道既衰，學校廢而異端起。及漢承秦焚書之後，諸儒講說者整齊殘缺，以爲之義訓，恥於不知而人人各自爲說，至或遷就其事以曲成其己學，其於聖人有得有失，此經師之業也。惟是詩人之意也，太師之職也，聖人之志也，經師之業也，今之學《詩》也不出於此四者，而罕有得焉者，何哉？勞其心而不知其要，逐其末而忘其本也。何謂本末？作此詩，述此事，善則美，惡則刺，所謂詩人之意者，本也。正其名，別其類，或繫於此，或繫於彼〔註17〕，所謂太師之職者，末也。察其美刺，知其善惡，以爲勸誡，所謂聖人之志者，本也。求詩人之意，達聖人之志者，經師之本也。講太師之職，因其失傳而妄自爲之說者，經師之末也。今夫學者得其本而通其末，斯盡善矣；得其本而不通其末，闕其所疑可也。雖其本有所不能通〔註18〕者，猶將闕之，況其末乎？所謂周、召、邶、鄘、唐、豳之風，是可〔註19〕疑也。考之諸儒之說既不能通，欲從聖人而質焉又不可〔註20〕得，然皆其末也。若詩之所載，事之善惡，言之美刺，所謂詩人之意，幸其具在也，然頗爲眾說汨之，使其義不明，今去其汨亂之說，則本義粲然而出矣。今夫學者知前事之善惡，知詩人之美刺，知聖人之勸誡，是謂知學之本而得其要，其學足矣，又何求焉？其末之可疑者，闕其不知可也。蓋詩人之作詩也，固不謀於太師矣。今夫學《詩》者，求詩人之意而已，太師之職有所不知，何害乎學《詩》也？若聖人之勸誡者，詩人之美刺是已〔註21〕，知

〔註15〕 按：《四部叢刊》本，「比次」作「次比」。
〔註16〕 按：《四部叢刊》本，「繁」作「煩」。
〔註17〕 按：《四部叢刊》本，「或繫於此，或繫於彼」作「或繫於彼，或繫於此」。
〔註18〕 按：《四部叢刊》本，「通」作「達」。《歐陽修集》卷六十一《居士外集》卷十一《經旨十八首》之《本末論》，與《四部叢刊》本同，似優長。
〔註19〕 按：《四部叢刊》本，「可」作「何」。
〔註20〕 按：《四部叢刊》本，無此「可」字。
〔註21〕 按：《歐陽修集》卷六十一《居士外集》卷十一《經旨十八首》之《本末論》，

詩人之意，則得聖人之志矣。」（《詩本義》卷十四《本末論》）

　　歐陽修關於《詩經》學中的本末的評價和論斷，受到學者們的重視。南宋朱熹就曾注意到這個問題，他認爲：「歐陽公有《詩本義》二十餘篇，煞說得有好處。有《詩本末論》。又有論云：何者爲《詩》之本，何者爲《詩》之末，《詩》之本不可不理會，詩之末不理會得也無妨。其論甚好。近世自集注文字出，此等文字都不見有了，也害事。如呂伯恭《讀詩記》，人只是看這個，他上面有底便看，無底更不知看了」（〔宋〕朱鑑編《詩傳遺說》卷一，亦見於《朱子語類》卷八十），朱熹所說《詩本義》「二十餘篇」，未詳具體情形，但他所說「《詩本末論》」，內容自然是今天的既見於《詩本義》、又見於《居士外集》中的《本末論》無疑，「今夫學者……知學之本而得其要，其學足矣，又何求焉？其末之可疑者，闕其不知可也」（《詩本義》卷十四《本末論》）可印證《朱子語類》記載。但朱熹所見的《詩本末論》是否已經包含在《詩本義》中。根據《朱子語類》等的記載，仔細審查上下語境和文脈，似乎《本末論》已經包括在「《詩本義》二十餘篇」中了，但不包括在內的可能性依然存在。

　　《詩本義》卷十四《豳問》透露的消息更多。通過前文對《詩本義》卷一至十二，以及卷十三關係的考察，歐陽修在《詩本義》撰寫中的確做到相輔相成、主次有別、力戒重複。《豳風》共包括詩歌七首，《詩本義》卷五選釋五首，即《鴟鴞》、《破斧》、《伐柯》、《九罭》、《狼跋》，卷十三《一義解》又選解《七月》，這樣《豳風》中沒有被單獨釋解的就剩《東山》一首了。《豳問》則繼續探討《七月》，與《一義解》選題似重複，雖然在內容上《豳問》較《一義解》要深廣的多。《一義解》說「《七月》，陳王業也」，《豳問》主張《七月》敘「男女耕織，衣食之本，以見大（太）王居豳興起王業艱難之事」，在本質上是一致的。如果按照歐陽修對《詩本義》前十三卷的處理，《豳問》不當單獨復現於《詩本義》中，這啓示我們，《豳問》可能是後來選編摻入《詩本義》中的。

　　《詩本義》卷十四《魯問》也是如此。《詩本義》卷十二選釋《有駜》，卷十三《一義解》選釋《閟宮》，餘《駉》、《泮水》兩首詩。《魯問》討論《魯頌》歌頌魯僖公的史實依據。根據《春秋》與《詩》記載的相左，指出：「《詩》，孔子所刪正也。《春秋》，孔子所修也。《詩》之言不妄，則《春秋》疏繆（謬）

　　「已」作「也」。

矣;《春秋》可信,則《詩》妄作也。其將奈何?應之曰:吾固已言之矣。雖其本有所不能達者,猶將闕之是也。惟闕其不知以俟焉,可也。」(《詩本義》卷十四《魯問》)雖然以存疑的態度懸置了這一問題,但歐陽修通過細緻的史料比較與分析,採取問難的形式,已基本上否定了《魯頌》頌魯僖公的成說。《詩本義》在解《有駜》時,在「論」中雖屢屢比較毛、鄭詩解,以見鄭《箋》增字解經的特點,其中增的比較多的就是「頌魯僖公」的內容,儘管在其它部分,歐陽修揭示了鄭玄「詩文所無,此又妄意詩人而委曲為說,故失詩之義愈遠」、「詩無明文,妄為分別,非詩之本義」、「委曲生意,為衍說以自累」,但並沒有明確針對「頌魯僖公」提出質疑,相反,在該詩「本義」中則說:「『有駜有駜,駜彼乘黃』者,僖公寵錫(賜)其臣車馬之盛也。」(《詩本義》卷十二《有駜》)這無疑是接受和繼承了鄭《箋》關於《魯頌》頌魯僖公的看法。《詩本義》卷十三《一義解》解《閟宮》,認為「《閟宮》,頌僖公也」(《詩本義》卷十三《一義解》)。如果兩相比較,《魯問》針對的正是《詩本義》卷十二《有駜》、《詩本義》卷十三《一義解》中未有質疑的觀點。這兩種看法自然標誌著歐陽修不同時期的《詩經》學見解,《魯問》對《魯頌》頌魯僖公的懷疑與否定,在邏輯與事理上,應晚出於《詩本義》卷十二《有駜》。作為獨立的論說與對學術觀點的修訂,自然都是正常的,但是兩篇觀點截然相反的文字同時出現在同一部著作中,前後牴觸,怵目驚心,而《詩本義》在論《詩》解時,往往抓住的正是毛鄭相互牴觸處,或者是他們《詩》解與人情事理牴觸的地方,因此,像這種現象,在歐陽修撰寫的《詩本義》中自然可以而且也能夠避免。這種矛盾的現象,唯一的指向,就是《魯問》是後來由《居士外集》選出,綴入《詩本義》中的,而不是《詩本義》的原貌。《詩本義》卷十二《有駜》、《詩本義》卷十三《一義解·閟宮》的若合符契,正說明《詩本義》前十三卷具有內在的統一性,而十四卷多有游離牴牾,將十四卷的續貂本質揭示得更加鮮明。

　　《詩本義》卷十四《序問》,主要討論《詩序》(《小序》)的作者和價值問題,歐陽修雖然沒有完全廢黜《詩序》,但肯定其作者不是子夏,主張將詩歌與社會時代聯繫起來,劃分風雅正變,關注《詩經》詩篇的大旨。我們知道,根據《論語·八佾》、《史記·儒林列傳》、《史記·仲尼弟子列傳》等的記載,子夏的確在文學方面很擅長。在《詩經》方面,他以禮解經,受到孔子的稱讚,開創漢唐《詩經》學的先河,也是不爭的事實。但是《詩序》出

於多人之手的說法，後漸受到人們的重視，《詩序》不全出於子夏的觀點已經得到人們的認可。歐陽修敢於將《詩序》在《周南》、《召南》方面的錯訛揭示出來，他說：「自漢以來學者多矣，其卒捨三家而從毛公者，蓋以其源流所自，得聖人之旨多歟？今考《毛詩》諸《序》與孟子說《詩》多合，故吾於《詩》常以《序》為證也。至其時有小失，隨而正之。惟《周南》、《召南》失者類多，吾固已論之矣，學者可以察焉。」（《詩本義》卷十四《序問》）當然，歐陽修注意到《毛詩》在解《詩經》時與《孟子》多合，在一定程度上為《毛詩》的地位張本。

　　歐陽修關於《詩序》的議論與同卷《時世論》的觀點相吻合。「今《詩》之《序》曰：《關雎》、《麟趾》之化，王者之風，故繫之周公；《鵲巢》、《騶虞》之德，諸侯之風，故繫之召公。至於《關雎》、《鵲巢》所述一大（太）姒爾，何以為后妃，何以為夫人？《二南》之事一文王爾，何以為王者，何以為諸侯？則《序》皆不通也。」「學者捨簡而從迂，捨直而從曲，捨易通而從難通，或信焉而不知其非，或疑焉而不敢辨者，以去《詩》時世遠，茫昧而難明也。余於《周南》、《召南》辨其不合者，而《關雎》之作取其近是者焉，蓋其說合於孔子之言也。」（《詩本義》卷十四《時世論》）〔註22〕「不合者」，即前文所言不合「二公所施先公之德教」；「近是者」，即前文所言「謂《關雎》為周衰之作者」。其中以「近是者」的觀點論述《關雎》之旨，實際是三家《詩》主張《關雎》刺康王的看法：「《齊》、《魯》、《韓》三家皆以為康王政衰之詩，皆與鄭氏之說其意不類。蓋常以哀傷為言，由是言之，謂《關雎》為周衰之作者，近是矣。」（《詩本義》卷十四《時世論》）

　　這與《詩本義》卷一所探求的《關雎》本義相一致，即「《關雎》，周衰之作也」（《詩本義》卷一《關雎》）。從表面上看，《詩本義》卷十四《時世論》與卷一《關雎》是統一的，實則不然。在《詩本義》卷一《關雎》中，雖然以是否合乎人情，探討「君子」、「淑女」的具體所指，批評毛鄭的繁瑣委曲說解，「蓋《關雎》之作，本以雎鳩比后妃之德，故上言雎鳩在河洲之上，關關然雄雌和鳴，下言淑女以配君子，以述文王太姒為好匹，如雎鳩雄雌之和諧爾。毛鄭則不然，謂詩所斥淑女者非太姒也，是太姒有不妒忌之行，而幽閨深宮之善女皆得進御於文王，所謂淑女者是三夫人、九嬪御以下眾宮人爾。

〔註22〕按：「或疑焉而不敢辨」之「辨」，《歐陽修集》卷六十一《居士外集》卷十一《經旨十八首》之《時世論》作「辯」，後同。

然則上言雎鳩，方取物以爲比興；而下言淑女，自是三夫人、九嬪御。以下則終篇更無一語以及太姒。且《關雎》本謂文王、太姒，而終篇無一語及之，此豈近於人情！古之人簡質，不如是之迂也。」「淑女謂太姒，君子謂文王也。」（《詩本義》卷一《關雎》）根據《史記・十二諸侯年表》「周道缺，詩人本之衽席，《關雎》作」而論「周道缺而《關雎》作，蓋思古以刺今之詩也」，主張「此淑女配於君子，不淫其色而能與其左右勤其職事，則可以琴瑟鐘鼓友樂之爾。皆所以刺時之不然。先勤其職而後樂，故曰『《關雎》，樂而不淫』；其思古以刺今，而言不迫切，故曰『哀而不傷』」（《詩本義》卷一《關雎》），這實際上已經否定了《毛詩》中《詩序》的說法，但是全篇「論」和「本義」隻字未提《詩序》，不若《時世論》、《序問》這樣顯豁、直接、語氣肯定，這也從一個側面折射出《時世論》、《序問》應是同一時期的作品，但與《詩本義》卷一風格不完全相合，要晚出很多。

的確，在《周南》、《召南》中，《詩本義》對《詩序》多有駁正，「惟《周南》、《召南》失者類多，吾固已論之矣，學者可以察焉」（《詩本義》卷十四《序問》）。但在這兩部分中，大多也是肯定、維護或補正《詩序》，主要依據《詩序》辨析毛鄭的得失。雖有一些批駁《詩序》的語句，也基本與《時世論》、《序問》重複。

綜上所論，在比較細緻的比堪和分析的基礎上，筆者認爲，今本《詩本義》前十三卷爲一有機整體，而卷十四《二論》、《三問》則是歐陽修後期的《詩經》學作品，後被好事者採擷自《居士外集》，並摻入《詩本義》中，遂使卷帙由十四卷增益至十五卷乃至十六卷。根據《二論》、《三問》與前十三卷之間存在的重複、牴牾和文風差異的現象，可以判斷其晚出的事實。這樣，《詩本義》今本的歷史性特徵便愈益明顯，人們在使用這些材料時便不能一概而論，而作爲《詩本義》原初的面貌或許也可略睹一二。

第三節　關於《詩解》（或《詩解統》）的考察

今本《詩本義》卷十五是由一組文章構成的，有的書目說是「十篇」，其實目前所存共「九篇」，一般疑「十」或有訛誤，但根據《詩解統序》「予欲志鄭學之妄，益毛氏疏略而不至者，合之於經，故先明其統要十篇，庶不爲之蕪泥云爾」推斷，「十篇」或應有淵源，今本「九篇」若非合併篇章，則有遺失篇章的可能。歐陽修有單獨行世的《詩解》（或《詩解統》），疑即指今本

《詩本義》卷十五各篇〔註23〕。

這組文章依次是《詩解統序》、《二南爲正風解》、《周召分聖賢解》、《王國風解》、《十五國次解》、《定風雅頌解》、《十月之交解》、《魯頌解》、《商頌解》。《歐陽修集》卷六十一《居士外集》卷十一《經旨十八首》，在此九篇排序上，略與他本不同，可資參考，依次爲：《詩解統序》、《二南爲正風解》、《周召分聖賢解》、《王國風解》、《十五國次解》、《定風雅頌解》、《魯頌解》、《商頌解》、《十月之交解》。這些篇名特色獨具，主要側重《詩經》學中的一些宏觀問題，如關於《二南》是否是正風及區別，《王風》的地位和意義，十五國風編選的次序，風雅頌的區別，《魯頌》與《商頌》的爭議與看法等，而且具有一定的理論性，滲透著歐陽修對《詩經》研究的一些設想和看法。

這些問題在《詩解統序》中有明確的表述，即「《二南》牽於聖賢，《國風》惑於先後，《豳》居變風之末，惑者溺於私見而謂之兼上下，二雅混於小、大而不明，三頌昧於《商》、《魯》而無辨。此一經大概之體皆所未正者，先儒既無所取捨，後人因不得其詳，由是難易之說興焉」（《詩本義》卷十五《詩解統序》），以下的八篇文章基本是對這段論述的展開和具體化，因此，《詩本義》卷十五整體上呈現爲一種有機的結構系統，具有相對的獨立性。直至清代，不少學者還不能避開這些問題，如馬瑞辰《毛詩傳箋通釋》、皮錫瑞《經學通論》等，也能窺見歐陽修探討這些《詩經》學問題的影響和意義。同時，這些篇目多以「某某解」的形式出現，而序又是「詩解統序」，且《詩解統序》中說「先明其統要，庶不爲之蕪泥云爾」，因此，這組文章原名應爲《詩解》或《詩解統》，主要在於闡明《詩經》學中的一些基本理論問題。相較而言，它可能也要早於《詩本義》前十三卷，是歐陽修早年所撰後棄而不用的作品〔註24〕。這些文章基本是通論，但《十月之交解》所涉及的《十月之交》詩已見於《詩本義》卷七《小雅·節南山

〔註23〕劉毓慶先生考察「《詩解統》一卷，歐陽修撰，存」，認爲《詩解統》「即今本《詩本義》之卷十五。然卷首無標題，首列《詩解統序》，其後爲八篇論文。據序似此卷當作《詩解統》。《通志》及《紹興書目》有《詩解統序》一卷，不著撰人姓氏，疑即此卷之單行本而誤題者」（劉毓慶著《歷代詩經著述考（先秦—元代）》，北京：中華書局，2002 年 5 月版，第 141、142 頁），可備一說。

〔註24〕裴普賢著《歐陽修詩本義研究》，臺北：東大圖書有限公司，1981 年 7 月版，第 7 頁。

之什》，可以折射《詩解》（或《詩解統》）與《詩本義》前十三卷的隱秘關係。《十月之交解》指出「《小雅》無屬王之詩，著其惡之甚也」，「今考《雨無正》已下三篇之詩，又其亂落歸向，皆無刺屬王之文」〔註25〕，而《詩本義》卷七《十月》在解說時雖與《十月之交解》意義大體一致，但要豐富細緻的多，比較詩歌的方法也更加靈活細膩，使粗陳梗概的《十月之交解》相形見絀，頓顯單薄簡陋。這種現象在《魯頌解》和《商頌解》等中也同樣存在。因此，我們有理由認為，《詩解》（或《詩解統》）是歐陽修早期的作品，後被吸收到《詩本義》中。這是我們在比較《詩本義》卷七和卷十五後，得出的基本看法。

關於《詩解統序》九篇的考察，裴普賢在《歐陽修詩本義研究》中有比較細緻和集中的考察，這裡雖沒有太多的新的論述，但通過一些細節略作補充，作為對該九篇係早年之作而並非《詩本義》原貌結論的注腳〔註26〕。

第四節　《〈詩譜補亡〉後序》的「續貂」痕跡

今本《詩本義》卷十六，所蘊含的「續貂」痕跡亦很明顯。該卷包括《詩圖總序》、歐陽修補亡的《鄭氏詩譜》、《詩譜補亡〉後序》三部分〔註27〕。

關於《詩本義》卷十六的附錄性質，幾乎是從《郡齋讀書志》、《直齋書錄解題》、《四庫全書總目》、《鄭堂讀書記》等以來一貫的看法，似乎無須辯論；但是這個「附錄」到底是後出的呢，還是原本就有，其來源脈絡怎樣，有何意義？歷來論述不詳。這裡以該卷《〈詩譜補亡〉後序》為例，探討至少《〈詩譜補亡〉後序》係後人贅加，文字上也多有弄巧成拙的改易，而且這種改易在《四部叢刊》本及《通志堂經解》本、《四庫全書》諸版本系列中未得

〔註25〕　按：「又其亂落」之「落」，《四部叢刊》本作「說」。《歐陽修集》卷六十一《居士外集》卷十一《經旨十八首》之《十月之交解》與《四部叢刊》本同，似當據改。

〔註26〕　清代王元啟（1714～1786）《讀歐記疑》評價《詩解》（或《詩解統》）：「余謂皆出庸妄人偽託，其措辭乖戾，雖半由傳寫之訛，然通此九首觀之，語多鄙拙，於《詩》義又無所發明，第六篇末更攘竊文中子語為己語，尤足以斷其非公之作，宜盡刪之。」（《讀歐記疑·經旨》，洪本健編《歐陽修資料彙編》，北京：中華書局，1995 年 5 月版，第 1024 頁）主張《詩解》（或《詩解統》）不是歐陽修的作品，可備一說。

〔註27〕　《四部叢刊》本，《詩圖總序》居於《〈詩譜補亡〉後序》之後，與《通志堂經解》本、文淵閣《四庫全書》本等編排順序不同。

到矯正，以訛傳訛，但畢竟不是歐陽修所親自芟夷的文字〔註28〕。之所以這樣判斷，是因為在《歐陽修全集》〔註29〕中的《居士集》卷四十一《序》保留了一篇《〈詩譜補亡〉後序》，這為我們反思和校訂《詩本義》卷十六《〈詩譜補亡〉後序》提供了絕好的參照。

《歐陽修全集》中的《居士集》是歐陽修本人手訂過的，具有更加重要的價值。慶元二年（1196年）二月十五日胡柯「參稽眾譜，傍採史籍，而取正於公之文」（《歐陽修全集·年譜》），編撰定稿《廬陵歐陽文忠公年譜》，詳細記錄了歐陽修著作的狀況：「凡《居士集》、《外集》，各於目錄題所撰歲月，而闕其不可知者。奏議表章之類，則隨篇注之，定為文集一百五十三卷。《居士集》五十卷，公所定也，故寘（置）於首。《外集》二十五卷，次之。《易童子問》三卷，（原注：《詩本義》別行於世。）《外制集》三卷，《內制集》八卷，《表奏書啟四六集》七卷，《奏議》十八卷，《雜著述》十九卷，《集古跋尾》十卷，又次之。《書簡》十卷，終焉。考公行狀，惟闕《歸榮集》一卷，往往散在《外集》，更俟博求。別有《附錄》五卷，紀公德業。此譜專敘出處，詞簡而事粗備，覽者當自得之。」（《歐陽修全集·年譜》）

下文將《詩本義》卷十六《〈詩譜補亡〉後序》與《居士集》卷四十一《序》中的《〈詩譜補亡〉後序》作一比較（詳見表7），其中舛訛彰然在目。

表7：《詩本義》與《居士集》兩《〈詩譜補亡〉後序》之比較

《詩本義》卷十六《〈詩譜補亡〉後序》	《居士集》卷四十一《〈詩譜補亡〉後序》	差　異	備　　註
昔者聖人已沒，《六經》之道幾熄於戰國而焚於秦	昔者聖人已沒，《六經》之道幾熄於戰國而焚棄於秦	《居士集》「焚」下衍一「棄」字	《居士集》似為優
傳於今者，豈止一人之力哉？	傳於今者，豈（一有「止」）一人之力哉？	《居士集》無「止」。	《居士集》似為優

〔註28〕　對歐陽修補修的《詩譜》，歷來評價和研究者很多。南宋魏了翁、黃震，明代茅坤，清代崔錫疇、儲欣、何焯從學術態度、內容、語言風格等方面對《〈詩譜補亡〉後序》都有一定褒評（詳見洪本健編《歐陽修資料彙編》，北京：中華書局，1995年5月版，第373、408、572、635、734、787頁）。

〔註29〕　〔宋〕歐陽永叔著《歐陽修全集》，北京：中國書店，1986年6月版（據世界書局1936年版影印）。

《詩本義》卷十六 《〈詩譜補亡〉後序》	《居士集》卷四十一 《〈詩譜補亡〉後序》	差　異	備　註
若使徒抱焚餘殘脫之經，倀倀於去聖人千百年後	若使徒抱焚餘殘脫之經，倀倀於去聖千百年後	《居士集》無「人」。	《詩本義》似為優
先儒之論，苟非詳其終始而牴牾	然則先儒之論，苟非詳其終始而牴牾	《居士集》「先儒」前有「然則」。	《居士集》為優
質諸聖人而悖理	質於聖人而悖理	《居士集》「諸」作「於」。	《詩本義》為優
有不得已而後改易者，何以徒為異論以相訾也？	有不得已而後改易者，何必徒為異論以相訾也？	《居士集》「以」作「必」。	《居士集》為優
與其風俗善惡、方言訓詁	與其風俗善惡、方言訓故（一作詁）	《居士集》「詁」作「故」。	《居士集》似為優
予疑毛、鄭之失既多，然不敢輕為改易之，意其為說不止於《箋》、《傳》而已，恨不得盡見二家之書，不能遍通其旨	予疑毛、鄭之失既多，然不敢輕為改易者，意其為說不止於《箋》、《傳》，而恨己（一作己恨）不得盡見二家之書，未能遍通其旨	《居士集》「之」作「者」，「意其為說不止於《箋》、《傳》而已，恨不得盡見」作「意其為說不止於《箋》、《傳》，而恨己不得盡見」，「恨己」標「一作己恨」；「不能」作「未能」。	《居士集》為優
不盡人之辨（按：《四部叢刊》本，「辨」作「辯」）而欲斷其訟之曲直	不盡人之辭（一作「辯」）而欲斷其訟之曲直	《居士集》「辨」作「辭」。	《居士集》為優
其能使之自服乎？	其能使之必服乎？	《居士集》「自」作「必」。	《居士集》為優
悉皆顛倒錯亂，不可復序	悉皆顛倒錯亂，不可復考	《居士集》「序」作「考」。	《居士集》為優
《周南》、《召南》、《邶》、《鄘》、《衛》、《王》、《鄭》、《齊》、《豳》、《秦》、《魏》、《唐》、《陳》、《曹》，	《周南》、《召南》、《邶》、《鄘》、《衛》、《王》、《鄭》、《齊》、《豳》、《秦》、《魏》、《唐》、《陳》、《曹》，	《居士集》「刪」下有「詩」。	《居士集》為優

《詩本義》卷十六《〈詩譜補亡〉後序》	《居士集》卷四十一《〈詩譜補亡〉後序》	差　異	備　註
此孔子未刪之前，周大（太）師樂歌之次第也。	此孔子未刪詩之前，周大（太）師樂歌之次第也。		
《周》、《召》、《邶》、《鄘》、《衛》、《王》、《鄭》、《齊》、《魏》、《唐》、《秦》、《陳》、《檜》、《曹》、《豳》（按：《四部叢刊》本，無「齊」字），此鄭氏《詩譜》次第也。黜《檜》後《陳》，此今《詩》次第也。	《周》、《召》、《邶》、《鄘》、《衛》、《王》、《檜》、《鄭》、《齊》、《魏》、《唐》、《秦》、《陳》、《曹》、《豳》，此鄭氏《詩譜》次第也。黜《檜》後《陳》，此今《詩》次比也。	《居士集》，「檜」置於「鄭」前，「今《詩》次第」作「今《詩》次比」。	《居士集》爲優。據下文「黜《檜》後《陳》」語，《居士集》爲妥當，而《四部叢刊》本、《通志堂經解》本、文淵閣《四庫全書》本「《陳》、《檜》」則顯係「黜《檜》後《陳》」，而與前文不侔。
仍存其圖，庶幾一見予於鄭氏之學盡心焉爾	仍存其圖，庶幾以見予於鄭氏之學盡心焉耳	《居士集》「一」作「以」，「爾」作「耳」。	《居士集》爲優
夫盡其說而不通，然得以論正，予豈好爲異論哉	夫盡其說而有所不通，然後得以論正，予豈好爲異論者哉	《居士集》「不通」前有「有所」二字；「然」下有「後」字；「異論」下有「者」字。	《居士集》爲優
補《譜》十有五，補其文字二百七	補其《譜》十有五，補其文字二百七	《居士集》「補」下有「其」字。	《居士集》爲優
統　計	異文 22 處，其中《居士集》爲優者占 17 處，《居士集》似爲優者占 3 處，《詩本義》似爲優者占 2 處。		

　　通過比較可見，今本《詩本義》卷十六《〈詩譜補亡〉後序》與《居士集》中的同名作品存在較大差異，短短篇幅內，異文共有 22 處，從語言表達習慣、語意輕重、語義關聯等角度分析，這些異文具有重要的學術意義，相互比較，《居士集》中《〈詩譜補亡〉後序》表達更加通暢準確，能夠反映歐陽修下筆的慎重與謹嚴。在這 22 處異文中，《居士集》優勝者占到 17 處，而《詩本義》卷十六《〈詩譜補亡〉後序》，《四部叢刊》本、《通志堂經解》本與《四庫全書》諸本則區別不大，文字改動略有可觀的大約 2 處，這意味著，《居士集》的《〈詩譜補亡〉後序》更加可靠。儘管《居士集》《〈詩譜補亡〉後序》在表

述中有 6 處標明存有一二字的異文，或係乙倒，或係虛詞，但對整體文本意義的影響並不大，所以不會改變這裡進行比堪所得出的基本結論。其中尤為重要的是，關於《詩譜》與《詩經》詩篇順序的比較，《詩本義》卷十六《〈詩譜補亡〉後序》：「《周》、《召》、《邶》、《鄘》、《衛》、《王》、《鄭》、《齊》、《魏》、《唐》、《秦》、《陳》、《檜》、《曹》、《豳》，此鄭氏《詩譜》次第也。黜《檜》後《陳》，此今《詩》次第也。」其中，《四部叢刊》本，無「齊」字。《歐陽修全集》之《居士集》卷四十一《序·〈詩譜補亡〉後序》，「檜」置於「鄭」前，據下文「黜《檜》後《陳》」語，《居士集》為妥當，而《四部叢刊》本、《通志堂經解》本、文淵閣《四庫全書》本「《陳》、《檜》」則顯係「黜《檜》後《陳》」，與前文表義不侔。這是一個重要關目，無論是《四部叢刊》本、《通志堂經解》本、《四庫全書》諸版本都沒有發現這個蛛絲馬蹟，不能不說是一件遺憾的事情。它昭示我們，《詩本義》卷十六《〈詩譜補亡〉後序》經過後人改動，而且弄巧成拙，遠不是歐陽修筆下的《〈詩譜補亡〉後序》，更不可能是《詩本義》原本卷次中的組成部分。如果將今本《詩本義》卷十六《〈詩譜補亡〉後序》視作初稿，《居士集》卷四十一《〈詩譜補亡〉後序》自是修訂和改稿無疑，而基本完成於同時期（熙寧三年（1070 年））的《詩本義》修訂稿，也不可能採用初稿而棄置修改稿。從這個細節著手，我們認為，《詩本義》卷十六《〈詩譜補亡〉後序》不僅是附錄，而且是後世贅加的。至於第十六卷《詩圖總序》、歐陽修補亡《鄭氏詩譜》，則或許亦在十四卷《詩本義》中，因為這兩部分併不見於《歐陽修全集》或《文忠集》等。《直齋書錄解題》已經著錄《詩本義》「補亡」、「附」云云，並以「十六卷」自題，今本卷次最晚不晚於《直齋書錄解題》著錄時間，此後大多以「十六卷」相傳。《直齋書錄解題》並言「補亡鄭《譜》及《詩圖總序》附於卷末」，而未提《〈詩譜補亡〉後序》，因此，頗疑《〈詩譜補亡〉後序》贅加不早於陳振孫《直齋書錄解題》的著錄時間。

　　總之，今本《詩本義》前十三卷是一有機結構，十四卷本是《詩本義》最初的版本形態，十五卷、十六卷是《詩本義》不斷發展、經後世學者屢次附加修改而形成的。十四卷本《詩本義》，雖未能使人清晰目睹其完全面貌，但至少應大體包括今本《詩本義》前十二卷、第十三卷等（或許第十六卷《詩圖總序》、歐陽修補亡《鄭氏詩譜》亦在其中）。根據《直齋書錄解題》卷二的記載，陳振孫所見的十六卷本似基本涵括今本前十二卷，以及十三、十四

卷與附錄，而疑沒有《詩解統》十（或「九」）篇〔註30〕。而王應麟《困學紀聞》多處引用《詩本義》，其中也涉及《詩解》（或《詩解統》）中的《定風雅頌解》〔註31〕，卷十五《詩解》（或《詩解統》）被收入今本《詩本義》應不晚於《困學紀聞》的著錄時間〔註32〕。這種版本變遷和存在的異文也具有重要的思想學術意義，它使我們更好地理解了典籍與文化的傳播和流傳過程，並會對典籍自身結構與關係的理解提供幫助。在把握《詩本義》思想學術的思想內涵與學術意義上，作這樣的歷時性的考察尤爲重要和必要。

〔註30〕 「《詩本義》十六卷、《圖譜》附，歐陽修撰。先爲論，以辨毛、鄭之失，然後斷以己見。末二卷爲《一義解》、《取捨義》、《時世》《本末》二論、《豳》《魯》《序》三問，而補亡鄭《譜》及《詩圖總序》附於卷末。大意以爲毛、鄭之已善者皆不改，不得已乃易之，非樂求異於先儒也。」（〔宋〕陳振孫著，徐小蠻、顧美華點校《直齋書錄解題》卷二，上海：上海古籍出版社，1987年11月版，第36～37頁）

〔註31〕 「歐陽公曰：『霸者興，變《風》息焉。然《詩》止於陳靈，在桓、文之後。』」（《困學紀聞》卷三《詩》）該文翁元圻注出自《詩本義·定風雅頌解》，但與今本文字略有不同。或許歐陽公語句起訖點校者斷句有誤（〔宋〕王應麟著，〔清〕翁元圻等注，欒保群、田松青、呂宗力校點《困學紀聞》（全校本），上海：上海古籍出版社，2008年12月版，第335頁）。「然《詩》止於陳靈，在桓、文之後」應爲王應麟的推論，如果是這樣，在文字上便與今本《詩本義·定風雅頌解》相合。筆者傾向於後一種。

〔註32〕 據元刊本《困學紀聞》牟應龍應王應麟子王昌世約請撰《序》，作於「至治二年秋八月」，即1322年，這是刊刻時間；王應麟卒於元成宗元貞二年（1296年），該段文字自然應不晚於該年。